Des Actions qui Bougent

Battre le Marché avec des Stratégies de Fonds Alternatifs

Andreas F. Clenow

Traduit de l'anglais par François Lucas

Edition française : Des Actions qui Bougent
© 2015 Andreas F. Clenow
Equilateral Capital Management GmbH, Talacker 50, 8001 Zurich, Switzerland

Adresse internet : www.FollowingTheTrend.com

Edition originale : Stocks on the Move
© 2015 Andreas F. Clenow
Equilateral Capital Management GmbH, Talacker 50, 8001 Zurich, Switzerland

ISBN: 1530592712

ISBN-13: 978-1530592715

À la mémoire de mon frère, Mathias Clenow.

9 Janvier, 1973, 30 Juin, 2015.

Ce fut un vrai plaisir que d'écrire ce livre et j'ai reçu énormément d'aide de la part de personnes formidables. Leurs supports, inspirations, commentaires et suggestions ont été inestimables durant ce projet.

J'aimerais remercier tout particulièrement, dans le désordre, Frederick Barnard, Julian Cohen, Philippe Hänggi, Jon Boorman, Riccardo Ronco, Didier Abbato, Patrick Tan, Tom Rollinger, Erk Subasi, Kathryn Kaminksi, Raphael Rutz, Michael Bennett, François Lucas, Yves Balcer, Mebane Faber, Nigol Koulajian, Greg Morris, Nitin Gupta, John Grover, Ales Veselka, Jani Talikka, Nick Radge, Thomas Hackl and Larisa Sascenkova

1 Préface

Ce livre est dédié entièrement à un type de stratégie qui peut se résumer par "acheter des actions qui bougent". L'idée est très simple et connue depuis longtemps, donc rien de très innovant ici. Néanmoins, ce livre tente d'offrir un moyen clair et systématique pour gérer un portefeuille d'actions momentum.

Les concepts présentés ici sont basés sur ma propre expérience en tant que gestionnaire de fonds alternatifs. J'ai en effet géré des portefeuilles alternatifs pour des investisseurs institutionnels pendant plus d'une décennie en utilisant ce type de stratégies, lesquelles malgré leurs relatives simplicités, ont plutôt bien résisté aux épreuves du temps. Simple ne veut cependant pas dire facile à mettre en place. L'idée de base est que la trajectoire du prix d'une action a tendance à se maintenir dans le futur proche, à la hausse comme à la baisse. C'est tout. Le reste n'est que détail.

J'ai écrit un livre il y a quelques années sur un autre type de stratégie de transaction que j'utilise depuis longtemps. Ce livre s'appelle *Following the Trend* et la totalité du livre traite d'un système très simple de suivi de tendance (*Trend following* en anglais), uniquement sur les marchés à terme. Alors que je m'attelais à son écriture, j'étais pratiquement sûr que seuls quelques lecteurs le noteraient et je m'attendais à des critiques mitigées au mieux, ce premier livre ressemblant plus à un papier de recherche de 300 pages qu'à autre chose. Cela aurait été un reproche complètement valide. Ce livre se résume principalement à cela.

A ma grande surprise, personne ne me fit ce reproche. Je ne l'ai pas entendu une seule fois. Par ailleurs, les ventes décollèrent d'une façon inattendue, me surprenant ainsi que mon éditeur. Deux ans après sa publication, mon éditeur m'informait que, contre toute attente, je faisais parti des 5% meilleurs auteurs de livres de finance. Ce fut une expérience unique qui m'apprit beaucoup.

1.1   Investissement Momentum

Ce livre traite de la stratégie d'investissement dite "momentum" appliquée aux actions. L'investissement momentum est une manière rationnelle de gérer son portefeuille, tant que vous avez une protection contre les mouvements baissiers. Le problème est qu'il peut être compliquée d'établir une liste de règles qui stipulent quoi acheter, pour quel montant, à quel moment vendre, etc. Si vous aimez simuler vos stratégies avant de les déployer pour vous assurez qu'elles sont proches de la réalité, ce que je recommande fortement, alors les stratégies momentum peuvent se révéler complexes à modéliser.

Même si le concept est simple, construire une simulation robuste est très difficile. Les données sont à la fois chères et difficiles à utiliser. Vous devez y intégrer les dividendes, l'historique des actifs qui composent l'indice de référence, les actions délistées ainsi que d'autres rectifications à prendre en compte, comme les augmentations de capital ou encore l'évolution du flottant. Ensuite, vous avez besoin d'une plateforme de simulation assez puissante pour gérer cette masse de données. Mais rassurez-vous, j'ai déjà fait ce travail pour vous. Je vais vous présenter le résultat ainsi que mon analyse.

Evidemment, je vais donner assez de détails pour que ceux qui le souhaitent, puissent reproduire mon travail. Si je ne le faisais pas, je n'aurais que peu de crédibilité. Quel serait l'intérêt de ce livre si les résultats s'avéraient invérifiables ?

Je vais donc présenter l'ensemble des règles nécessaires à la gestion d'un portefeuille d'actions momentum. Le rendement observé a été plutôt positif dans le passé et devrait continuer de se comporter de la même sorte dans le future. Libre à vous de l'essayer.

1.2   Pourquoi écrire un Livre ?

Cette question ne cesse de revenir. Pourquoi écrire un livre qui dévoile au monde mes méthodes les plus secrètes ? La question en elle-même est motivée par une idée fausse très populaire parmi les investisseurs particuliers. Je ne révèle rien qui pourrait faire tort aussi bien à moi qu'à ma société. Une telle méthode d'investissement ne fonctionne pas ainsi.

La stratégie momentum appliquée aux actions est déjà utilisée par de nombreux fonds à hauteur de plusieurs milliards de dollars. Leurs achats et ventes sont basés sur des principes similaires à ceux que j'évoque dans ce livre. Similaires mais pas identiques. Ces fonds emploient de larges équipes de recherche qui requièrent de gros budgets. Il n'y a rien dans ce livre que ces fonds ne connaissent pas. De qui devrais-je donc protéger ces secrets ?

Si quelques milliers de gens lisent ce livre et décident de suivre mes méthodes pour gérer leurs portefeuilles d'actions, alors bravo ! En aucun cas cela ne réduirait ou même détruirait sa profitabilité. En fait, cela ne ferait aucune différence étant donnée les sommes d'argent qui sont déjà dédiées à cette stratégie momentum.

Aussi, pour celles et ceux qui après avoir lu mon livre n'ont pas le temps ou la patience d'implémenter cette stratégie, ils leur restent l'option de laisser ma société gérer leur argent. Il est vrai que beaucoup d'investisseurs ont recours aux services des conseillers financiers et je serais heureux de les aider.

Donc pourquoi écrire ce livre ? Tout simplement parce que ça m'amuse et que j'apprécie énormément les échanges que j'ai pu avoir avec certains lecteurs depuis la parution de mon premier livre. Ensuite, parce qu'il n'y a rien a perdre, aucun secret divulgué. J'espère que mes idées seront marginalement mieux appréciées que celles exposées par mes prédécesseurs, mais je commence à diverger ici. Sans oublier le potentiel de compter de nouveaux clients.

Et si vous pensez que j'écris pour la gloire et la fortune, vous n'avez à l'évidence jamais écrit et publié de livre.

2   Les Limites d'une Gestion de Fonds

Toute personne qui vit et travaille dans un pays développé a probablement quelques deniers investis dans une SICAV (Sociétés d'Investissement à Capital Variable, *mutual fund* en anglais) ou FCP (Fonds Communs de Placement). Même si vous n'avez jamais acheté de SICAV ou FCP directement, votre fond de pension est très sûrement investi dans un de ces véhicules. Ces fonds semblent être une solution logique et ils ont été acclamés par les gouvernements, universités et banques comme la solution parfaite pour les investisseurs particuliers qui souhaitent investir sur les marchés boursiers.

Lorsque vous investissez dans un fond, assurez-vous de bien comprendre ce que vous achetez et comment il fonctionne. La plupart des gens ne sont pas au courant du fonctionnement de ces produits. Plus important encore est la performance passée de ce fond. Après tout, la gestion du patrimoine est une activité facilement mesurable et il est très facile de comparer et d'analyser ses produits d'investissements.

Alors que l'idée d'investir de façon collective est assez vieille, l'industrie des fonds telle que nous la connaissons ne date que du début des années 80. L'idée de base est de permettre à quiconque de participer aux marchés boursiers, indépendamment de la taille de son patrimoine. Bien sûr, vous pourriez participer aux marchés boursiers en achetant des actions mais rapidement vous réaliseriez que cette méthode présente certaines limitations. Si vous prenez un indice comme le S&P 500 et que vous souhaitez le répliquer, il vous faudra acheter les 500 actions qui le composent. Vous pourriez même vous contenter d'acheter que la moitié des plus grosses capitalisations. Cependant, vous devriez constamment vérifier la liste des compagnies ainsi que leur pondération afin de répliquer au plus près l'indice, au risque de générer un rendement différent.

Et comment faire si vous n'avez que 100 € à investir chaque mois pour votre retraite ? Même si vous voulez suivre le CAC 40 avec seulement 40 actions, vous ne pourriez pas les acheter avec une telle modique somme, sans même parler de la nécessité de rééquilibrer périodiquement votre portefeuille.
Ainsi donc, les fonds se présentent comme la solution la plus adéquate pour les investisseurs les moins fortunés, rendant alors les marchés boursiers plus démocratiques. Chaque fond vise à répliquer un indice particulier que chaque petit investisseur peut alors suivre en investissant ses 100 € dans ce fond. Enfin presque.

Comme les fonds sont mesurés par rapport à un indice spécifique, ils sont des investissements relatifs. En clair, la responsabilité du gérant du fond n'est pas de générer des profits pour ses investisseurs. C'est ça, n'hésitez pas à bien relire cette dernière phrase. Un fond n'a pour but que d'essayer de battre un indice spécifique. Si cet indice perd de l'argent, le travail du gérant du fond est de perdre un peu moins d'argent que l'indice. Dans un marché haussier, son travail consiste à générer des gains supérieurs à ceux de l'indice. Tant que vous êtes conscient de cela, tout va bien.

Un concept clé dans le monde des fonds est la notion de budget risque ou d'erreur de suivi. Ce n'est pas comme si le gestionnaire du fond pouvait faire ce qu'il veut afin de battre l'indice. L'erreur de suivi est la différence entre les rendements du fond et ceux de l'indice. Les rendements journaliers du fond sont mesurés par rapport aux rendements journaliers de l'indice. Un fond ne peut simplement pas trop dévier de l'indice qu'il suit.

2.1   Destruction Mutuelle Assurée

L'objectif du gérant du fond est d'investir l'argent collecté et de l'allouer conformément à l'indice. Si une action a un poids de 5,2% dans l'indice, le gestionnaire en achète entre 5% et 5,4%. Ainsi, le risque que le gestionnaire ou la banque impose leurs vues des marchés s'avère très faible. Ils peuvent néanmoins se permettre parfois de dévier de l'indice mais ils s'engagent alors dans un jeu dangereux où le gérant devra justifier ses choix.

Il y a un vieil adage qui résume bien le comportement des institutions financières. "Personne ne se fait virer pour avoir acheté IBM". En résumé, si vous faites comme tout le monde, vous ne risquez pas grand chose. Si vous perdez, tout le monde perd et on ne vous reprochera rien. D'un autre côté, si vous suivez votre jugement et achetez ce que vous croyez être la meilleure opportunité, perdez à ce jeu et vous serez peut-être viré, au mieux blâmé.

La meilleure des stratégies, surtout si vous avez une situation confortable, est de faire ce que tout le monde fait.

Au final, vous avez une industrie où tout le monde fait peu ou prou la même chose.
Peut-être que ce n'est pas si mauvais que ça en a l'air. Après tout, s'ils investissent tous de la même façon conformément à l'indice, c'est une bonne nouvelle, n'est-ce pas ? Non, pas si vite. Il y a des factures à payer. La Banque facturera des frais de gestion, des frais de dépôt, des frais d'administration, etc. La SICAV ou le FCP s'occupera bien sûr de tous les échanges avec le département de la banque d'investissement, tous deux appartenant évidemment à la même banque, d'où le peu d'intérêt de baisser l'ensemble de ces frais. Il y a plusieurs façons d'extraire de l'argent de ces SICAV et c'est la raison pour laquelle les banques les adorent. Ces fonds sont très profitables pour les banques, les gérants et les réseaux distribuant ces produits.

Frais élevés n'est pas forcément synonyme de problème tant que la performance est au rendez-vous. Mais qui dit meilleur performance dit battre l'indice afin de couvrir les frais et de générer des profits pour ses investisseurs. Le succès énorme des SICAV ne peut donc qu'être attribué aux résultats positifs et à la satisfaction de ses clients, n'est-ce pas ?

C'est une bonne chose qu'il y ait des gens dont le travail est de vérifier la performance de ces SICAV ou FCP. Consultons donc le site suivant : *S&P Indices Versus Active Funds Scorecard (SPIVA)*. Il est facile d'accès et en plus gratuit. (https://us.spindices.com/resource-center/thought-leadership/spiva/).

Regardez les chiffres du tableau 2.1 et j'expliquerai à quoi ils correspondent. Ils ne sont en effet pas de ce que vous pensez.

Tableau 2.1 – Comparaison entre indices de référence et SICAV, fin 2013, rapport SPIVA[1]

Catégorie du Fond USA	Indice de Comparaison	Un an (%)	Trois ans (%)	Cinq ans (%)
Toutes Actions	S&P Composite 1500	46.05	77.53	60.93
Grande-Cap	S&P 500	55.80	79.95	72.72
Moyenne-Cap	S&P Moy-Cap 400	38.97	74.00	77.71
Petite-Cap	S&P Petite-Cap 600	68.09	87.32	66.77
Multi-Cap	S&P Composite 1500	52.84	80.38	71.74
Grande-Cap Croissance	S&P 500 Croissance	42.63	79.78	66.67
Grande-Cap Base	S&P 500	57.74	80.56	79.39
Grande-Cap Valeur	S&P 500 Valeur	66.56	76.75	70.26
Moyenne-Cap Croissance	S&P Moy-Cap 400 Croissance	36.72	79.37	86.19
Moyenne-Cap Base	S&P Moy-Cap 400	43.48	67.27	83.94
Moyenne-Cap Valeur	S&P Moy-Cap 400 Valeur	45.33	73.97	67.14
Petite-Cap Croissance	S&P Petite-Cap 600 Croissance	55.61	86.10	69.60
Petite-Cap Base	S&P Petite-Cap 600	77.70	91.10	74.73
Petite-Cap Valeur	S&P Petite-Cap 600 Valeur	78.99	88.00	60.74
Multi-Cap Croissance	S&P Composite 1500 Croissance	38.14	86.54	68.56
Multi-Cap Base	S&P Composite 1500	62.74	84.51	77.15
Multi-Cap Valeur	S&P Composite 1500 Valeur	49.21	70.68	67.98
Immobilier	S&P U.S. Immobilier	50.00	86.71	80.28

Les chiffres dans les colonnes montrent le pourcentage de fonds qui n'arrivent pas à battre leurs indices de référence. Oui, c'est le pourcentage de fonds qui échouent à la seule chose qu'ils sont censés faire. Regardez bien le tableau et vous verrez un pourcentage énorme de fonds qui sous-performent sur les horizons de trois et cinq ans et pour certains jusqu'à 90%. Il y a quelques chiffres en dessous des 50% sur 1 an, synonyme de chance, alors que personne ne bat son indice sur de longues périodes.

Vous pourriez penser que c'est particulier à une période où les fonds ont rencontré des contextes de marchés extrêmement défavorables. Hélas non. Chaque année, le rapport ressemble plus ou moins à celui qui figure ci-dessus. Ils sont tous disponibles sur le site SPIVA ou vous pouvez comparer les résultats sur différentes années. Ceci bien sûr du point de vue de l'investisseur. Les banques elles continuent à gagner de l'argent.

Il est important de comprendre que sous-performer n'est pas nécessairement la faute du gestionnaire du fond. Il est forcé d'allouer pratiquement tout son capital conformément à l'indice. Il peut surpondérer des actions qu'il aime et sous-pondérer celles qu'il aime moins. Il peut garder de l'argent de temps en temps quand il a une vision négative sur les marchés. Il a accès à des outils pour améliorer la performance mais ce n'est pas assez pour se débarrasser de l'obstacle que représentent les frais. Rappelez-vous que chaque année il commence dans le rouge à cause des frais. Je n'envie pas son travail. Ce doit être très frustrant. Enfin jusqu'au moment où la paie tombe.

[1] Source : Index S&P Dow Jones, CRSP, 31 déc. 2013. Dividendes inclus.

2.2   Trackers

L'idée des trackers (*ETF* en anglais) est brillante. C'est en quelque sorte une extension logique de l'idée des SICAV et FCP. Avec ces fonds, le grand public a accès aux marchés. Il peut facilement accéder à une large diversification et participer aux indices d'actions sans avoir à investir de grosses sommes. Ainsi en transférant la responsabilité d'investissement au gestionnaire du fond, le grand publique n'a plus besoin de se soucier de quoi vendre ou de quoi acheter. Cependant, comme nous l'avons vu, les gérants de ces fonds sous-performent fréquemment les indices.

Les trackers offre une solution simple. L'idée est d'avoir un ordinateur qui gère le fond avec pour mission de copier exactement l'indice. Le tracker est constitué de toutes les actions qui composent l'indice qu'il est supposé suivre, en respectant les pondérations conformément à l'indice. Pas d'écart, pas de retard et des coûts très faibles. Le résultat est un véhicule qui suit précisément l'indice.

Si vous voulez vraiment acheter l'indice, achetez un tracker passif. C'est ainsi que vous aurez l'indice. Un point clé que je dois soulever dans ce livre est que d'acheter un indice n'est pas vraiment très attrayant. Néanmoins, il est certainement plus attrayant d'acheter un tracker S&P 500 passif que d'acheter la SICAV ou FCP équivalent.

Les premiers trackers étaient tous des trackers passifs. C'était un très bon concept. Dorénavant, vous devez vous méfier du nombre grandissant de produits structurés qui sont vendus comme trackers.
Il y a un grand nombre de produits structurés qui sont dangereux et vendus sous l'étiquette de trackers. Avant d'acheter un tracker, toujours regarder ce que c'est. Ne vous fiez pas simplement au fait que c'est un tracker et qu'il est listé en bourse.

Evitez tout type de tracker avec effet de levier. Éviter les trackers qui vendent à découvert. En fait, évitez tout tracker qui ne suit pas un indice spécifique.

Prenons comme exemple un tracker qui offre une exposition inverse quotidienne. Si vous achetez le tracker inverse S&P 500, vous vous attendez à avoir une performance inverse. Si vous achetez le tracker inverse S&P 500 à double effet de levier, vous vous attendez à avoir une performance double inverse.

C'est vrai seulement durant la journée de cotation. Voyez vous-même, pour que ces fonds soient capables d'offrir la performance inverse exact chaque jour, ils ont besoin de rééquilibrer quotidiennement. Si vous avez de l'expérience avec les options vous savez très bien où cela nous mène.

Comparons les performances à long terme du tracker S&P 500, du tracker inverse et du tracker inverse à double effet de levier. Le graphe 2.1 montre comment les trackers inverses ont tendance à perdre tout le temps sauf en période d'extrême volatilité.

Ce que vous devez comprendre avec les trackers inverses, c'est que vous échangez du gamma, pas du delta. Les gestionnaires d'options auraient dû voir cela venir. En résumé, les trackers inverses sont beaucoup plus sensibles aux changements de volatilité qu'au changement de la direction du prix. Lorsque vous achetez ces trackers inverses, vous prenez en fait une position inverse sur la volatilité.

Cependant, si vous cherchez à répliquer l'inverse de l'indice à la journée, alors ces produits sont pour vous. Le problème est que le grand public pense obtenir l'inverse sur des périodes plus longues, comme à la semaine, au mois, ou à l'année.

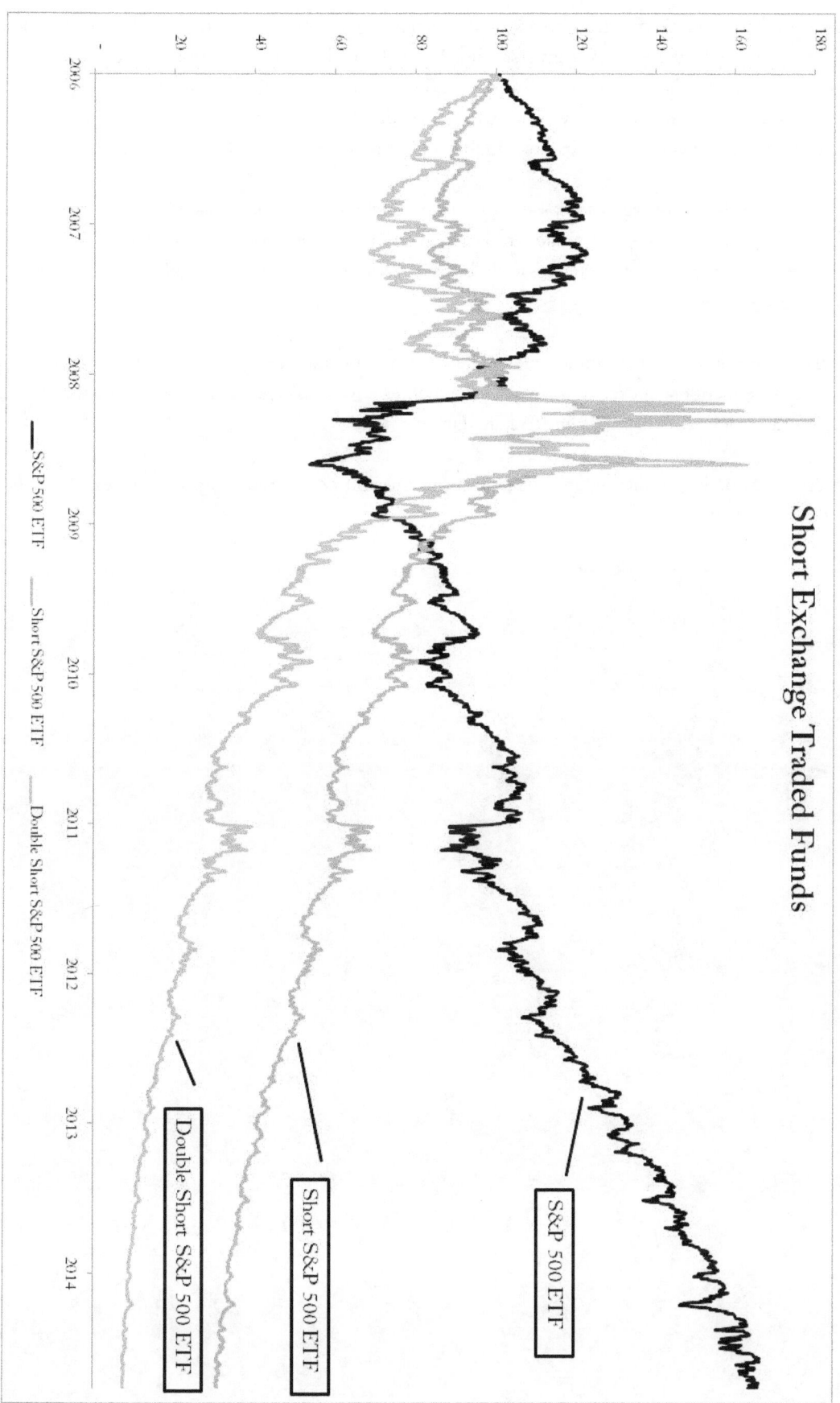

Graphe 2.1 *Short* = inverse, *Double Short* = inverse à double effet de levier

Voici une explication simple de l'effet inverse. Commencez avec 100. Le premier jour, l'indice tombe de 10%. Maintenant l'indice est à 90, le tracker inverse est à 110 et le tracker inverse double à effet de levier est à 120. Excellent pour le tracker inverse. Le jour d'après, l'indice retourne à 100, gagnant 11%. Est-ce que vous vous attendez à ce que le tracker inverse revienne au point de départ ? Le tracker inverse perdant 11% sur 110 est maintenant à 97,8. Le tracker double inverse double à effet de levier perd 22% sur 120, le ramenant à 93,3.

Répéter ce jeu pendant un certain temps et vous aurez quelque chose qui ressemble au graphe 2.2. L'indice dans cet exemple, évolue de façon latérale, un pas en avant, un pas en arrière, et au final, il fait du surplace. Le tracker inverse sous ces conditions ne cesse de baisser. Le tracker inverse à double effet de levier baisse de façon encore plus prononcée.

Ces trackers inverses sont un exemple évident de mauvais trackers. Ils génèrent de la confusion auprès du grand public et peuvent engendrer des pertes conséquentes si vous n'êtes pas familier avec les dérivatifs. Il y a beaucoup d'autres dérivatifs déguisés en trackers dans ce monde.

Les trackers sont une idée brillante tant qu'ils ont pour mission de suivre des indices. Soyez prudents avec les autres types de trackers.

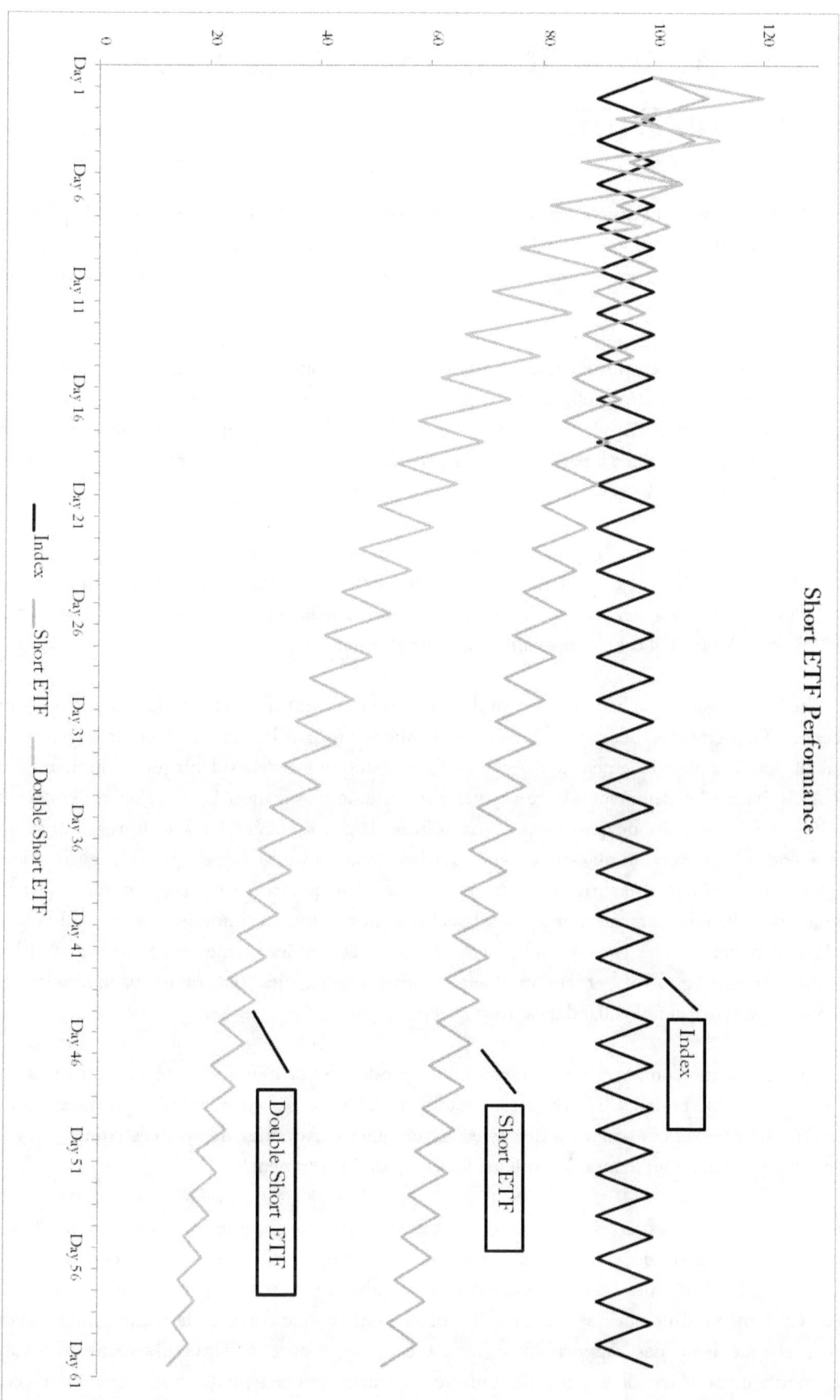

Graphe 2.2 Performance de trackers inverses, *Short* = inverse, *Double Short* = inverse à double effet de levier

3   Les Actions Représentent la Classe d'Actifs la Plus Difficile

Beaucoup d'investisseurs sont attirés par les actions car elles représentent la classe d'actifs la plus accessible. Nous savons tous plus ou moins ce qu'est une compagnie et ce que ses actions représentent. En règle générale, il est plus facile de comprendre les actions que les matières premières, les obligations ou encore les devises.

Le grand public aime avoir en portefeuille les compagnies qu'il connaît. Vous allez au Starbucks pour votre café le matin et vous comprenez comment la compagnie fonctionne. Vous aimez votre nouveau iPhone et vous achetez donc les actions Apple. Tout ceci est bien sûr une illusion. Votre expérience avec Starbucks ou Apple ne vous aide pas vraiment à prédire le futur prix de vos actions. Avec le recul, tout a l'air pourtant si simple.

Cette illusion est très trompeuse. Il est très facile de se faire influencer par l'expérience que l'on développe envers ces compagnies listées. Si vous aimez leurs produits, vous pensez que le prix de l'action devrait monter. À l'inverse, si vous pensez que leurs produits sont médiocres, vous vous attendez à voir le prix descendre bientôt. Au final, il est très probable que cette approche vous dupera.

Il est très facile de regarder en arrière et de se dire qu'il était évident que cette action devait soit monter ou soit descendre. Peut-être regarderez-vous la montée de Microsoft dans les années 90 et direz qu'il était évident qu'ils allaient dominer non seulement le marché de l'informatique mais aussi l'intégralité du marché boursier. Après tout, ils étaient les détenteurs de ce merveilleux système d'opération DOS et de la dernière interface graphe GUI. Même si vous ne passiez pas vos soirées dans les années 90 à optimiser constamment la mémoire étendue à travers config.sys et autoexec.bat, vous auriez réalisé qu'il n'y avait pas d'autres compétiteurs aux alentours. C'était rétrospectivement aussi clair que ça. Et pourtant, c'était tout sauf clair à cette époque de folie ambiante où tout le monde achetait des actions technologie comme si le monde allait s'arrêter le lendemain. Mais les gens qui achetaient Microsoft étaient les mêmes qui achetaient WorldCom ou encore Global Crossing, AOL et encore bien d'autres compagnies qui firent banqueroute de façon spectaculaire. Ça a l'air si simple quand il est trop tard pour agir.

Il arrive souvent que des compagnies avec de très bons produits et de grandes stratégies performent de façon médiocre sur le marché boursier. L'inverse est tout aussi vrai, avec des concepts plus ou moins étranges qui ont pour effet de pousser ces actions à des niveaux vertigineux. Attendez de voir ces compagnies fairent la une des médias pour que tout le monde explique le pourquoi du comment.

Certaines personnes sont expertes en analyse fondamentale de compagnies et d'industries. Elles peuvent expliquer de façon très détaillée ce qui se passera dans le long terme. C'est un exercice très difficile qui demande bien plus que d'aimer ou de détester certains produits. Ces analystes sont souvent spécialisés dans un secteur voire même dans quelques actions. Ils connaissent chaque détail de la compagnie et analysent en profondeur chaque ligne des rapports financiers. C'est une approche d'investissement très valable qui demande énormément de travail. Cependant, nous ne couvrirons pas ce type d'investissement dans ce livre.

Une autre illusion consiste à croire que vous avez un avantage à transiger les actions de la compagnie pour qui vous travaillez. Il semblerait que beaucoup d'employés pensent avoir accès à de l'information privilégiée qui leur donne un avantage. À moins que vous soyez membre du directoire ou de l'exécutif, vous n'avez en fait aucun avantage. Au plus, vous auriez accès à de l'information tel qu'une annonce importante, auquel cas vous seriez dans l'obligation de ne rien dire au risque d'acheter ou de vendre des actions illégalement.

En fait, acheter des actions de la compagnie pour laquelle vous travaillez n'a aucun sens. Tout d'abord, vous n'avez aucun avantage à le faire, comparé à toute autre action d'autres compagnies. Si effectivement cela fonctionnait, alors les employés de n'importe quelle compagnie listée publiquement gagneraient plus d'argent de cette façon comparée à leur activité salariale. Encore bien pire, vous augmenteriez votre risque d'être investi dans une seule compagnie. Si celle-ci reporte de mauvais résultats, vous pourriez perdre votre travail en même temps que votre travail. Si au contraire la compagnie se porte bien, vous tendez à augmenter votre risque en accumulant ses actions.

3.1   Influence du Groupe

Le monde des actions vous donne l'impression d'avoir des possibilités à l'infini. Il y a des milliers et des milliers d'actions qui peuvent être transigées. Ces compagnies sont présentes dans tous les secteurs imaginables, comme les conglomérats industriels, les opérateurs télécom, les compagnies pharmaceutiques, les mines d'or, les compagnies Internet ou les explorateurs de pétrole. Compte tenu de cette diversité, il serait logique de penser que les prix de ces actions bougent de façon indépendante les uns des autres.

Le problème est que ces milliers et milliers d'actions que vous pouvez choisir ont tendance à bouger toutes de la même façon, tels des moutons.

Sous des conditions normales, ces actions ont l'apparence d'être raisonnablement indépendantes les unes des autres. Dans un marché haussier, la plupart des actions montent mais les bonnes actions montent davantage. La majorité des actions ont une corrélation assez élevée avec leur indice dans un marché haussier, et plus votre portefeuille d'action est gros, plus vous devenez indépendant du marché.

Dans un marché baissier, cette corrélation entre les actions atteint son paroxysme. Lorsque les marchés plongent soudainement, il n'y a plus d'endroit où se cacher. Lorsqu'ils rebondissent, toutes les actions se retournent le même jour. L'idée d'être diversifié se désintègre. Ce que vous détenez dans votre portefeuille n'est ni plus ni moins que du bêta.

Et ceci est la partie la plus compliquée dans les stratégies d'actions. Si vous transigez cependant toutes les classes d'actifs au même moment, vous pouvez construire un système qui introduit de la diversification. Après tout, le maïs, le pétrole, le yen et les actions ont très peu de choses en commun et ont l'habitude de bouger de façon indépendante les uns des autres. Mais si vous ne détenez que des actions, vous perdez le luxe de la diversification.

Le manque de diversification parmi les actions est un facteur critique qui doit être bien comprise. Pour ces stratégies d'actions, vous aurez toujours une position conséquente de bêta. Plus vous aurez besoin d'actions dans votre portefeuille, plus vous serez proche d'une stratégie qui ressemble à celle de l'indice. Ce point important n'est pas forcément un problème tant que vous êtes au courant de cet effet. Prendre du risque bêta délibérément n'est pas nécessairement une mauvaise chose. Cependant, vous devez en être conscient et prêt lorsque le marché se retourne contre vous.

3.2 Survivants

L'indice S&P 500 est un indice momentum. Tout comme le Nasdaq 100, le Dow Jones, le CAC40 et la plupart des indices d'actions. Si vous y réfléchissez un moment, vous réaliserez que les indices d'actions sont essentiellement des stratégies momentum à très long terme.

Bien sûr, le mot "momentum" ne fait pas partie de la définition officielle de l'indice du Standard and Poor's. Par contre, "capitalisation boursière" l'est.

Pour faire partie du S&P 500, les titres cotés d'une compagnie doivent être très liquides, être listés sur le New York Stock Exchange ou NASDAQ et doivent avoir une capitalisation boursière de plus de 5,3 milliards de dollars. La capitalisation boursière représente simplement la valeur théorique de la compagnie. Elle correspond au nombre d'actions en circulation multiplié par la valeur d'une action. La conséquence directe est que le prix de l'action a dû monter de façon substantielle pour faire partie de l'indice. Lorsqu'une compagnie est délistée de l'indice, cela signifie que son prix est tombé sous le minimum requis de capitalisation boursière. Ceci a pour résultat de faire de l'indice S&P 500, comme la plupart des autres indices, une stratégie momentum.

Lorsque vous regardez le graphe d'un tel indice, vous êtes en face d'une stratégie momentum. Les meilleures compagnies y sont présentes et les mauvaises absentes. Vous avez donc affaire à un indice qui est très similaire à une stratégie qui sélectionne des titres en fonction de leurs momentum.

Ceci a pour effet de représenter, à travers les indices, des marchés boursiers bien meilleurs qu'ils en ont l'air.

Sans parler de donner l'illusion d'être capable de générer des profits énormes. Si vous regardez une des compagnies du S&P 500 dix années en arrière, vous allez regretter de ne pas l'avoir achetée plus tôt. Le problème bien sûr est que cette compagnie ne faisait pas partie de l'indice à cette époque. Ce titre fait parti de l'indice simplement parce qu'il a eu dix années exceptionnelles. Il y a 10 ans, vous n'auriez probablement pas entendu parler de ce titre. Et même si vous connaissiez cette compagnie, elle faisait alors partie de ces petites capitalisations boursières représentant un risque élevé.

Il est absolument impératif de prendre en compte ce point critique pendant le développement et la simulation de stratégies d'actions.

Prenons l'exemple d'un modèle qui n'achète des actions que sous certaines conditions. Peut-être que vous n'achetez qu'après une percée haussière où encore que dans des conditions survendues, peu importe. Si vous simulez ce programme sur les vingt dernières années en prenant les compagnies actuelles du S&P 500, vous obtiendrez un excellent résultat. Après tout, la stratégie n'achète que des titres d'un panier qui n'a fait que monter.

Ce qu'il faut en fait faire, c'est prendre tous les constituants historiques de l'indice, au risque d'oublier les compagnies qui ont été délistées depuis. Ainsi, vous éliminerez l'effet biais du survivant.

La plupart des titres délistés ont eu des performances médiocres. Si ces compagnies ne sont pas incluses dans vos simulations, vous obtiendrez les résultats bien trop optimistes, voire inatteignables. Commencez par acheter des titres basé sur de telles simulations et vous irez droit dans le mur.

3.3   Diviser pour Régner

Beaucoup de mesures peuvent affecter le titre d'une société. La plupart d'entre elles sont assez simples et facilement reflétées dans le prix. Les fractionnements par exemple sont automatiquement ajustés pour éviter tout type d'écart de prix. Le problème cependant est lorsqu'il y a des dividendes en espèces.

La majorité des données historiques en libre accès, et même parfois en accès payant, ignorent les dividendes en espèces.

En règle générale, tous les graphes sont ajustés pour les fractionnements de titres. S'ils ne l'étaient pas, il serait très facile de le remarquer. Prenez par exemple le fractionnement en 2014 de Apple. En juin de cette année, Apple a fractionné son prix par sept. Cela signifie que le prix est soudainement devenu un septième, ou 14,286%, de ce qu'il était le jour précédent, mais en fait, vous vous retrouvez avec sept fois plus de titres dans votre portefeuille. Le titre a fermé le 6 juin 2014 à \$645,87. Le jour d'après le titre ouvrait à \$92,72. Malgré la fluctuation du prix par un facteur sept, tout s'est déroulé sans problème.

Même si les fractionnements de titres n'ont au final aucun effet, ils représentent cependant un très bon outil marketing. C'est un message de la compagnie pour dire que leur titre s'est tellement apprécié qu'il devient trop cher pour les petits porteurs. Ceci bien sûr n'est qu'une vision de l'esprit, car le prix seul d'un titre ne reflète pas la valeur de la compagnie. Comparer des compagnies basées simplement sur le prix de leurs actions n'est pas pertinent à moins que celles-ci ont des fondamentaux et un nombre total d'actions identiques.

Bien que le fractionnement de titre soit anecdotique et sans valeur analytique, il impacte les données de séries historiques. Dans le cas de Apple, si vous n'ajustez pas le prix vous verrez alors une chute de près de 85% en une journée.

La façon d'ajuster pour le fractionnement est de recalculer toute la série historique. Dans le cas d'un fractionnement de sept pour un, toute la série préfractionnement devra être multipliée par 0,14286. Comme vous pouvez le voir dans le graphe 3.1, la série non ajustée n'a aucun sens. Il n'y a pas eu de chute de 85% pendant l'été 2014 et la série historique ne devrait pas avoir d'écart. Tous les fractionnements sont automatiquement ajustés par les fournisseurs de données, gratuits ou payants, donc pas d'inquiétude à avoir de ce côté-là.

Quant aux dividendes, la logique est très similaire. Afin de voir l'impact d'un dividende en espèces, vous devez ajuster les séries historiques. Bien que les fractionnements sont d'au moins d'un facteur de 0,5, les ajustements pour dividendes sont quant à eux bien moindres. La pratique courante veut que les dividendes en espèces reçus soient immédiatement réinvestis dans le titre. Cette méthode nous permet de calculer facilement un facteur d'ajustement et d'ajuster toute la série historique.

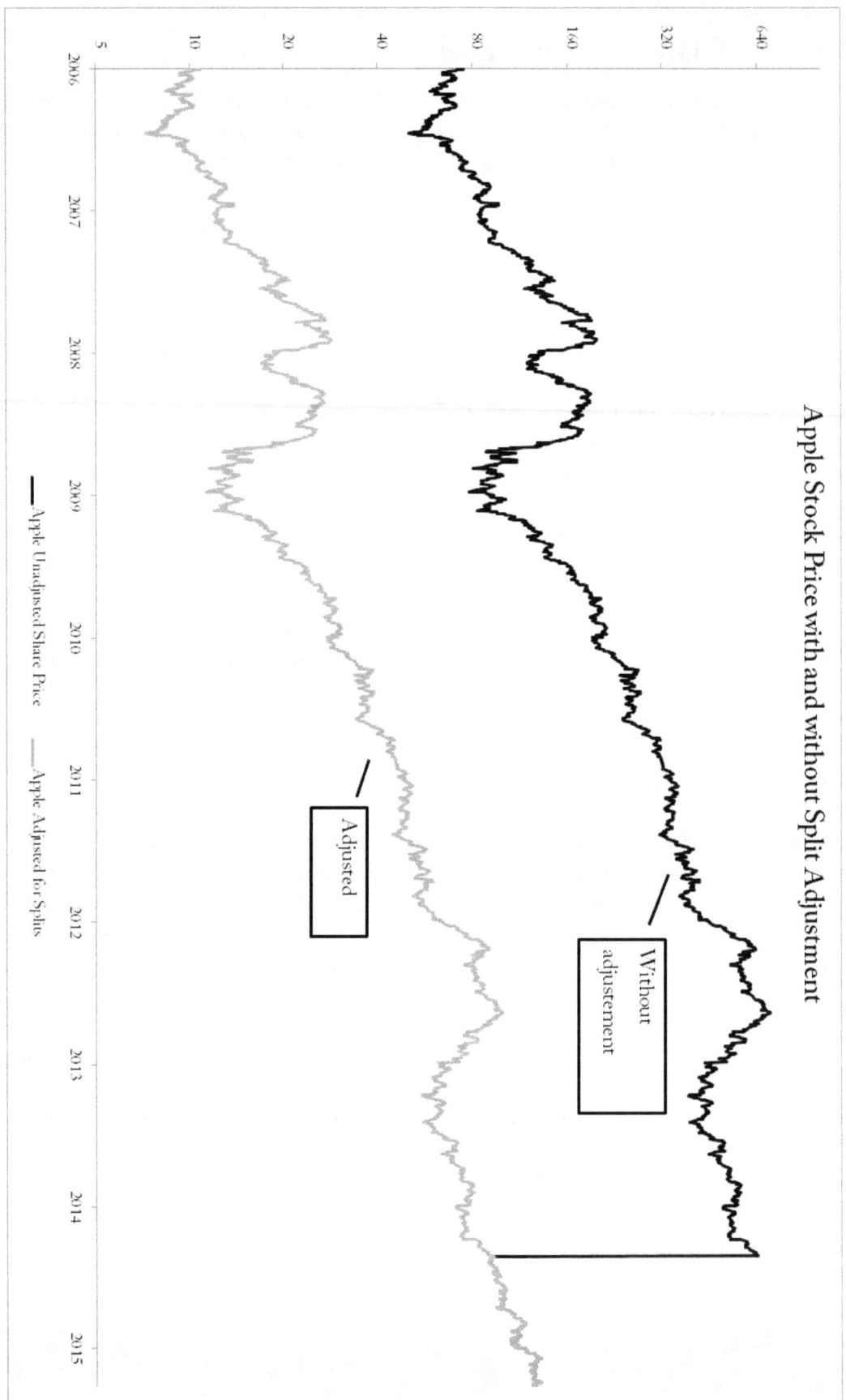

Graphe 3.1 Action Apple, avec et sans fractionnement (*Without adjustement*)

Bien qu'il soit important de comprendre le fonctionnement de ces ajustements, il serait compliqué de tenter de les reproduire manuellement. Si vous souhaitez faire des simulations sur des séries historiques à long terme, il est alors recommandé d'acheter les données correspondantes aux rendements totaux qui reflètent tous les ajustements historiques, des fractionnements aux dividendes.

Le graphe 3.2 représente AT&T depuis 1998. Une ligne montre la série historique ajusté seulement pour les fractionnements et autres opérations de sociétés. L'autre ligne est ajustée pour refléter toutes les opérations de société, dividendes inclus. La première ligne qui est disponible sur tous les sites d'analyse graphe, gratuits ou payants, montre qu'un investisseur aurait perdu 7% s'il avait acheté en 1998 est maintenu jusqu'en 2015. En fait, ce n'est pas vraiment ce qu'il s'est passé. Ce titre est une action à haut rendement qui verse de gros dividendes. En réalité, le titre a doublé entre 1998 et 2015 en supposant que les dividendes aient été réinvestis.

Pourquoi supposer que les dividendes aient été réinvestis ? Parce que vous devez prendre une décision sur ce qui arrive aux espèces qui sont distribuées. Les réinvestir est la pratique la plus courante.

Prenons le cas où les espèces ne sont pas réinvesties. La question est alors que faire de ces espèces ? Vont-elles en dessous du matelas ou bien à la caisse d'épargne ? A la limite, peu importe la décision. Ce qu'il faut, c'est appliquer la pratique la plus courante qui est de réinvestir les dividendes, ce qui a pour effet de faire non seulement baisser le prix initial d'achat, mais aussi de refléter plus précisément la valeur de la compagnie.

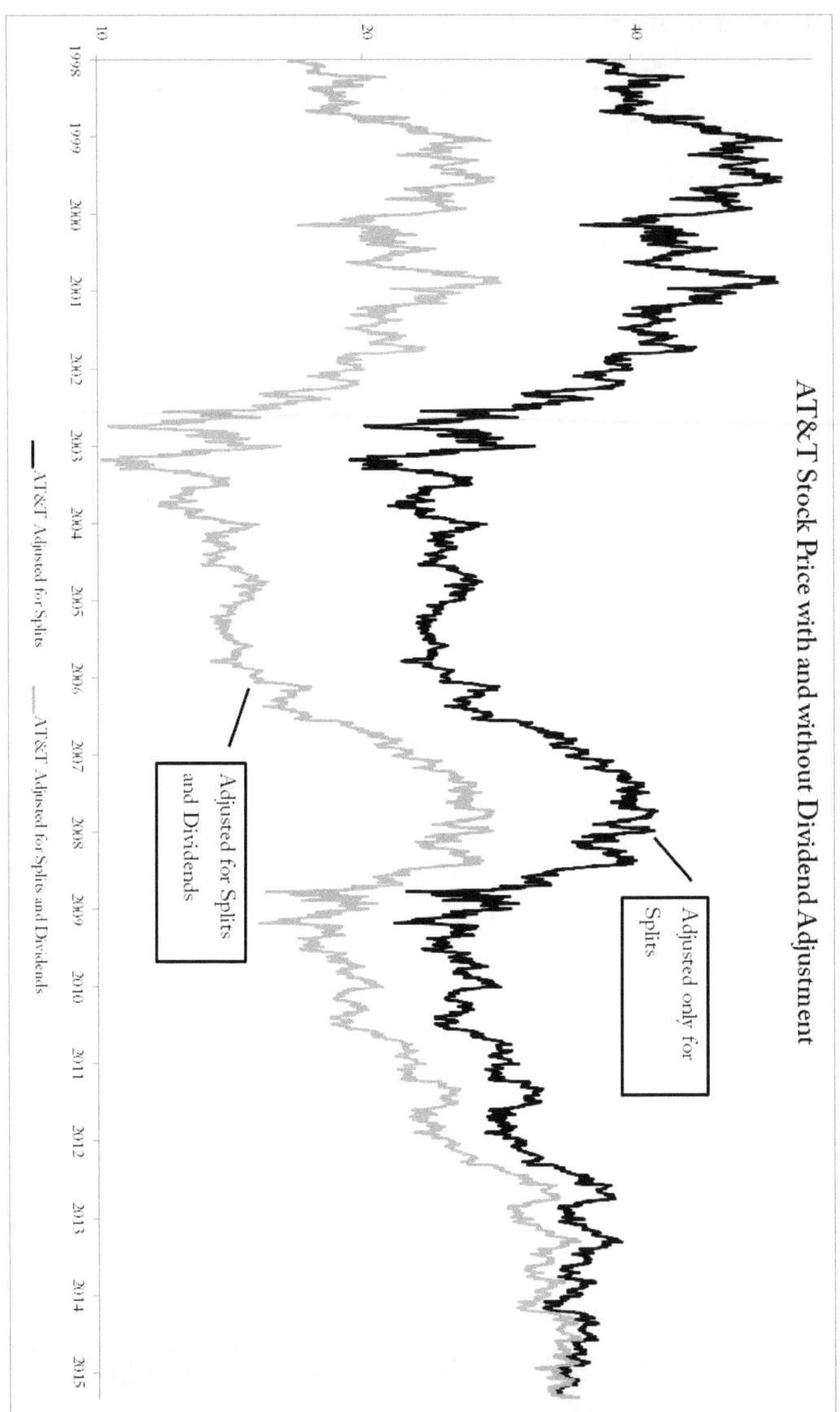

Graphe 3.2 Action AT&T, avec (courbe du bas) et sans ajustement des dividendes

Les exemples ci-dessus ont été délibérément choisis pour illustrer l'effet extrême que peuvent avoir les dividendes. Les lecteurs attentifs se demanderont probablement si cela a une importance sur une activité journalière d'échange de titres. Tout dépend des stratégies utilisées. Tant que vous travaillez sur des périodes assez courtes et que vous n'échangez pas de titres pendant un fractionnement où un versement de dividendes, tout ira bien…

Cependant, dans le cadre d'une stratégie momentum long terme qui est le sujet de ce livre, il est important de comprendre l'impact de ces ajustements sur les simulations qui sélectionnent des actions.

Pendant le développement d'une méthode de transaction de titres, il est commun de construire un modèle mathématique qui débouche sur une simulation réaliste. Sans faire ce travail, vous volerez sans visibilité. Peut-être avez-vous une théorie très logique sur les marchés mais si vous n'avez pas testé cette théorie, vous n'avez aucune idée à quoi vous attendre.

Si votre simulation repose sur des prix non ajusté, où encore très probablement sur des prix ajustés pour le fractionnement mais pas pour les dividendes, alors vos futurs rendements seront bien loin de la réalité. A chaque versement de dividendes, votre simulation reportera une perte ce qui bien sûr n'était pas le cas. En écartant les dividendes dans une simulation, une bonne compagnie pourrait hélas se voir sous-estimée et se retrouver ainsi à la poubelle.

Un plus gros problème se pose avec le classement des actions ainsi que leur sélection. Si vous voulez classer les actions par rendement annuel, les actions qui versent un dividende se retrouveront alors au bas de la liste. Une compagnie qui est dans une période faste peut constamment augmenter ses profits et croître rapidement mais puisqu'elle verse des dividendes, elle n'apparaîtra pas dans le classement.

Sans prendre en considération les dividendes, vous allez finir par sélectionner des titres potentiellement moins performants. Si vous pensez sérieusement construire un système de sélections de titres, et que je ne vous ai pas encore perdu, je vous conseille fortement d'utiliser les données qui représentent les rendements totaux.

3.4   Choix de l'Indice

Pour des raisons pratiques, le marché boursier sera représenté dans ce livre par l'indice S&P 500. Il est basé sur 500 grandes sociétés américaines et représente bien la santé des marchés américains.

Choisir un indice est plus important qu'il n'y paraît. L'indice est la référence contre laquelle vous mesurez la performance de votre portefeuille. Si votre portefeuille ne fait pas mieux que l'indice, alors vous ne faites pas un bon travail. Décider d'un indice de référence vous force non seulement à choisir un ensemble de titres avec lesquels travailler, mais aussi à définir votre stratégie. À l'inverse, vouloir identifier des titres qui ont eu des performances exceptionnelles sur les dix dernières années est simplement un leurre car rien n'indique que vous auriez pu les repérer avant qu'ils commencent leurs ascensions.

Il y a une bonne raison pour laquelle je n'ai pas choisi Dow Jones Industrial Average comme indice. Il y a même plusieurs bonnes raisons. Le Dow est un indice plutôt ridicule pour le moins qu'on puisse dire. C'est surtout un indice largement utilisé par les médias qui pensent informer le grand public sur les marchés boursiers.
Le Dow Jones est composé de 30 titres seulement, ce qui en soi est déjà une sérieuse limitation en tant qu'indice. Les 30 plus gros titres ne sont pas une bonne représentation des milliers de titres du marché américain. C'est un indice très limité.

Le problème majeur réside dans la façon dont le Dow Jones est calculé. C'est un indice pondéré en fonction du cours. Cela veut dire que vous additionnez tous les cours des 30 titres puis vous les diviser par 30 et un facteur d'échelle pour enfin arriver au fameux indice.

Si vous y réfléchissez bien, vous vous rendrez compte à quel point cet indice n'a aucun sens. Plus le cours d'un titre sera élevé plus il impactera la valeur de l'indice. Comme si le prix du titre reflète la qualité de la compagnie. Une compagnie dont le titre est à 100 est-elle de meilleure qualité qu'une compagnie dont le titre est à 10 ?

Rappelez-vous qu'ici nous ne parlons pas de capitalisation boursière. Le cours du titre ne reflète en aucune mesure la qualité de la compagnie. Une compagnie dont le titre a un prix de 10 pourrait avoir 100.000.000 actions en circulation alors qu'une compagnie dont le titre a un prix de 100 pourrait avoir 10.000 actions en circulation. Le simple cours du titre ne dit absolument rien sur la compagnie.

L'indice Dow Jones et sa méthodologie font partie du passé. Il y a maintenant de bien meilleures alternatives. Du côté des professionnels, l'ensemble des indices MSCI est très populaire. L'attrait principal de ces indices est la méthode consistante utilisée, et ce à un niveau global, offrant ainsi une large gamme d'indices. Il y a des centaines d'indices MSCI classés par géographie, style et secteur. Pour les gestionnaires de portefeuille, c'est l'endroit où aller mais l'inconvénient et qu'il est assez cher d'acheter l'information sur les constituants de ces indices. Il est en fait préférable de travailler avec des indices plus larges où l'information sur les constituants sont disponibles gratuitement. Pour le marché américain, les indices Standard and Poor's sont un bon choix.

Le plus connu des indices est bien sûr l'indice S&P 500 qui est constitué des 500 plus grandes sociétés cotées sur les bourses américaines. Viennent après le S&P 400 et le S&P 600 qui représentent respectivement les moyennes et petites capitalisations boursières. Ces trois indices forment l'indice S&P 1500.

Quel indice choisir ? Tout dépend de la stratégie que vous souhaitez appliquer. Dans ce livre, le S&P 500 sera utilisé la plupart du temps. En fait, n'importe quel indice à grosse capitalisation ferait l'affaire.

3.5   Capitalisation Boursière

La capitalisation boursière correspond à la valeur de la société. Cette définition compliquée représente en fait quelque chose de très simple.

Afin de comprendre ce qu'est la capitalisation boursière, regardons comment celle-ci est calculée. Prenons d'abord le nombre d'actions en circulation. Ensuite multiplions le nombre de ses actions par le prix actuel d'une action. Le résultat correspond en théorie à la valeur de la société. En théorie, parce qu'en réalité si vous souhaitez acheter cette société, le prix pourrait être quelque peu différent, comme vous pouvez le voir lors de fusions ou de prises de contrôles.

Regrouper des actions basées sur la capitalisation boursière a du sens. La plupart des indices de marché ont des règles strictes par rapport à la capitalisation boursière. Le S&P 500 est un indice composé de titres à forte capitalisation et l'une des règles requiert que chaque constituant ait une capitalisation boursière d'au moins 5,3 milliards de dollars US. Cela ne veut pas dire que toutes les compagnies d'au moins 5,3 milliards de dollars font partis du S&P 500. C'est seulement un des critères pour y être inclus.

Le moins connus S&P 400 est son équivalent pour les capitalisations moyennes. Pour y être incluse, une société doit avoir une capitalisation boursière comprise entre 750 millions et 3,3 milliards de dollars. Enfin, le S&P 600 quant à lui requiert une capitalisation boursière entre 400 millions et 1,8 milliards de dollars.

Tous ces indices sont constitués en pondérant les valeurs en fonction des capitalisations boursières. Ainsi, plus une société aura une grosse capitalisation boursière, plus elle pèsera dans l'indice. Est-ce un bon système ? Si le but est de mesurer la santé des marchés, alors oui. Par contre, si vous souhaitez utiliser ce système pour investir, alors pas trop.

En règle générale, les grosses capitalisations boursières ont tendance à avoir une plus faible volatilité que les petites capitalisations boursières. Elles présentent aussi un plus faible potentiel d'appréciation. Cela ne veut pas dire que c'est une mauvaise idée d'investir dans les grosses capitalisations boursières. C'est juste une remarque qu'il est important de noter.

Apple, par exemple, était à ses tout débuts une petite capitalisation boursière. C'était même une micro capitalisation boursière, peu importe l'adjectif utilisé pour décrire une compagnie gérée par deux hippies barbus du fond de leur garage. Cette société est passée par tous les stades de capitalisation, de la micro à la méga en passant par la moyenne. Je ne vais même pas chercher à calculer combien de fois le titre a doublé depuis 1976. Maintenant cette société vaut à peu près 500 milliards de dollars. C'est la moitié de 1.000 milliards. Environ 100 milliards de plus que la deuxième plus grosse société au monde. Quelles sont les chances que Apple double sa valeur ?

Rien n'est impossible évidemment. Il est simplement beaucoup plus difficile de doubler le prix d'un titre dont la compagnie est évaluée à la moitie de 1.000 milliards de dollars que d'une société évaluée à un demi-million de dollars.

Si les risques sont plus élevés avec les petites compagnies, les potentiels d'appréciation le sont aussi.

3.6   Secteurs

Classer les titres par secteur permet de comprendre ce que les compagnies font sans avoir à plonger dans l'analyse fondamentale. Il y a toujours des secteurs qui ont le vent en poupe alors que d'autres se traînent. Les méthodes quantitatives permettent d'identifier les tendances parmi ces secteurs et ainsi de comprendre lesquels font avancer le marché. Il est important de balayer tous les secteurs au risque d'être surexposé à un seul secteur sans le savoir.

Début 2015, au moment d'écrire ce livre, le secteur énergétique a énormément souffert depuis les six derniers mois. Battre le S&P 500 pendant cette période aurait pu être facile en n'ayant pas acheté le secteur énergétique.

Il existe plusieurs systèmes pour classifier les titres et la terminologie peut varier. Au final, toutes ces classifications se ressemblent et peu importe celle que vous choisissez. J'ai tendance à utiliser le système GICS (système de classification par secteur à l'échelle mondiale) car il est cohérent et facilement disponible sur la majorité des plateformes de données.

GICS offre quatre niveaux de classification. Le premier comporte dix secteurs que j'utiliserai pour classifier les actions dans ce livre : Consommation de base, Consommation discrétionnaire, Energies, Santé, Matériaux, Financières, Services aux collectivités, Technologies de l'Information, Industries, Services Télécom. Le deuxième niveau divise chaque secteur en groupes d'industries et sous-industries. Le premier niveau des secteurs sera suffisant pour la plupart d'entre nous.

4   Est-ce que la Stratégie Suivi de Tendance Fonctionne sur les Actions ?

Le concept de suivi de tendance a été initialement développé pour les marchés à terme, lesquels sont bien différents des marchés boursiers. Le suivi de tendance traditionnellement appliqué aux marchés à terme ne fonctionne vraiment pas sur les marchés boursiers.

L'idée du suivi tendance est très simple. Lorsque les prix commencent à bouger dans une direction, que ce soit à la hausse ou à la baisse, vous prenez une position. Si les prix montent, vous êtes long. Si les prix baissent, vous êtes court (à découvert). Vous maintenez ces positions tant que le mouvement continu en plaçant généralement des stops suiveurs juste en dessous du prix. Votre ordre de vente est donc exécuté qu'après avoir subi une certaine perte. Avec ce système, vous n'achèterez jamais au plus bas ni ne vendrez au plus haut mais vous participerez toujours au milieu.

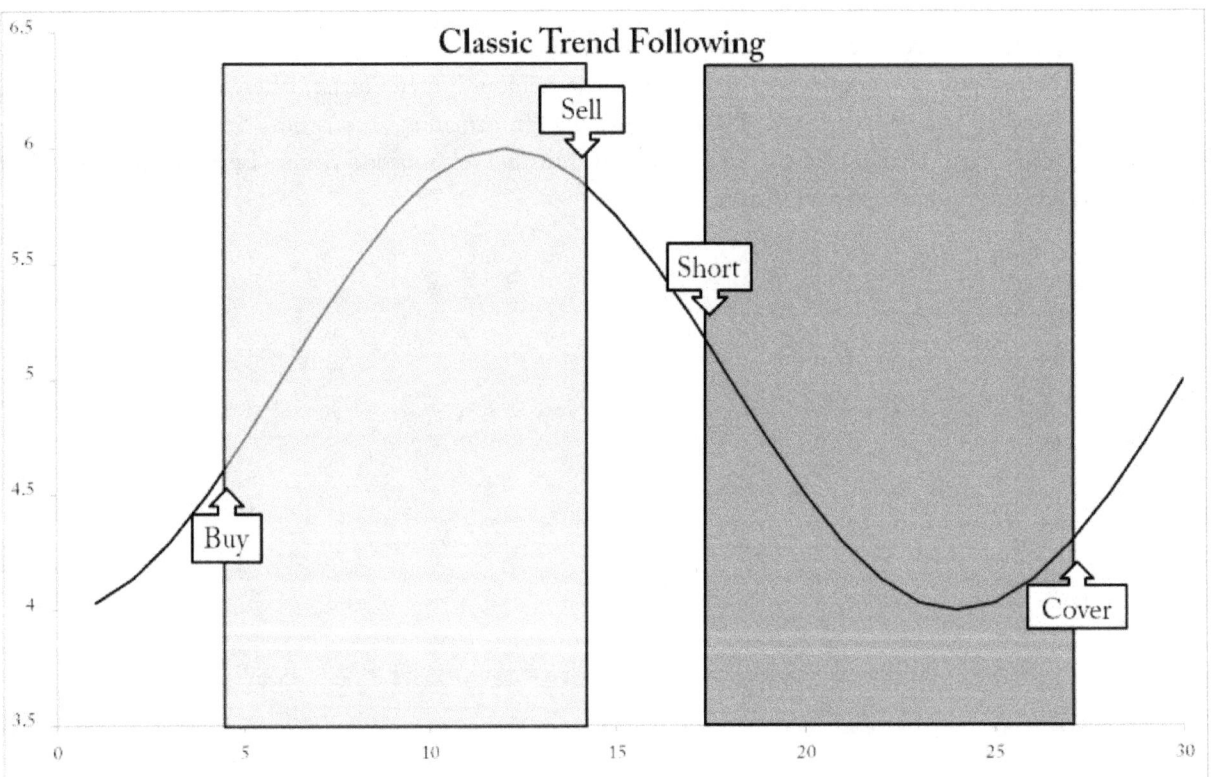

Graphe 4.1 Concept du Suivi de Tendance Classique (*Buy* = Achat, *Sell* = Vente, *Short* = Position à découvert *Cover* = Couvrir)

La stratégie suivi tendance est en elle-même pas très futée. Lorsque je dis pas très futée je veux dire que cette stratégie ne repose que sur très peu d'information, comparée à d'autres stratégies plus complexes qui emploient d'avantage d'information. Ceci étant, cette stratégie peu raffinée a généré des résultats plutôt remarquables sur les trente dernières années et même depuis presque deux siècles, d'après une récente étude

(Kaminski & Greyseman, 2014). Même s'il y a eu des hauts et des bas, voire même des années pendant lesquelles cette stratégie a perdu de l'argent, cette méthode a néanmoins produit pendant des décennies des rendements plus que décents.

Les fonds spéculatifs qui utilisent cette stratégie se sont développés rapidement pour atteindre environ 300 milliards de dollars d'encours aujourd'hui. Beaucoup de ces gestionnaires de fonds ont généré des taux de croissance parmi les meilleurs dans l'industrie, comme par exemples, Quest Partners, Fort Investment Management, Chesapeake, Campbell, ISAM, Mulvaney, TransTrend, Winton, etc.

Ainsi, ces preuves empiriques attestent qu'il est très difficile de réfuter la validité du suivi de tendance sur les marchés à terme.

Le suivi de tendance sur les marchés à terme consiste traditionnellement à couvrir toutes les classes d'actifs, incluant les matières premières, les taux d'intérêt, les taux de change et bien sûr les indices boursiers. L'avantage de cette méthode simple et qu'elle est applicable à toutes les classes d'actifs. Si vous l'utilisez cependant que sur une seule classe d'actif, alors vous perdrez l'effet de diversification et diminuerez votre probabilité de succès.

Il y aura des moments où le suivi de tendance ne fonctionnera pas. Lorsque les marchés évoluent latéralement ou lorsqu'ils changent rapidement de direction, alors les gestionnaires de fonds utilisant cette stratégie perdront probablement de l'argent. Comme ces phénomènes peuvent persister dans une classe d'actifs en particulier, il devient important de diversifier en passant en revue toutes les classes d'actifs simultanément afin de repartir les paris.

Si les classes d'actifs sur lesquelles vous échangez ont une corrélation faible, voire négative, alors vous serez capable de générer plus de rendements à moindre risque. Tout est une histoire de portefeuille plutôt qu'une histoire de position. Cette façon de penser s'avère être un point clé qui sépare les professionnels des amateurs. Si les pertes et les gains de ces différentes classes d'actifs sont générés à des moments différents, alors vous serez capable d'augmenter vos gains en maintenant le même risque ou encore maintenir les mêmes gains à moindre risque.

Le gros des profits est généré sur les tendances extrêmes. Une petite partie des tendances qui continuent de progresser mois après mois et parfois même, années après années, généreront des rendements anormaux. À l'inverse, les tendances qui ne feront pas long feu généreront de petites pertes. Ainsi, vous pouvez vous permettre d'avoir beaucoup de petites pertes tant que vous générez de gros gains de temps à autre.

Au final, la stratégie suivie de tendance est une question de statistiques. Il s'agit de s'assurer que la probabilité de générer des profits dans le long terme est en votre faveur, à un niveau acceptable de volatilité.

La chose la plus importante à comprendre à propos du suivi de tendance est de comprendre comment elle dépend de la diversification. On ne soulignera jamais assez l'importance de la diversification avec ce type de stratégie. Si vous traitez sur trop peu de marchés ou sur des marchés trop similaires, votre stratégie reposera sur la chance. Vos résultats, qu'ils soient excellents ou très mauvais, dépendront alors principalement de la chance. Pour celles et ceux qui veulent minimiser l'effet de la chance, une diversification des paris sur différents marchés sera nécessaire dans le cadre d'une stratégie suivi de tendance.

Si vous appliquez une stratégie suivi de tendance sur des actions, vous perdrez probablement de l'argent. Ces modèles n'ont pas été développés pour être utilisés sur des actions. Il y a plusieurs raisons pour lesquelles cela se révèle être une mauvaise idée que d'utiliser une approche initialement développée pour les marchés à terme et de l'appliquer sur des actions.

Même si les actions et les marchés à terme ont tout deux des données de prix qui peuvent être analysées, ces classes d'actifs ont deux différences bien significatives. La première est de nature pratique.

Les marchés à terme vous permettent d'utiliser l'effet de levier à un point tel qu'il devient insignifiant. Être capable de prendre de grosses positions notionnelles est un facteur important dans le suivi de tendance. Lorsque vous traitez sur les marchés à terme, la taille des positions se décide par rapport au risque. Vous regardez la volatilité de l'instrument et les corrélations des positions tenues. La liquidité disponible n'est pas un facteur limitant. Les opérateurs des marchés à terme ont toujours de grosses quantités de liquide disponible. La plupart des professionnels n'utilisent que 10 à 20 % de leur liquidité. Le reste peut-être placée dans des instruments à taux fixe où encore sur des marchés monétaires, générant ainsi un revenu fixe. Ceci présente quelques avantages. Tout d'abord, vous pouvez recevoir un revenu fixe sur votre excès de capital, en partant du principe que les taux n'ont pas toujours été aussi bas qu'en ce moment.

Deuxièmement vous pouvez vous concentrer en ciblant un risque spécifique sans vous préoccuper des liquidités disponibles. Vous pouvez vous permettre de prendre de larges positions dans des marchés lents comme les marchés monétaires où à taux fixe. En résumé, l'effet de levier est complètement insignifiant lorsque vous traitez sur les marchés à terme.

Il est important de souligner la différence entre effet de levier et risque. Ce sont deux choses complètement différentes et effet de levier ne signifie pas forcément risque. Le risque en lui-même n'est jamais insignifiant. L'effet de levier, quant à lui, ne représente pas une mesure très significative.

Tout cela est bien sûr valable pour les marchés à terme et non pas pour les actions, lesquelles nécessitent beaucoup plus de liquidités. Lorsque vous acheter des actions, vous devez les payer dans leur intégralité. Vous pouvez bien sûr utiliser un peu d'effet de levier mais cela reste très limité. Lorsque vous opérez avec des instruments de trésorerie, vous courez le risque de manquer de liquidité. Cela rajoute de la complication et de la limitation. Ce n'est cependant pas la différence la plus importante entre les actions et les marchés à terme.

Le vrai coupable est la corrélation. Les actions sont un groupe très homogène. Elles présentent un très haut niveau interne de corrélation. Traduit en français, cela signifie que les actions ont tendance à se comporter plus ou moins de la même façon. Évidemment, il y a des différences entre les actions mais le fait est que dans un marché haussier la majorité d'entre elles montent. À l'inverse, la plupart d'entre elles souffriront dans un marché baissier. La diversification n'aura que peu d'effet.

Que vous ayez 10 ou 50 actions dans votre portefeuille, vous aurez acheté au final du bêta, ce qui est valable tant vous en êtes conscient. Le problème survient lorsque vous gagnez de l'argent avec une stratégie bêta sans le savoir. Dans un marché haussier, les meilleurs sélectionneurs d'action sortent d'un peu partout. La guerre des mots à savoir quelle action acheter à quel moment fait alors la une des médias et des blogs. Ces mêmes personnes tendent à disparaître de façon suspecte à la moindre correction.

Il est possible d'avoir un portefeuille d'actions diversifié mais cette diversification reste limitée. Il est important de toujours chercher à diversifier. Cependant, l'effet de diversification a tendance à saturer rapidement avec les actions. Avoir vingt actions dans un portefeuille est meilleur que cinq, mais pas forcement mieux que cinquante.

Étant donné les fortes corrélations et l'écrasant coefficient bêta qu'ont les actions, il n'est pas réaliste de s'attendre à ce que vos rendements ne soient pas dépendants de l'indice. Ne vous attendez par avoir des rendements annuels décorrélés des marchés boursiers. Si vous gérez des actions, vous serez fortement dépendant de l'environnement global des marchés boursiers.

Il y a ensuite l'aspect vente à découvert. Même si vous balayez toutes les classes d'actifs, la vente à découvert reste très difficile. Les professionnels qui utilisent le suivi de tendance sur les marchés à terme génèrent très peu d'argent avec les ventes à découvert. Même si quelques années sont rentables, la plupart d'entre elles ne le sont pas. La vente à découvert est très compliquée pour plusieurs raisons. Il ne s'agit pas simplement de retourner le graphe à l'envers. C'est une illusion. Deux choses sont très différentes avec la vente à découvert.

À la surprise générale, la première est due à l'horizon long terme utilisé par ces stratégies. Si vous achetez un actif et qu'il progresse en votre faveur, la position ainsi que les gains grossiront. Si cette position augmente à hauteur de un pourcent par jour, ce même pourcent se répercutera non seulement sur la position mais aussi sur les profits.

Avec la vente à découvert, l'opposé se produira. Votre position diminuera chaque jour que le prix avance en votre faveur. Si cette position progresse à hauteur de un pourcent par jour, ce même pourcent se traduira par une position qui diminue de plus en plus, tout comme les profits. Cet effet, sur un horizon long terme, aura un impact négatif sur vos positions à découvert.

L'autre raison pour laquelle la vente à découvert est difficile à gérer est due au fait que la volatilité des actions a tendance à augmenter considérablement durant un marché baissier. Il y a bien sûr des phases où la volatilité a tendance à augmenter dans un marché haussier mais cette volatilité est en aucune mesure comparable à celle d'un marché baissier. Cette action qui avançait si bien dans son canal baissier pendant les trois derniers mois peut soudainement sursauter et effacer tous vos gains en une journée. Ces mesures de risque que vous aviez initialement calculés peuvent rapidement se retrouver à la poubelle.

Sans évidemment parler du coût d'emprunt et du manque de disponibilité de ces actions que vous voulez vendre à découvert.

Détenir des actions dans un marché baissier, soit du côté long ou du côté court, revient à regarder des grains de maïs dans un four à micro-ondes. Peu importe le temps que vous passerez à les regarder, ce n'est qu'une question de temps avant qu'une graine n'explose au bout de votre nez.

La vente à découvert est difficile à gérer dans toutes les classes d'actifs, plus particulièrement pour les actions. Même si, par exemple, les matières premières peuvent parfois avoir des périodes difficiles, alimentées par le coût de portage, ce n'est rien comparé aux actions. Les coûts de stockage combinés à d'autres facteurs, peuvent pousser certaines matières premières vers le bas pendant des années et de façon rectiligne. Pas tant avec les actions. Dans un marché baissier, les actions se comportent différemment que dans un marché haussier. Mesuré sur de longues périodes, peu de gens arrivent à générer des profits avec la vente à découvert.

Bien sûr, il y a le processus de sélection des actions sur lesquelles vous appliquerez la stratégie suivie de tendance. Avec le marché à terme, vous pouvez tout sélectionner. Avoir une centaine de marchés à terme, voire plus, dans votre stratégie n'est pas un problème. Mais avec les actions ? Sélectionnez vous quelques actions manuellement ? L'ensemble de l'indice ? Achetez vous toutes les actions de l'indice ? Avec quelle exposition au risque ?
Non, les actions sont vraiment différentes. Elles ont besoin d'une attention très particulière. Et c'est une bien mauvaise idée que de vouloir les traiter avec un modèle suivi de tendance.

Le suivi tendance ne fonctionne pas sur les actions. Les modèles momentum par contre eux fonctionnent.

4.1   Le Problème avec le Suivi de Tendance sur les Actions

Lorsque vous affirmer que le suivi de tendance ne fonctionne pas sur les actions, c'est d'habitude une bonne idée que de se baisser afin d'éviter les jets de tomates pourries et autres oeufs. Certains lecteurs ont sûrement déjà posé ce livre et s'apprêtent à le transpercer avec un objet pointu. Peut-être que quelques exemples pourra aider ma cause. Regardons quelques modèles de suivi de tendance et voyons comment ils se comportent sur les actions.

Les modèles de transactions utilisés dans cette section sont raisonnablement valides en terme de concept. L'univers d'investissement représente les actions du S&P 500 au jour du test. Cela veut dire que nous prenons les membres historiques de l'indice et qu'une action ne peut être achetée que si elle fait partie de l'indice le jour en question. Si une action quitte l'indice, elle est tout de suite vendue.

Tous les membres historiques de l'indice sont considérés et cela inclut aussi les actions délistées. Même si une compagnie a fait banqueroute il y a plusieurs années, elle sera prise en considération dans la simulation. Pour qu'une simulation soit valide, elle doit répliquer la réalité le plus précisément possible. La simulation ne doit pas prendre en compte l'information future pour ne pas bénéficier du recul.

De la même manière, les acquisitions, les fractionnements et autres opérations sur titres seront pris en compte. Les dividendes, si souvent ignorés, en feront bien évidemment partie. Les simulations sont construites soigneusement afin de coller le plus à la réalité.

4.2   Le Suivi de Tendance Classique sur les Actions

Commençons avec un classique. Ce modèle suivi de tendance est d'une approche simple et symétrique, destiné aux marchés à terme. C'est un modèle moyen terme qui, appliqué sur un ensemble large de marchés à terme, génère des gains proches de ceux générés par l'industrie des courtiers en fonds spéculatifs depuis les 30 à 40 dernières années. C'est aussi accessoirement le même modèle suivi de tendance que j'ai utilisé dans mon premier livre (Clenow, 2013). Les règles de transaction sont très simples. Je vous donnerai d'abord le concept et ensuite les détails.

Ce modèle de transaction peut-être long ou court. Il est long dans une tendance positive et court dans une tendance négative. Si l'action s'inscrit dans une tendance positive et qu'elle fait un nouveau plus haut à 50 jours, nous l'achetons. Si elle est dans une tendance négative et qu'elle fait un plus bas à 50 jours, nous la vendons à découvert. Un stop suiveur sera mis en place équivalent à un intervalle de 3 jours de transaction normale. La taille des positions sera calculée afin d'arriver approximativement au même risque pour chaque position en utilisant une simple formule basée sur l'intervalle réel moyen (*ATR en anglais*) que j'expliquerai en détail dans le chapitre 8.

Les règles :

- Une double moyenne mobile à 50 et 100 jours utilisée comme filtre de tendance. Si la moyenne mobile à 50 jours est au-dessus de celle à 100 jours, l'action est considérée être dans une tendance positive, sinon négative.
- Une rupture à 50 jours dans la direction de la tendance génère une transaction.
- La taille de la position est basée sur la parité du risque.
- Un stop suiveur à 3 fois l'intervalle réel moyen à 3 jours est mis en place.
- Seulement les actions qui font partie de l'indice S&P 500 au jour de la transaction sont considérées.
- Toutes les opérations sur titres, dividendes en espèces inclus, sont correctement prises en compte.

Ce modèle simple appliqué à un large ensemble de marchés à terme génère de très bons résultats. C'est la partie typique jouée dans l'industrie des courtiers en fonds spéculatifs. Cette stratégie a été originellement utilisée par deux courtiers à Chicago que personne ne prenait vraiment au sérieux jusqu'au moment où ils commencèrent à générer de très gros profits. Cette méthode, considérée marginale à l'époque, est devenue aujourd'hui une industrie de 300 milliards de dollars. Les évidences empiriques nous montrent que ces modèles comme celui-ci fonctionnent bien. Tout du moins sur les marchés à terme.

Regardons comment un simple modèle comme celui-ci peut générer des profits lorsqu'il est appliqué sur une large gamme de marchés à terme. Après tout, puisque je prétends que les règles ci-dessus fonctionne bien sûr toutes les classes d'actifs, il est normal que j'en fasse la démonstration. Le graphe 4.2 représente le résultat lorsque cette méthode est appliquée à 70 marchés à terme, balayant toutes les classes d'actifs. En dépit d'avoir eu de mauvaises années récemment, les rendements sont globalement très positifs. Les rendements annualisés sont d'environ 17 % avec une baisse maximum d'environ 27 %.

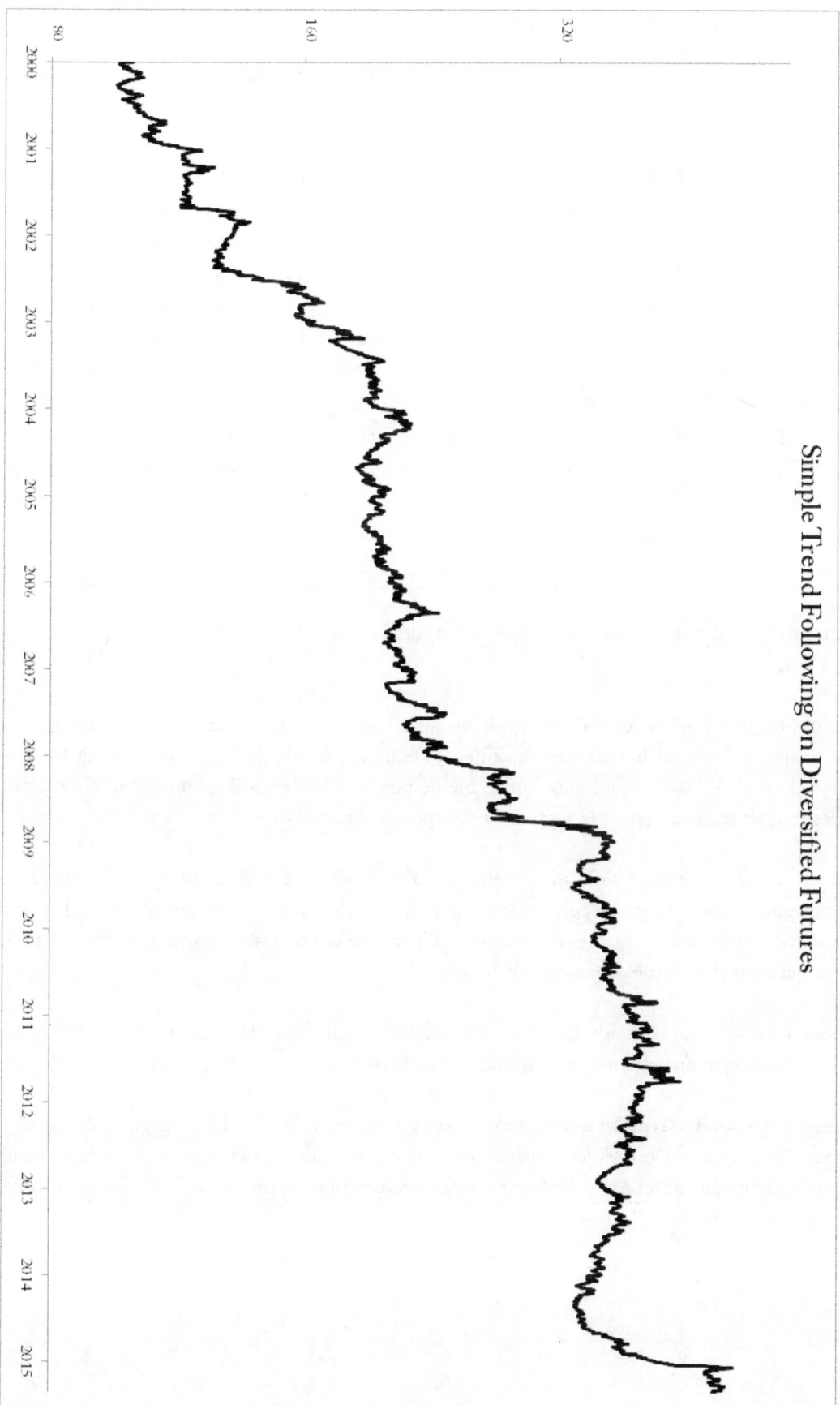

Simple Trend Following on Diversified Futures

Graphe 4.2 Simple Suivi de Tendance sur les marches à terme

Tableau 4.1 Simple Suivi de Tendance sur les marches à terme (%)

	Janv.	Fév.	Mars	Avr.	Mai	Juin	Juil.	Août	Sept.	Oct.	Nov.	Déc.	Année
2000	3.0	0.1	1.1	-4.3	0.8	2.6	3.3	1.0	5.2	-2.1	0.2	1.9	**13.3**
2001	14.3	-3.2	3.8	7.8	-7.2	1.3	1.3	3.0	-2.0	17.9	4.7	-3.0	**42.4**
2002	-2.9	-2.7	-0.8	2.6	-0.5	5.2	9.1	-4.8	4.3	5.7	-6.5	0.3	**8.0**
2003	-0.3	9.1	5.2	-7.0	5.1	5.0	-3.5	2.6	5.2	0.3	6.2	-4.0	**24.8**
2004	4.7	1.9	9.2	-1.6	-6.1	-0.7	-4.1	1.7	-2.5	0.6	0.9	7.7	**11.0**
2005	-0.6	0.2	0.3	-2.1	-1.8	5.5	0.4	1.3	-0.4	-0.2	-0.9	3.6	**5.2**
2006	-3.6	5.5	-4.3	9.7	3.7	-3.4	-3.0	-4.3	3.6	-0.3	3.6	5.4	**11.8**
2007	0.5	-0.1	-7.1	-0.2	3.8	8.3	3.4	-4.3	3.5	2.0	5.3	0.4	**15.6**
2008	3.9	6.8	24.4	-9.5	0.0	4.2	4.7	-9.1	2.1	7.2	26.7	11.5	**91.6**
2009	0.7	-1.2	1.9	-9.5	-0.2	7.8	-7.2	1.0	0.8	3.7	-2.2	7.6	**1.8**
2010	-4.2	-4.2	2.6	3.5	0.7	-0.8	2.8	3.4	0.8	2.1	10.8	-3.7	**13.8**
2011	7.1	4.0	-1.4	-1.6	5.2	-5.1	-6.0	3.9	4.0	10.5	-12.5	-0.2	**5.8**
2012	-1.3	-0.4	3.2	-0.9	-2.3	9.4	-9.0	5.7	-1.3	-3.8	-3.3	-2.3	**-7.3**
2013	2.9	6.0	-3.6	-0.5	2.2	-2.9	0.2	-1.2	-4.9	-1.3	1.5	1.5	**-0.8**
2014	-5.7	-1.3	4.6	-2.8	0.8	3.9	3.3	1.7	4.2	10.4	-2.4	4.9	**22.4**

Ceci démontre que le principe en tant que tel est valide. Le suivi de tendance fonctionne, au moins sur les marchés à terme.

C'est une toute autre histoire lorsqu'il est appliqué sur les actions. Le graphe 4.3 montre les rendements au cours du temps que ce modèle classique aurait généré entre la période de 2000 à la fin de 2014. Vous auriez généré une perte de -30%. En fait, vous auriez même perdu plus que ça. La simulation ici ne prend pas en compte les frais de commission. Cela aurait été une stratégie désastreuse.

Les réglages utilisés pour cette simulation n'en sont pas la cause. Si vous changez le filtre de tendance, la période de rupture ou le stop suiveur, ce sera toujours aussi désastreux. En fait, il ne s'agit pas de régler quelques détails. Vous pouvez essayer des centaines d'itération et vos résultats se ressembleront tous. Ce que nous avons ici est un problème de concept de base.

Les graphes 4.4 et 4.5 sont typiques des graphes de modèles appliqués sur les actions. Ils montrent à la fois de bonnes mais également de nettement moins bonnes transactions.

Sur ces graphes, il pourrait sembler que le stop suiveur est un peu trop prêt. Peut-être qu'il l'est mais en réalité cela n'a pas d'importance. Doubler les distances du stop et vous aurez pratiquement les mêmes résultats. Les paris gagnants se maintiendront plus longtemps et généreront plus de profits mais les positions perdantes en même temps vous coûteront plus.

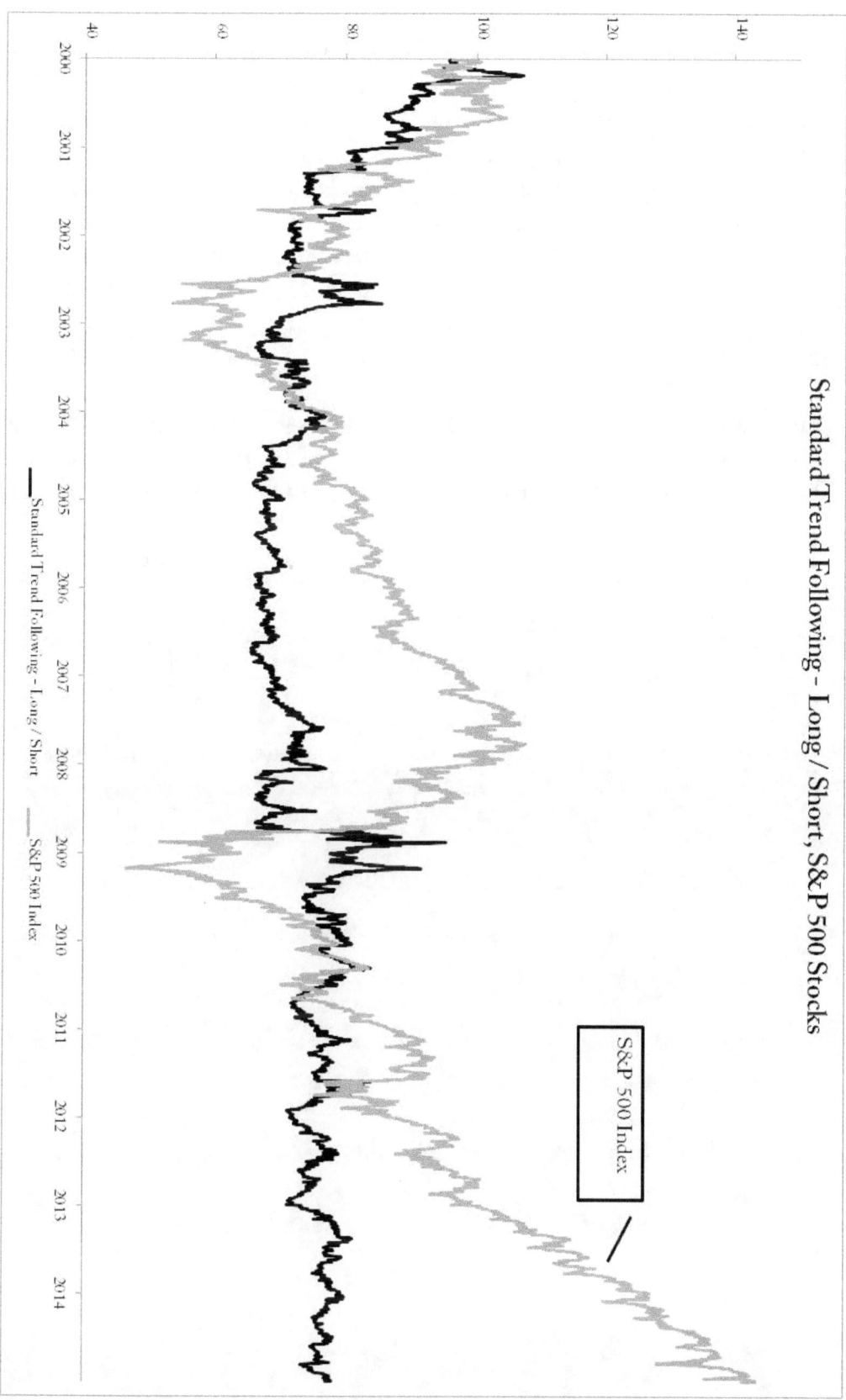

Graphe 4.3 Suivi de Tendance appliqué au S&P 500, long et court (à découvert)

Tableau 4.2 Suivi de Tendance appliqué au S&P 500, long et court (%)

	Janv.	Fév.	Mars	Avr.	Mai	Juin	Juil.	Août	Sept.	Oct.	Nov.	Déc.	Année
2000	3.0	-4.6	8.8	-7.6	-5.0	1.6	-2.4	-2.2	-2.1	3.4	-3.4	3.3	**-7.9**
2001	-0.6	-7.9	-0.6	-0.5	-7.9	-0.4	0.1	1.6	1.3	8.1	-10.5	-3.6	**-20.3**
2002	1.3	0.0	1.5	-3.2	1.9	0.0	5.6	5.6	-2.8	1.5	-5.8	-4.2	**0.7**
2003	-3.0	-2.7	1.4	-2.6	0.0	6.5	0.5	0.1	3.9	-6.0	4.2	0.5	**2.3**
2004	1.4	0.2	2.6	-4.3	-2.4	-5.4	1.2	0.2	-0.6	-0.8	-2.3	4.4	**-6.0**
2005	0.7	-2.2	0.4	0.0	1.0	-3.3	1.8	2.4	0.0	2.1	-4.4	-1.0	**-2.8**
2006	-0.2	3.0	-1.9	-0.2	0.7	-1.3	1.0	2.3	-4.3	-1.0	1.2	2.6	**1.6**
2007	1.0	1.0	-1.3	1.0	0.8	3.6	1.4	2.2	-4.4	2.0	-1.1	-0.7	**5.4**
2008	2.2	-8.0	1.4	-0.9	-1.4	0.5	6.1	-3.2	-3.3	5.9	12.5	11.4	**23.3**
2009	-10.8	3.0	9.4	-9.7	-3.2	0.5	-3.7	-0.7	-0.8	3.0	-0.2	4.0	**-10.5**
2010	1.0	-3.5	0.3	2.6	4.2	-3.4	-1.9	-6.3	-0.8	-1.2	1.2	2.2	**-5.7**
2011	2.0	2.4	-0.2	-1.9	1.2	-0.3	-2.8	1.2	2.3	4.2	-8.0	-3.5	**-3.9**
2012	-0.4	1.7	3.1	3.4	-1.5	3.6	-4.9	-1.4	-0.4	0.6	0.1	-3.1	**0.5**
2013	1.5	4.1	0.8	2.3	0.3	0.5	-2.4	2.1	-2.9	-0.6	1.1	0.9	**7.8**
2014	1.3	0.3	-2.8	-0.1	-1.5	1.2	2.1	-4.0	1.5	-0.6	-1.6	2.7	**-1.5**

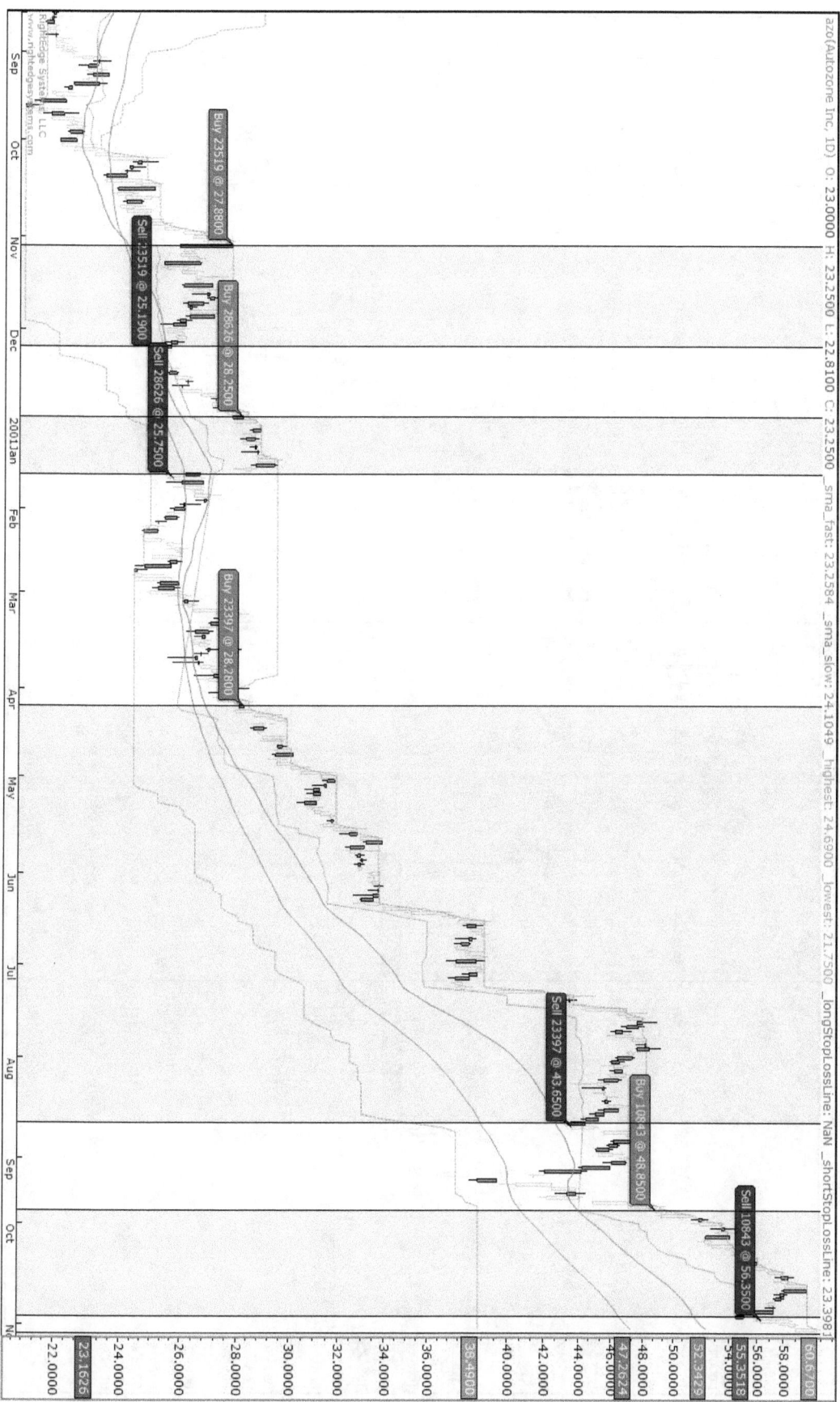

Graphe 4.4 Suivi de Tendance sur l'action Autozone (*Buy* = Acheter, *Sell* = Vendre)

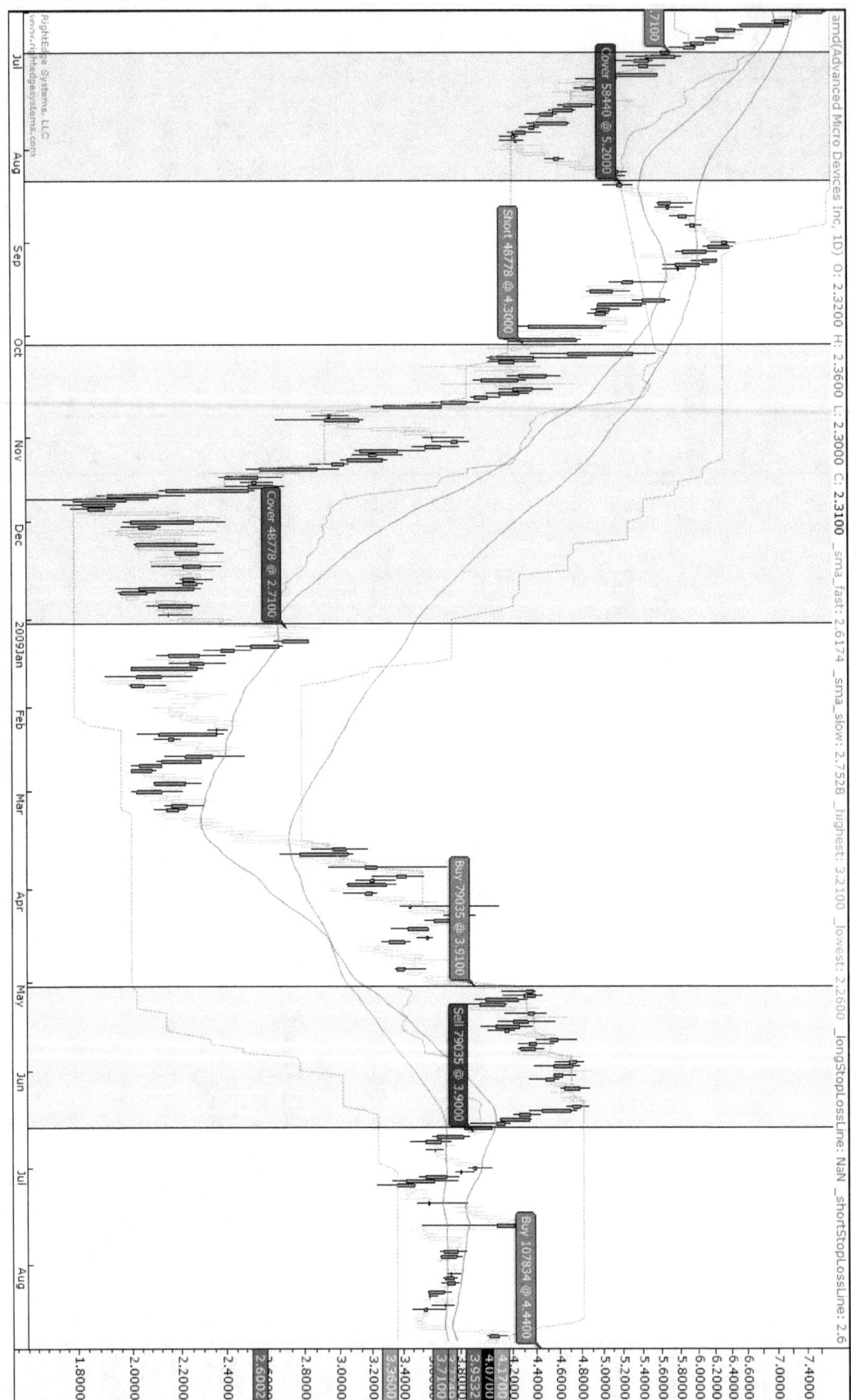

Graphe 4.4 Suivi de Tendance sur l'action Autozone (*Buy* = Acheter, *Sell* = Vendre

Vous donnez votre langue au chat ? Le modèle ci-dessus a plusieurs problèmes mais celui qui vient en premier est d'une importance capitale par rapport aux autres.

Oui, c'est la vente à découvert qui, lorsque appliquée sur une large gamme de marchés à terme dans une stratégie suivi de tendance classique, pose un réel problème. Même les courtiers spécialisés en suivi de tendance gagnent très peu d'argent, voire pas du tout, avec le côté vente à découvert. Lorsque vous avez affaire à des marchés à terme diversifiés, incluant les taux de changes, taux d'intérêt, matières premières et autres classes d'actifs, alors l'aspect vente à découvert peut clairement être bénéfique. Son principal objectif est d'améliorer l'inclinaison des rendements de la stratégie dans le long terme. Pas simplement de gagner de l'argent. Si vous ne traiter que des actions, ne vous embêtez avec ce genre de chose. Ça ne fonctionne pas de la même sorte avec les actions.

Ce que vous avez besoin de comprendre est simplement que d'utiliser une approche suivi de tendance en vendant des actions à découvert est une très mauvaise idée. Vous ne gagnerez pas d'argent en faisant cela. Le suivi de tendance ne fonctionne tout simplement pas en vendant des actions à découvert. Résistez. Dites non.

Pouvons-nous oublier la vente à découverte et passer à la suite ? Bien. Plus de vente à découvert jusqu'à la fin du livre.

Faisons une autre analyse avec le même modèle que ci-dessus mais avec un petit changement. Cette fois, les transactions ne seront que des positions longues. Le graphe 4.6 montre le résultat de la simulation. Maintenant ça commence à devenir un peu plus intéressant, n'est-ce pas ? Non seulement nous avons un rendement positif mais, en outre, nous générons des gains supérieurs à ceux de l'indice.

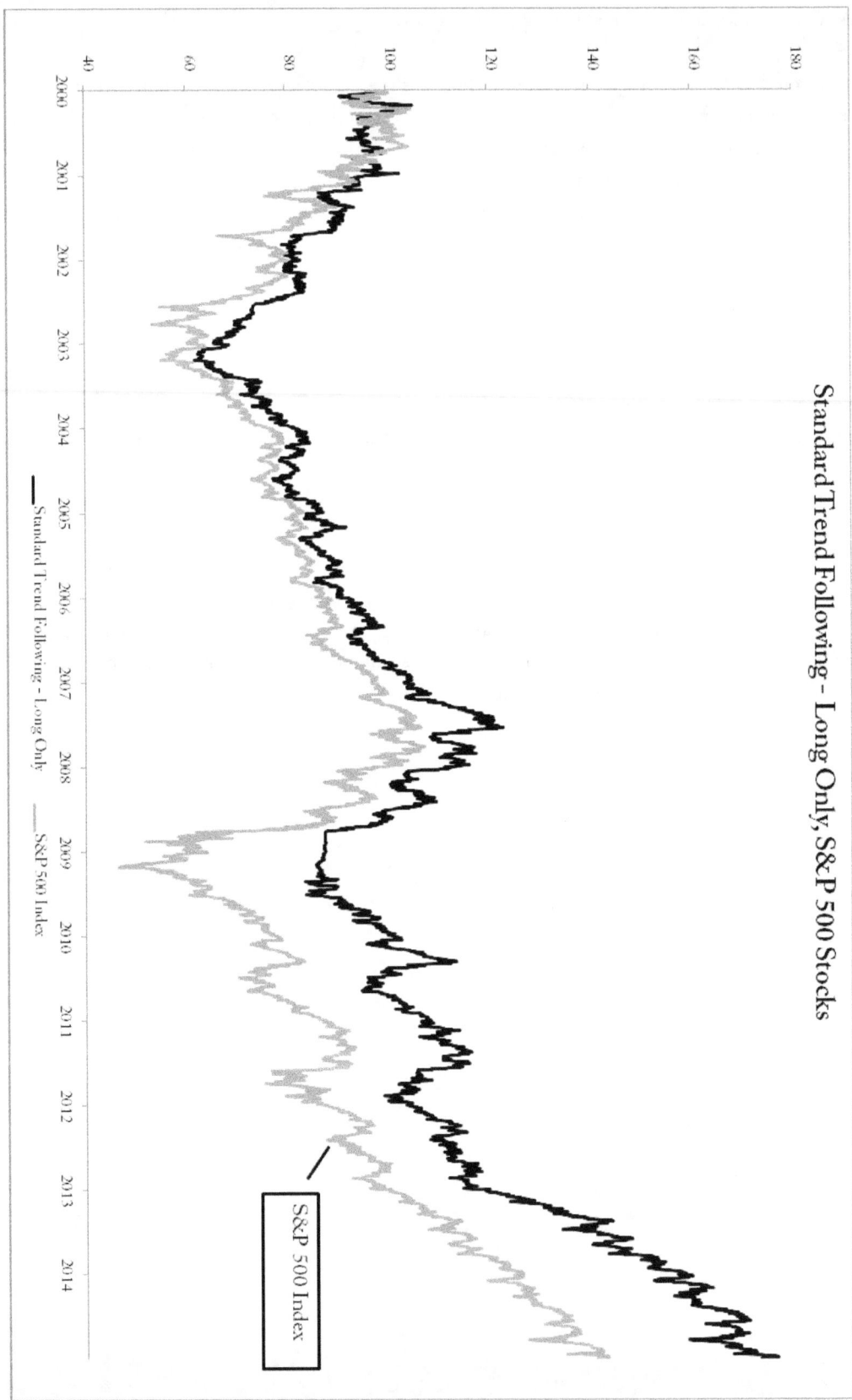

Graphe 4.6 Suivi de Tendance, Positions Longues uniquement, Actions S&P 500

Tableau 4.3 Suivi de Tendance, Positions Longues uniquement, Actions S&P 500 (%)

	Janv.	Fév.	Mars	Avr.	Mai	Juin	Juil.	Août	Sept.	Oct.	Nov.	Déc.	Année
2000	3.0	-8.3	9.1	1.3	-4.8	3.0	-3.9	-1.8	3.6	2.4	-2.4	1.2	**1.1**
2001	1.3	-4.5	-2.7	-3.7	1.9	1.1	-0.2	-0.6	-1.8	-7.5	-2.7	0.3	**-18.0**
2002	1.2	0.4	1.4	-0.1	0.5	-3.3	-4.0	-5.3	-1.6	-1.6	-0.7	-2.2	**-14.3**
2003	-2.0	-5.6	-1.0	2.3	2.7	8.3	1.1	0.5	5.7	-3.4	6.3	1.5	**16.6**
2004	1.1	2.0	2.4	-2.4	-1.1	-1.4	1.6	-1.2	-1.2	2.5	0.2	5.0	**7.3**
2005	-0.3	0.8	2.5	-3.2	-2.0	2.3	0.7	3.7	-1.3	2.7	-4.7	4.7	**5.6**
2006	-0.3	3.8	0.8	1.3	-0.1	-1.2	-0.4	0.9	2.0	0.0	2.6	2.8	**12.9**
2007	1.1	2.0	-1.0	4.2	4.3	5.3	-0.4	-3.6	-4.6	4.7	-0.1	-1.5	**10.4**
2008	-0.3	-7.9	0.1	-1.2	2.5	2.0	-3.3	-6.2	0.9	-7.1	-4.7	0.0	**-22.9**
2009	0.2	-0.6	-1.7	1.3	1.2	2.2	-2.7	4.4	-0.7	3.4	0.1	6.1	**13.5**
2010	1.8	-2.6	3.6	5.4	4.7	-11.4	-3.7	2.2	-0.6	4.0	1.5	1.7	**5.6**
2011	3.5	0.6	0.5	1.8	2.9	-0.4	1.1	-4.0	-4.4	-3.7	0.3	-0.4	**-2.4**
2012	1.3	2.5	3.0	4.5	1.0	-6.3	4.6	-0.5	0.2	2.5	1.2	-1.6	**12.7**
2013	3.4	4.8	2.0	4.6	2.3	3.7	-1.9	6.7	-4.4	4.0	3.5	0.9	**33.0**
2014	2.6	-3.2	6.1	-0.7	0.2	1.8	3.4	-2.1	2.3	-2.4	1.6	1.7	**11.4**

En fait, nous ne battons pas l'indice. Je vous taquinais simplement pour essayer de faire une remarque. Il y a deux problèmes avec la comparaison dans le graphe 4.6. Premièrement, il n'y a pas de coûts pris en compte. Sur plus de 14 ans, les coûts de commissions s'accumuleront et grignoteront ainsi les rendements. Mais ce n'est pas le problème principal avec cette comparaison.

Les actions sont toutes ajustées pour les dividendes alors que l'indice S&P 500 ne l'est pas. La simulation a bien pris en compte les dividendes distribués et ainsi en a profité. L'indice quant à lui les a simplement ignorés comme si ce n'était jamais arrivé. Si vous avez des dividendes d'un côté, nous devons les avoir de l'autre. Se comparer à un indice peut donc être très trompeur. Nous avons besoin de comparer nos résultats avec l'indice à rendement total, *Total Return Index* en anglais.

Le rendement total prend en compte toutes sources de gains. À la veille de la date de détachement de dividende, une action voit son prix chuter à hauteur du montant du dividende versé. À ce moment, les prix des indices sont négativement affectés même si les valeurs n'ont pas vraiment changé du point de vue de l'investisseur. Le prix de l'action baisse mais vous recevez la différence en espèces. Un indice de rendement total est proprement ajusté à cet effet.

Cela veut dire que les gains de l'indice de rendement total seront supérieurs à ceux de l'indice. Cette différence ne sera pas énorme au début mais grossira au fil des années pour devenir substantielle. Remarquez que lorsque les médias parlent du rendement du S&P 500, ils ne font généralement pas référence à l'indice de rendement total. S'il s'agit que de quelques jours, cela n'a peu d'importance. S'il s'agit par contre de plusieurs années, alors l'information délivrée sera erronée.

Refaisons une comparaison, mais cette fois avec l'indice S&P 500 à rendement total. Ce sera un meilleur moyen de comparer notre performance. Le résultat de le graphe 4.7 est moins flatteur. Pendant 14 ans, nous avons clairement échoué à battre l'indice. Bien sûr nous avons réussi à limiter la correction maximale de façon raisonnable lorsque le modèle arrêta d'acheter en 2008 au moment où toutes les actions s'effondraient. Ceci n'est toutefois pas une stratégie viable. Si vous voulez une courbe de rendement comme celle-ci achetez tout simplement le tracker passif de l'indice.

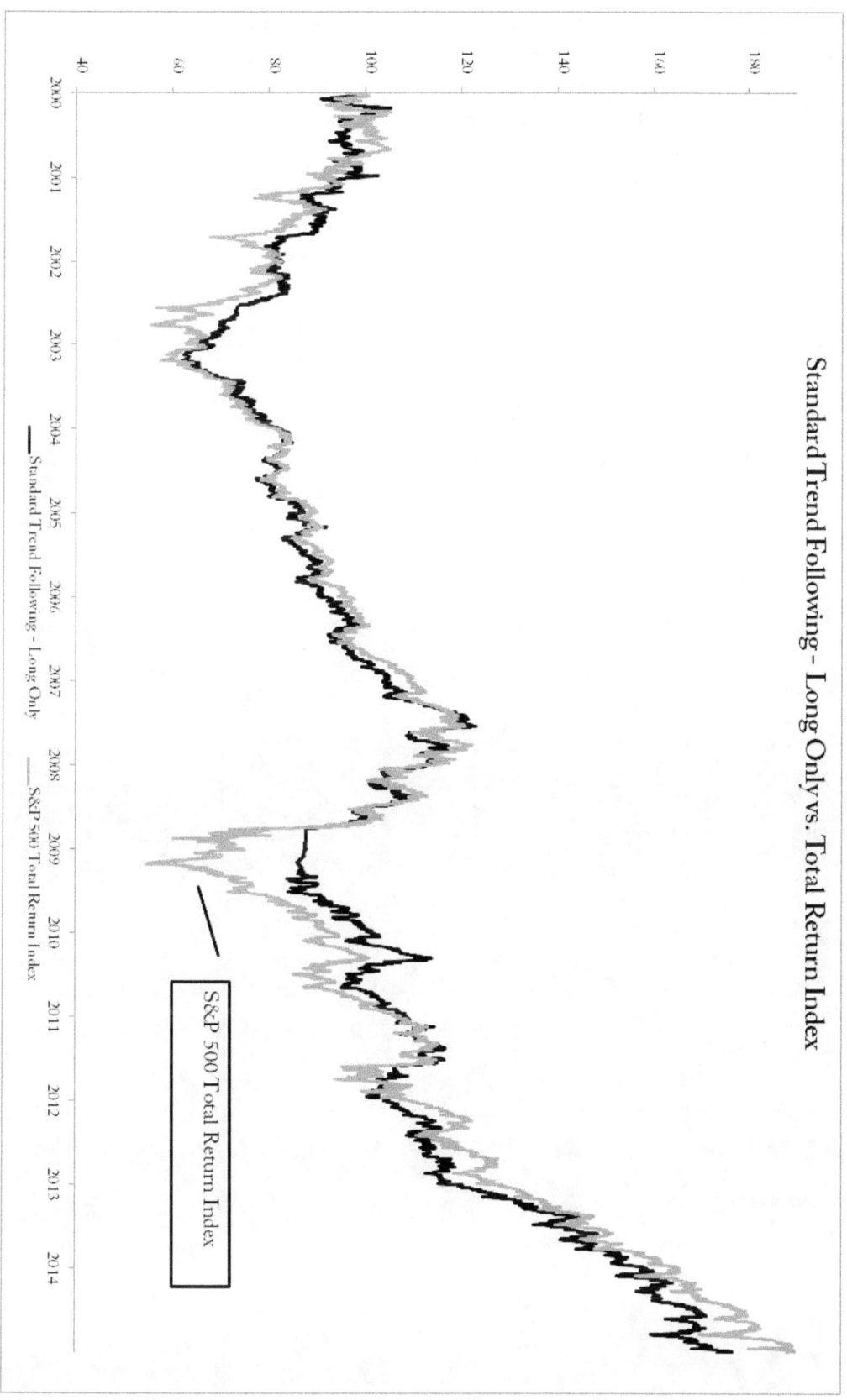

Graphe 4.7 Suivi de Tendance, Actions S&P 500, long, comparé au S&P 500 dividendes réinvestis

Quelqu'un me fera sûrement remarquer que le suivi de tendance sur les actions a généré des profits. Les graphes le montrent clairement surtout si vous laissez tomber la vente à découvert. C'est absolument vrai. Le problème est qu'il n'y a pas de valeur ajoutée. Ça génère beaucoup de travail, trop de risques et peu de bénéfices. Comparé à une stratégie passive d'achat et de maintien du tracker de l'indice, le suivi de tendance classique sur les actions ne semble pas être une alternative attrayante.

4.3   Modèle plus Haut Historique

Essayons alors une autre approche, celle proposée par Cole Wilcox et Éric Crittenden de Longboard Asset Management qui utilise le plus haut historique comme critère d'entrée. Dans leur étude datée de 2005, ils utilisent un très large univers d'actions, achètent au plus haut historique et vendent à un stop suiveur placé à une distance de dix fois l'intervalle réel moyen à 40 jours. J'ai essayé de répliquer de façon la plus précise possible leur simulation en suivant les détails de leur article, mais avec une différence de taille : j'ai utilisé seulement les actions de l'indice S&P 500 afin de faire une comparaison valide.

Dans leur article de recherche, ils disent avoir pris tous les signaux ce qui signifie qu'ils dimensionnent toutes les positions ouvertes afin d'accommoder les actions sortantes et entrantes. Ceci implique que vous pourriez potentiellement vous retrouver avec des centaines d'actions simultanément, ce qui n'apparaît pas être une approche réaliste pour la plupart des investisseurs. J'utiliserai une méthode plus réaliste de dimensionnement de parité du risque, ciblant un impact moyen de 0.1% par action par jour. C'est très simple mais très efficace et je donnerai plus de détails dans le chapitre 8. Pour le moment, je laisserai aussi de coté la question du rééquilibrage qu'ils utilisent. J'expliquerai dans les chapitres suivants pourquoi le rééquilibrage est une bonne idée et comment il peut améliorer les résultats.

Ceci est la version simplifiée de leur modèle, mais basée sur la même logique de fond.

Règles de transaction :

- Acheter sur un plus haut historique si les espèces sont disponibles.
- Pas d'effet de levier utilisé.
- Simple parité de risque utilisée pour le dimensionnement des positions, ciblant un risque initial égal pour chaque action.
- Pas de rééquilibrage.
- Stop suiveur initial à 10 fois l'intervalle réel moyen, utilisant une période de 50 jours pour le calcul.

Ce modèle de transaction donne des résultats plutôt décents. Ce n'est pas une approche recommandée car il a encore beaucoup de détails à régler, même s'il est meilleur que le modèle classique des marchés à terme. Les résultats de la simulation illustrés dans le graphe 4.8 montre clairement les bénéfices de l'approche momentum. Acheter sur des ruptures de plus hauts historiques paye. Il est clair aussi que ce modèle est plus proche du concept que d'un produit commercial. Ainsi, cet article de recherche est à la fois valide et intéressant.

Comme prévu, ce modèle subit des pertes durant les marchés baissiers, comme en 2000 et 2003. Durant ces phases, ce modèle se comporte plus ou moins à égalité avec l'ensemble des marchés boursiers. Dans les périodes haussières, il a tendance à surperformer, même si nous avons vu de bien meilleures surperformances de 2003 à 2007 qu'en 2009.

Le profil plat de 2008 à 2009 n'est pas un problème et s'avère en fait logique. Après le désastre de 2008, il faudra du temps avant que les actions ne voient un plus haut historique et ainsi voir des nouveaux candidats à l'achat.

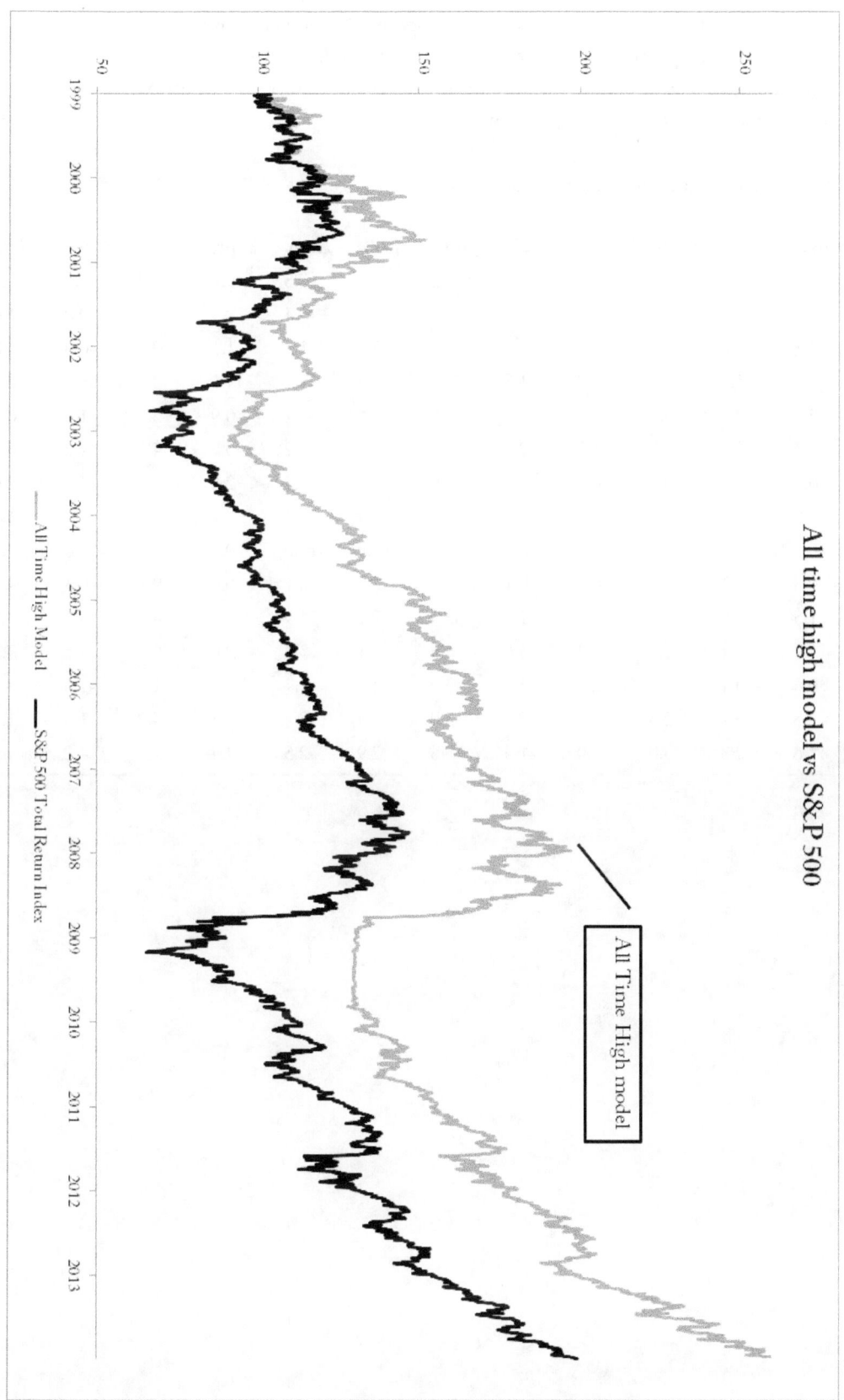

Graphe 4.8 Modèle plus Haut Historique (*All Time High*) comparé au S&P 500

Le graphe 4.9 montre un exemple d'une action parmi tant d'autres pour ce modèle de transaction. La courbe en gras indique le niveau des plus hauts historiques alors que la ligne en pointillée montre les points du stop suiveur. Dans ce graphe qui montre les transactions sur Apple, vous pouvez voir comment l'action est achetée lorsqu'elle atteint son premier plus haut historique et où le stop suiveur est placé. L'action a besoin de fermer sous le stop afin d'être vendue le jour suivant.

Tableau 4.4 Modèle plus haut historique (%)

	Janv.	Fév.	Mars	Avr.	Mai	Juin	Juil.	Août	Sept.	Oct.	Nov.	Déc.	Année
2000	3.0	-3.7	13.8	-1.8	-2.6	0.3	1.1	0.5	9.2	0.2	-5.4	-7.3	**5.5**
2001	4.6	-4.9	-3.0	-5.6	4.3	1.7	-1.6	-0.4	-2.3	-4.4	0.0	1.6	**-10.1**
2002	4.1	0.8	1.1	1.1	2.8	-1.6	-2.7	-11.5	-1.1	0.4	-0.8	-4.2	**-11.8**
2003	0.9	-3.2	0.2	4.2	1.8	5.1	1.3	1.1	4.1	0.9	5.1	2.4	**26.4**
2004	2.5	2.3	3.9	1.6	-1.1	-0.9	1.6	-2.1	-0.9	5.3	1.0	6.5	**21.4**
2005	2.3	2.7	5.2	-1.5	-2.2	1.9	0.5	3.2	-0.7	4.1	-1.6	6.0	**21.4**
2006	0.5	2.1	-0.6	0.4	-1.8	-1.0	-2.4	-1.2	2.8	-0.1	3.2	2.0	**3.8**
2007	0.8	2.6	-2.3	4.0	2.9	4.4	-2.2	-3.9	0.4	6.5	-3.1	1.5	**11.6**
2008	-0.5	-5.2	1.4	1.7	2.3	3.9	-0.9	-10.0	-0.5	-8.4	-13.6	-1.8	**-28.7**
2009	-0.8	0.3	-1.1	0.6	-0.1	-0.1	0.0	0.1	-0.4	0.1	-0.3	4.1	**2.1**
2010	1.5	-2.5	3.9	2.9	1.7	-2.9	-1.1	1.9	0.0	4.4	3.7	2.1	**16.5**
2011	1.1	-0.4	1.5	3.3	3.6	0.6	2.1	-3.4	-2.6	-2.7	4.5	3.2	**11.0**
2012	0.6	0.4	3.3	2.0	3.3	-3.9	4.4	1.7	-1.3	1.9	-1.5	-1.4	**9.4**
2013	1.5	3.1	2.3	4.7	2.1	-0.2	-0.4	7.4	-3.8	4.2	1.5	1.8	**26.6**
2014	1.6	-2.8	3.0	-1.0	-1.3	3.6	2.9	-2.5	4.7	-1.7	4.2	1.6	**12.7**

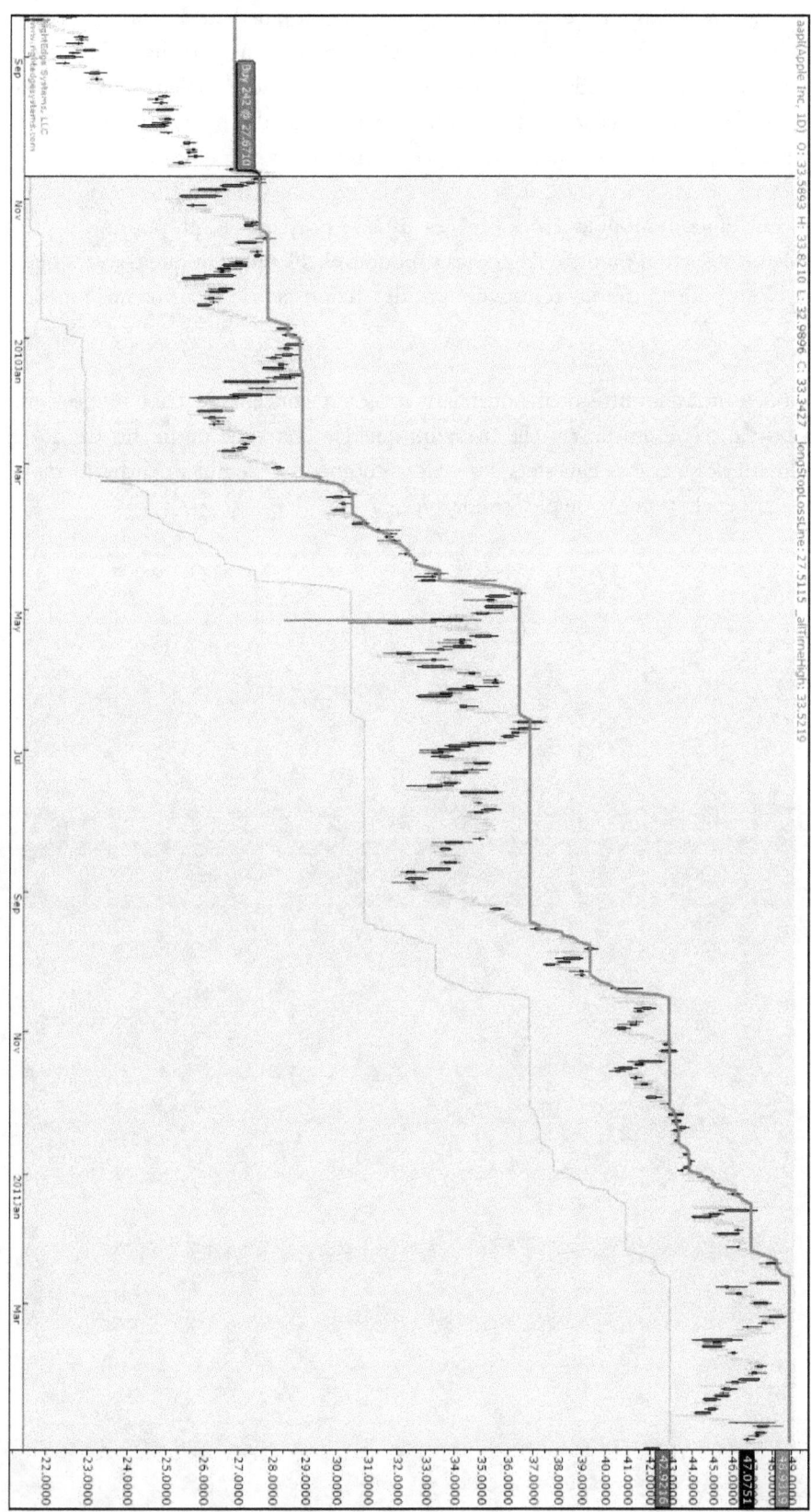

Graphe 4.9 Modèle plus haut historique Appliqué sur Apple

Il y a deux problèmes avec cette approche plus haut historique. Le premier problème et que la sélection de l'action est assez aléatoire. N'importe quelle action qui verra son plus haut historique sera achetée tant qu'il nous reste des espèces. Le fait est qu'une action qui atteint son plus haut historique n'en fait pas nécessairement une meilleure candidate que les autres. Le second problème est que cette action sera maintenue tant que son stop suiveur n'est pas atteint. Cela veut dire qu'en théorie, cette action pourrait bouger de façon latérale pendant des années avant qu'on s'en débarrasse.

Cette action pourrait donc monopoliser des espèces dans le portefeuille qui pourraient êtres utilisées à des fins plus utiles. Même si l'action monte, elle pourrait monter plus lentement que d'autres actions qui montent plus rapidement. Nous pourrions nous retrouver avec des actions sous performantes plus longtemps qu'il ne le faudrait.

Cependant ce modèle nous montre qu'il pourrait y avoir un concept de base intéressant. Même si cette méthodologie a besoin d'être améliorée, elle présente quelque chose de pertinent. Ce que nous montre ce modèle est que durant des marchés haussiers, les actions momentum semblent surperformer. Voyons si nous ne pourrions pas faire quelque chose de plus solide avec ça.

4.4   Suivi de Tendance sur les Actions Individuelles

Le suivi de tendance sur les actions individuelles est une mauvaise idée. Votre succès sera complètement aléatoire.

Le suivi de tendance sur une action individuelle nécessite de choisir une action, voire plusieurs, et d'y appliquer le modèle suivi de tendance. Les défenseurs de cette approche montrent d'habitude comment elle aurait fonctionnée avec merveille sur Apple, Google, Microsoft, etc... Ces actions sont d'habitude choisies pour exemples parce qu'elles ont connu une performance exceptionnelle dans le passé. Ce sont des compagnies devenues célèbres justement à cause de leurs performances. La stratégie qui consiste à acheter Microsoft en 1985 et de la maintenir pendant 15 ans n'est pas du suivi de tendance. C'est du domaine du rêve que de croire qu'il est possible d'acheter la bonne action au bon moment.

Même en les appliquant sur de telles actions, la plupart des modèles suivi de tendance n'ont pas bien fonctionné. Bien sûr le prix des actions auraient pu générer des gains énormes en une ou deux décennies, mais généralement ils étaient accompagnés de très fortes volatilités. Vos positions sont souvent chahutées, générant des transactions qui réduisent les profits. Oui, vous pourriez éloigner les stops vraiment, vraiment loin. Bien sûr, plus vous les éloignez, plus vous vous rapprochez de la stratégie achat et maintien.

Reprenons l'exemple de Apple puisqu'elle est souvent le sujet de discussion. Nous y appliquerons un modèle suivi de tendance classique, basée sur un achat après une poussée à la hausse en marché haussier et vente à découvert après une poussée baissière en marché baissier. Un stop suiveur sera utilisé comme dans la plupart des modèles suivi de tendance. Gardez bien à l'esprit que nous choisissons délibérément une action qui est connue pour avoir eue un mouvement de prix extrême dans le passé. Si ça doit fonctionner sur n'importe quelle action, alors celle-ci devrait faire l'affaire.

En appliquant sur Apple un modèle classique de suivi de tendance moyen terme, qui a montré des résultats excellents sur les marchés à terme depuis des dizaines d'années, il en ressort un gain d'environ 10% par an. Pas mal, hein ? Ce modèle utilise un stop à une distance de trois fois l'intervalle réel moyen, ce qui est une distance raisonnable pour un modèle moyen terme.

Si on double la distance du stop, ce modèle génère encore de bien meilleurs résultats. Nous arrivons maintenant à un gain annualisé de 15 % ! Manifestement, le suivi de tendance a fonctionné.

Non, pas vraiment.

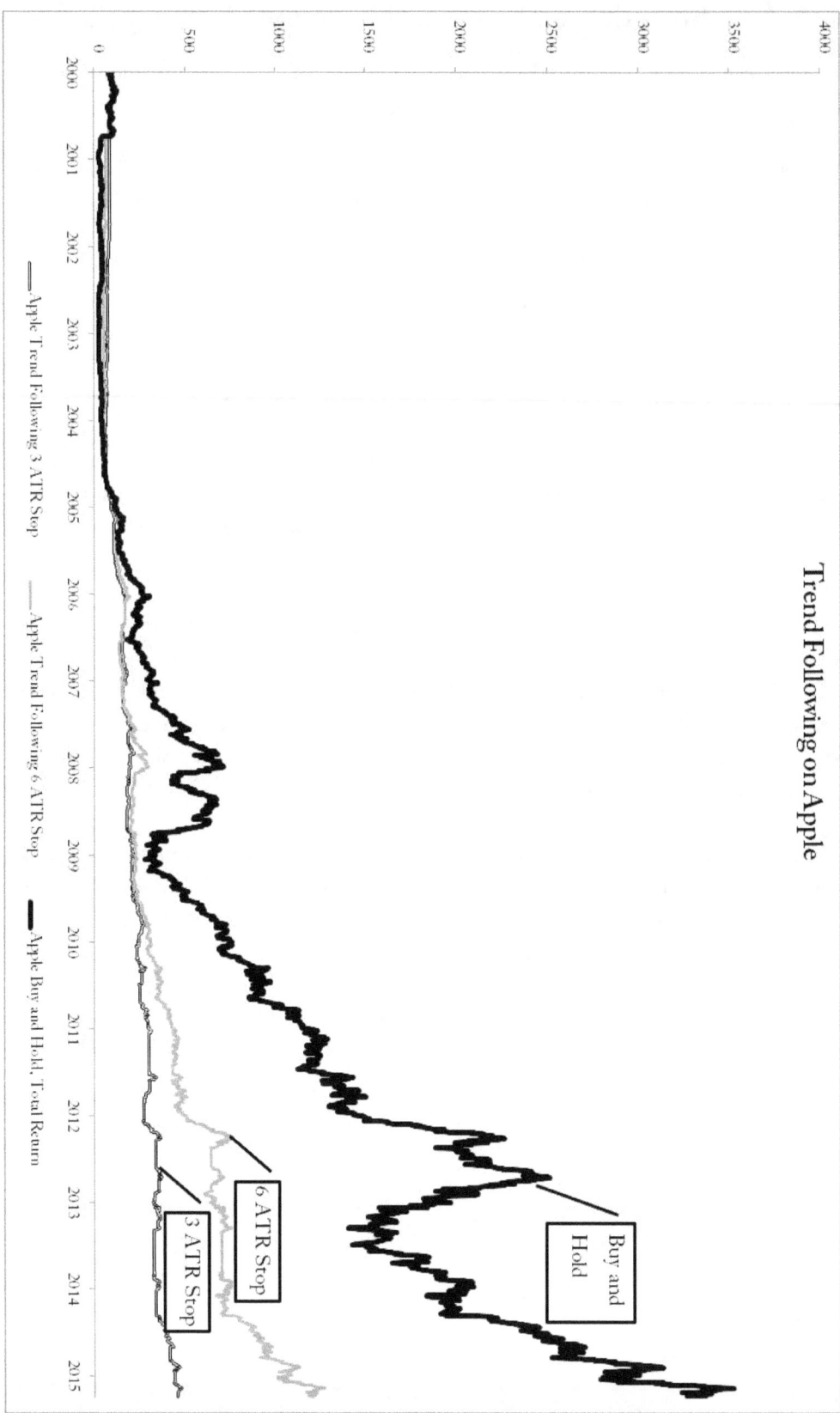

Graphe 4.10 Suive de Tendance sur Apple, Achat et Maintien, Stops Suiveurs à 6 IRM et 3 IRM

Le premier problème est que dans la première version, bien qu'elle vous donne 10 % de rendement annuel, on enregistre une perte maximale de 48 % et qu'il fallut des années pour s'en remettre. Tant de risque pour si peu de gains, n'est-ce pas ? La seconde et meilleure version génère 15 % de rendement annuel mais aussi une perte de 60 %.

Mais là encore, ce n'est pas le plus gros problème. Le gros problème est que si vous oubliez un instant le modèle suivi de tendance et qu'à la place vous achetez et maintenez l'action en portefeuille, vous auriez au final un rendement de 26 % par an. Le graphe 4.10 montre la performance des modèles suivi de tendance sur Apple, comparé à un simple achat et maintien de l'action.

Si c'est représentatif des modèles suivi de tendance sur des actions, alors imaginez le résultat sur des actions plus tranquilles.

Ce que j'essaye de dire ici est que le suivi de tendance appliqué sur une seule action soigneusement choisie, est une illusion. Il est très facile de trouver une action montrant d'excellents gains et de conclure que vous auriez pu y appliquer un modèle suivi de tendance avec des stops extrêmement larges. Oui, peut-être que ça aurait marché. Comme vous auriez dû aussi acheter de l'immobilier dans les années 80.

Penser que le suivi de tendance sur les actions vous aiderait à générer des gains de 1000 % n'est qu'un doux rêve. Ceci s'apparente davantage au fantasme d'avoir sélectionné les meilleures actions sur les vingt dernières années et de ne les avoir jamais vendues.

4.5   La Sémantique du Suivi de Tendance

Vous vous demandez peut-être si nous ne sommes pas en train de couper les cheveux en quatre. Le momentum appliqué aux actions contre le suivi de tendance. Pourquoi insister sur le suivi de tendance qui ne fonctionne pas sur les actions et pourquoi utiliser une terminologie différente ?

La raison est qu'il y a vraiment une différence entre ces stratégies. Si le suivi de tendance signifie au sens large "acheter n'importe quoi qui fait de l'argent" alors le suivi de tendance englobe toutes les stratégies possibles. Le terme suivi de tendance, communément utilisé par les gestionnaires de portefeuilles, a été initialement développé pour être mis en oeuvre sur les marchés à terme. Il s'agit d'acheter des tendances positives et de vendre à découvert des tendances négatives, d'habitude en utilisant des stops suiveurs ou en fermant les positions dont la tendance n'est pas confirmée pas d'autres mesures. Cela nécessite une large gamme de marchés diversifiés afin de fonctionner proprement à long terme et de compenser le risque qu'une classe d'actif génère des rendements médiocres.

Parfois vous entendrez des gestionnaires professionnels parler de suivi de tendance sur des actions et qui vous montreront même des performances alléchantes. Si vous y regardez de plus près, vous vous rendrez compte qu'en fait ils parlent plus de stratégies momentum que de suivi de tendance. Ils peuvent aussi utiliser le terme suivi de tendance pour des raisons marketing. C'est un terme plus connu, qui nécessite moins d'explications. Il y a rien de mal à ça tant que les investisseurs comprennent ce qu'ils s'achètent. Toutefois, si vous voulez comprendre comment la sauce est faite, comment construire vos propres stratégies, alors il est très important que vous compreniez les différences entre les stratégies suivi de tendance et momentum.

5 L'effet Momentum

Lorsqu'une action a progressé pendant un certain temps, il y a de grandes chances qu'elle continue sur sa trajectoire. Une action qui progresse plus rapidement que les autres actions a tendance à continuer de progresser plus rapidement que les autres actions. Tel est, en quelques mots, l'effet momentum.

Ce qui rend l'effet momentum attrayant à utiliser et le fait que non seulement il a fonctionné très bien dans le passé et qu'il constitue une méthode logique. C'est un phénomène dans les marchés qui n'est pas prêt de disparaître parce qu'il reflète la nature humaine. Tout le monde aime les gagnants.

D'après des théories académiques plutôt obsolètes, le prix des actions reflète à tout moment toute l'information pertinente disponible et est ainsi toujours à sa juste valeur. Toute personne qui a acheté ou vendu une action sait bien sûr que ce n'est pas le cas. Les actions montent et descendent tout le temps il est très difficile d'expliquer leur mouvements. Il est plutôt facile d'expliquer après coup le pourquoi du comment d'un marché haussier ou baissier de plusieurs années. C'est un exercice plus difficile à faire au présent. Même aujourd'hui, avec toutes les informations financières disponibles à un clic de souris, les faits sont tout sauf clairs.

Pour en faire la démonstration, lisez simplement les nouvelles financières durant une journée chargée. Cela peut devenir assez comique surtout lorsqu'il y a des nouvelles importantes attendues. Tout d'abord, le marché peut-être à - 0,2 % le matin. Les nouvelles annoncent "marché en baisse en attendant la Fed". Deux heures plus tard, le marché est à + 0,2 % et les nouvelles annoncent "marché positive en espérant la Fed". Au final, les nouvelles sont publiées et le marché plonge de - 0,5 %. Les nouvelles nous disent que la Fed a déçu et que le marché est alors tombé. Le marché termine finalement en hausse de + 0,5 % et les médias concluent que le marché a progressé suite à l'annonce encourageant de la Fed.

Suivre un tel flot de nouvelles peut vous faire perdre la tête. Vous devez avoir le sens de l'humour dans cette industrie. À plus petite échelle, comme dans l'exemple ci-dessus, l'absence de logique est évidente comme le nez au milieu de la figure. Le marché était simplement sans direction et qui sait vraiment l'effet que cette annonce a eu. Mais même à plus grande échelle, sur de plus longues périodes, ce phénomène identique est commun. Si vous attendez assez longtemps pour profiter du recul historique, vous pouvez probablement trouver de bonnes raisons qui expliquent ces larges mouvements de prix. Il est alors généralement trop tard. Trouver des raisons qui expliquent ces larges mouvements de prix est devenue une poursuite académique qui n'apporte au final que très peu de valeur.

Je ne suis pas ici en train de dénigrer les excellents chercheurs et autres investisseurs qui utilisent l'analyse fondamentale. Il existe des personnes très compétentes dans ce domaine qui font un travail excellent. Ceux qui gèrent de l'argent sur le long terme en analysant les nouvelles, les fondamentaux et les facteurs macro-économiques sont très expérimentés et d'habitude, très spécialisés. Il y a cependant deux problèmes possibles à ce jeu. D'abord, il nécessite de sérieux efforts de recherche, énormément de lecture et d'analyse critique. Vous devez vous immergez dans les profondeurs des rapports financiers, ce qui est loin d'être un petit exercice.

L'autre problème est que de devenir un chercheur en analyse fondamentale requiert un haut degré de spécialisation. Ceci peut-être une bonne chose surtout si vous vous concentrez sur un domaine très en vogue. Le problème est que tout domaine en vogue peut rapidement devenir démodé sans en connaître la raison.

Il semblerait qu'il soit important de comprendre pourquoi une action progresse. En réalité, cet exercice est souvent futile et infructueux. Nous ne cherchons pas ici la vérité. Nous cherchons juste des profits. Toute information qui peut nous y aider est la bienvenue. Au final, vous n'avez pas besoin de toutes ces informations. Le simple prix est tout ce qu'il vous faut.

Investir avec le momentum consiste à acheter ce qui monte. Lorsque le prix augmente, nous achetons dans l'espoir que le prix continue sur sa lancée.

5.1   Le Fondement derrière l'Investissement Momentum

Il y a beaucoup de recherches académiques sur les fondements de l'effet momentum. Il n'est pas très difficile de montrer que l'effet momentum fonctionne, ou du moins a fonctionné jusqu'à maintenant. Il est plus difficile d'expliquer pourquoi.

Le premier article influant dans le milieu académique fut publié dans les années 60 (Levy, 1967). Depuis, nombre d'études ont été publiées confirmant cette première publication. L'un d'eux, publié par Jagadeesh and Titman (Jagadeesh and Titman, 1993), explique avec deux théories possibles pourquoi l'effet momentum fonctionne.

La première théorie repose sur l'idée que les investisseurs qui achètent (vendent) des actions antérieurement gagnantes (perdantes) ont tendance à faire bouger le prix loin de sa valeur à long terme, poussant ainsi le prix à des niveaux incohérents.

L'autre théorie voudrait que le marché mette un certain temps à réagir à l'information concernant les perspectives à court terme, et à l'inverse, à réagir excessivement aux informations concernant les perspectives à long terme.

Le débat sur le sujet n'est pas clos tout comme d'autres théories qui cherchent à expliquer pourquoi les actions gagnantes ont tendance à continuer de monter. L'une d'entre elles repose sur une réaction retardée au prix de l'action, théorie que Jagadeesh and Titman réfutent. Il y a bien sûr l'effet du commentaire positif à propos des actions gagnantes, qui attire davantage d'investisseurs. D'un point de vue pratique cependant, vous devez vous demander si toutes ces explications sont bien utiles ? Si vous pouvez montrer que l'effet momentum existe et qu'il a généré des profits dans le passé, il y a de fortes chances qu'il persiste. De là à spéculer sur les causes du momentum relève plus du passe temps qu'autre chose.

De nombreux documents publiés aussi bien par des chercheurs que par des investisseurs confirment l'effet momentum. Et ce n'est pas les produits d'investissement momentum qui manquent. Il est difficile d'affirmer que d'investir en suivant une stratégie momentum ne fonctionne pas.

Un point crucial reste important et il convient de se le rappeler : même si l'effet momentun fonctionne bien dans un marché haussier, voire transversal, il n'en va pas de même dans un marché baissier. C'est parce que dans des conditions normales, les actions ont tendance à bouger de façon relativement indépendante les unes des autres.

Dans un marché baissier, il y a typiquement une abondance de facteurs à différents niveaux. Il y a d'habitude quelque chose qui pousse le marché à la baisse et qui sera le facteur déclenchant pour un grand nombre d'actions. Ce pourrait être l'effondrement des actions technologiques, une crise globale du crédit, un pays souverain qui ne paye plus sa dette où encore d'autres facteurs de cet envergure. Dans un marché baissier, toutes les actions ont tendance à se comporter de la même façon. La diversification devient alors une illusion et toutes les actions montent ou descendent simultanément. L'effet momentum devient alors inefficace dans ce type d'environnement.

5.2   L'Avantage d'une Approche Systématique

Admettons que vous suivez mon raisonnement jusqu'à maintenant. Que j'ai réussi à vous convaincre qu'investir avec le momentum est la bonne voie à emprunter. La question reste à savoir comment l'implémenter.

Une première approche consisterait à regarder les actions que vous connaissez et d'identifier celles qui progressent le plus. Acheter des actions qui montent et ne rien faire avec celles qui ne montent pas. Le problème apparent est que les actions que vous connaissez ne sont pas celles qui sont forcément les plus intéressantes. Il n'y a pas de bonne raison d'admettre que les actions que vous regardez d'habitude soient les meilleures candidates à une approche momentum. Le fait que vous ayez suivi voire acheté ces actions n'est pas un critère valide. Elles sont peut-être les meilleures actions momentum en ce moment, peut-être pas.

Nous pourrions aussi prendre le chemin de l'analyste chartiste et de passer en revue des centaines de graphes, les uns après les autres. Nous chercherions ceux qui présentent un momentum positif, sélectionnerions les meilleurs graphes et achèterions les actions correspondantes. Même si nous affinions cette approche, ce serait loin d'être la meilleure. Le côté laissé à l'interprétation subjectif des graphes serait trop important. Il y aurait donc un risque avec cette méthode d'introduire un élément aléatoire qui pourrait se retourner contre nous.

Avançons un peu plus dans notre approche et essayons d'utiliser les indicateurs d'analyse technique. Nous pourrions par exemple considérer les actions qui ont leur moyenne mobile à 50 jours au-dessus de leur moyenne mobile à 100 jours. Nous aurions cependant trop d'actions qui répondent à ce critère, sans savoir vraiment lesquelles choisir. Au final, même cette méthode nous laisserait une marge d'interprétation trop grande et ainsi, présenterait trop de risque.

Peut-être pourrions-nous mesurer la distance entre la moyenne mobile à 50 jours et la moyenne mobile à 100 jours. Ainsi, nous aurions une mesure quantifiable du momentum. Nous pourrions même faire plus simple et juste mesurer la distance entre le prix et la moyenne mobile. En comparant la distance en pourcentage sur un grand échantillon d'actions, nous aurions alors une méthode de classement rudimentaire. Ce n'est pas une excellente méthode mais c'est un bon début.

Sachant que nous voulons constituer un portefeuille d'actions momentum, nous pourrions simplement commencer par acheter le haut du classement jusqu'à épuisement de nos espèces. Alors que cette méthode nous permet de trouver les actions candidates, ce n'est qu'une partie de l'équation. Il y a trop de questions qui restent encore en suspens. Combien d'actions achetons-nous ? Combien de temps gardons-nous les actions ? Quand remplaçons nous une action par une autre ?
La méthode de classement est importante mais c'est juste un élément de la stratégie. Que deviennent les actions qui sont aujourd'hui les plus fortes lorsqu'elles sont dépassées le mois d'après par d'autres actions ? Vous devez avoir un plan qui vous indique quand les remplacer et sous quelle condition.

Puis il y a la question cruciale de combien d'actions vous achetez. La méthode paresseuse qui consiste à allouer 5 % de votre capital sur 20 actions sera rejetée. Une méthode si simpliste aura pour effet de voir le portefeuille dominé par les actions les plus volatiles, bel exemple de facteur aléatoire.

Plus tôt dans le livre, j'ai dit que ce n'était pas une bonne idée de garder des actions momentum dans un marché baissier. C'est facile à dire mais pas nécessairement facile à mettre en pratique. Vous devez avoir un système qui vous indique quand augmenter ou diminuer le risque global de votre portefeuille, quand acheter des actions momentum et quand éviter de les acheter.

Si vous avez déjà un plan qui couvre tous ces facteurs, alors vous avez une vraie stratégie de transaction. La bonne nouvelle est que si vous faîtes ça correctement, vous aurez une stratégie quantifiable qui pourra être testée historiquement. Grâce aux simulations, vous pourrez tester l'importance de ces facteurs dans le passé et trouver ceux qui fonctionnent. Ce processus vous permettra de définir une méthodologie de transaction solide, qui non seulement générera des gains, mais qui aussi surpassera de façon spectaculaire les marchés au fil du temps.

La prochaine section de ce livre fournira les détails d'une telle méthode, qui a été testée non seulement historiquement, mais aussi empiriquement pendant des années.

6   Filtre de Régime de Marché

Dans le chapitre 4, j'ai montré comment de simples modèles suivi de tendance échouaient lorsqu'ils étaient appliqués sur les actions. Il y a une façon très facile d'améliorer ces modèles. Le concept est très simple et direct, et pourtant je reste toujours étonné de voir autant de personnes qui ne l'utilisent pas.

C'est très facile : n'achetez pas d'actions dans un marché baissier.

L'indicateur le plus important, lorsqu'il s'agit d'acheter des actions, est l'indice. Parfois, il pourrait sembler qu'une action évolue de façon indépendante, sans être influencée par des forces externes. Ceci n'est qu'une illusion. Pratiquement toutes les actions sont impactées quotidiennement par l'état du marché. Même une action momentum, supportée par un flot de bonnes nouvelles et un mouvement d'achat, y est soumise. Dans un marché haussier, pratiquement toutes les actions grimpent. Les actions momentum ont tendance à grimper plus que les autres, même si la plupart d'entre elles bougent dans la même direction.

Dans un régime de marché sans direction, des actions montent et d'autres baissent. L'indice peut paraître latéral si vous regardez un graphe sur plusieurs mois, mais sur les jours où il monte, la plupart des actions le surpassent. Les actions momentum ont tendance à bien se comporter dans des marchés latéraux, tant qu'il n'y a pas trop de volatilité.

Dans les marchés baissiers, peu importe les actions que vous détenez. Lorsque l'indice pique du nez, pratiquement toutes les actions le suivront, à un certain degré. Si vous essayez de chercher les meilleures actions de 2008, vous verrez qu'il est pratiquement impossible d'en trouver une qui grimpait à cette époque.

Lorsque les marchés partent à la baisse, tout part soudainement à la baisse. Les actions qui semblaient êtres indépendantes auparavant deviennent des moutons de Panurge. Dans les marchés baissiers, les corrélations approchent rapidement 1 et peu importe les actions que vous avez. Elles partent toute à la baisse.

Si vous vous apprêtez à détenir un portefeuille d'actions momentum, ou tout types de portefeuilles d'actions d'ailleurs, vous aurez toujours besoin de faire attention au régime du marché.

Il y a beaucoup de façons pour mesurer ce régime. Au final, peu importe quelle méthode vous choisirez. Il n'est pas très difficile de savoir si le marché est en phase haussière, inchangée ou baissière. En fait, ce qui est le plus important est de savoir si oui ou non nous sommes dans un marché baissier. Les marchés sans direction sont en fait assez favorables pour transiger des stratégies momentum.

Il n'y a pas d'intérêt à passer trop de temps sur l'approche exacte. C'est une erreur commune rencontrée parmi les amateurs que d'oublier l'objectif final et de se concentrer à la place sur la boîte à outils. Pensez à ce que vous voulez accomplir et trouvez un moyen simple et direct d'y parvenir.

Dans ce cas, nous cherchons une indication sur la direction générale du marché dans le long terme. Comment la trouver ? Vous pourriez vérifier si le prix est au-dessus de la moyenne mobile à long terme. Vous pourriez mesurer le pourcentage du mouvement sur l'année passée. Peut-être utiliser une double moyenne mobile ou une bande Bollinger. Ça ne fera pas une grosse différence. Le point critique est que vous avez besoin d'un indicateur sur le régime du marché à long terme.

Puisque le type d'indicateur n'a pas trop d'importance, tant qu'il capture le régime du marché à long terme, je vais utiliser une approche très simple. Il n'est point utile de compliquer les choses.

Je vais déclarer que le marché est baissier si l'indice S&P 500 est en dessous de sa moyenne mobile à 200 jours. C'est un filtre très long terme. En utilisant cette approche simple, nous avons immédiatement un moyen solide de savoir si le marché est en phase baissière où pas.

Pratiquement toutes les stratégies de portefeuilles d'actions peuvent êtres améliorées de façon significative en ajoutant cette simple règle. Si l'indice est en phase baissière, n'achetez pas d'actions.

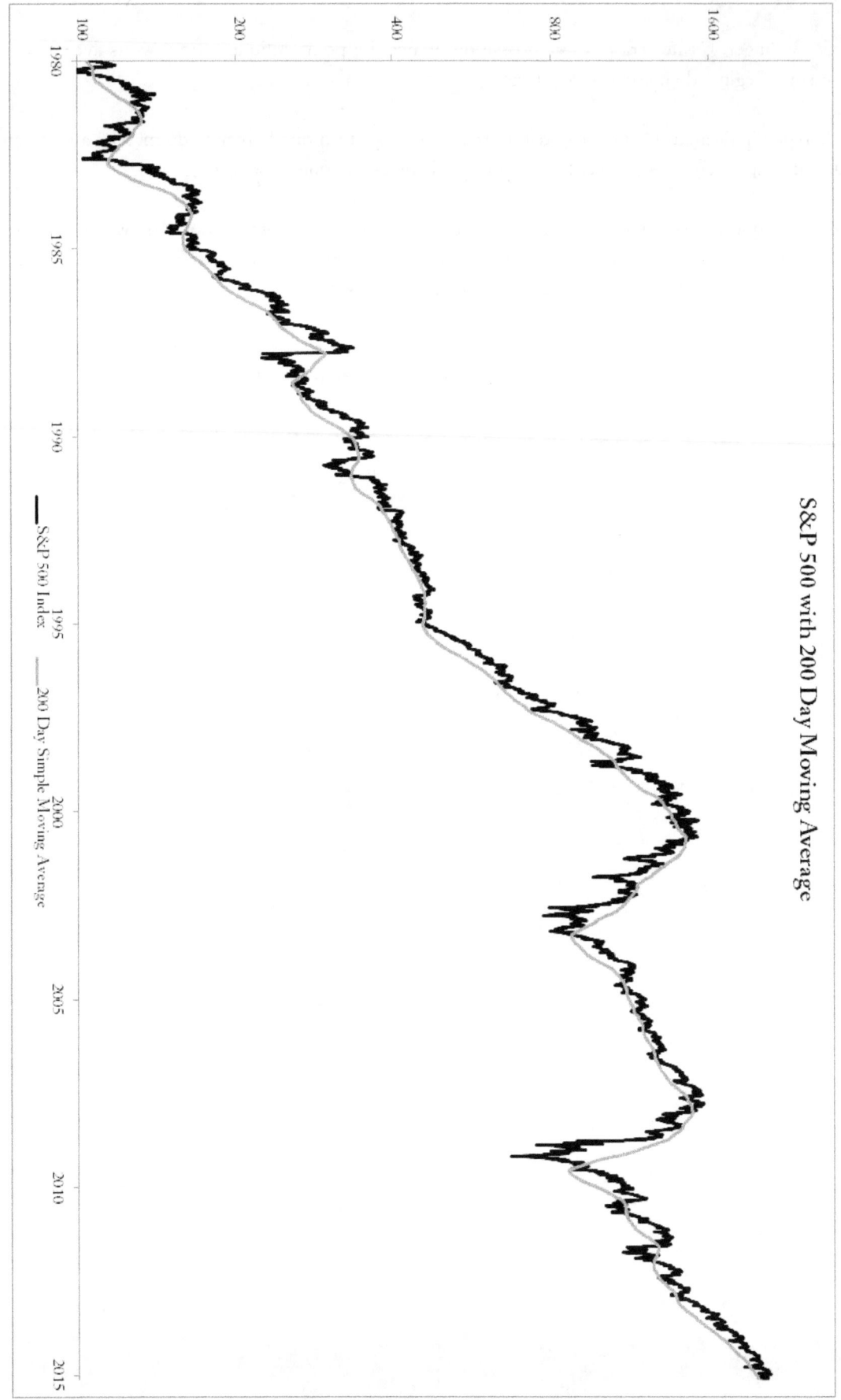

Graphe 6.1 Indice S&P 500 et sa Moyenne Mobile à 200 jours

Le graphe 6.1 illustre l'indice S&P 500 avec une moyenne mobile à 200 jours depuis 1980. Cette vue d'ensemble nous indique que la plupart du temps, l'indice se situe au-dessus de cette moyenne à long terme. Ce n'est pas très surprenant. La plupart du temps, c'est une bonne idée d'acheter des actions.

Toujours sur le même graphe, vous noterez que parfois l'indice tombe en dessous de sa moyenne mobile, pour rapidement revenir à son niveau initial. Il serait judicieux de se demander s'il ne serait pas pertinent de faire l'opposé de ce que je suis en train de suggérer. Pourquoi ne pas acheter lorsque l'indice passe en dessous de sa moyenne mobile ?

C'est un type de stratégie complètement différente. C'est une approche beaucoup plus difficile et certainement plus risquée. Si vous achetiez juste après le crash de 1987, vous auriez gagné beaucoup d'argent très rapidement. Mais si vous achetiez juste après le crash de 2000, vous vous seriez retrouvé avec la moitié de la valeur de votre portefeuille trois ans plus tard.

Non, je suggère quelque chose de moins risqué. La moyenne mobile sera utilisée ici comme indicateur de régime de marché. Ceci répond à une question simple. Est-ce que le marché monte ? Lorsque les prix sont au-dessus de leurs moyennes mobiles, nous déclarerons que oui.

Notez que dans l'approche discutée ici, l'indice et sa moyenne mobile n'ont pas d'implication directe sur les transactions. Cela ne vous dit pas de vendre ou d'acheter. Nous ne vendons pas simplement parce que l'indice est passé en dessous de sa moyenne mobile. Cependant, et ceci est un point important à comprendre, nous n'initierons pas de nouvelles positions lorsque l'indice est en dessous sa moyenne mobile à long terme.

N'achetez pas d'actions dans un marché baissier.

7   Classement des Actions

Lorsque vous gérez un nombre important d'instruments, il devient important de trouver un bon moyen pour les classer. Si vous regardez les actions qui composent le S&P 500, vous ne pouvez pas vous permettre de les choisir de façon aléatoire. Bon, le chapitre 15 vous montre que peut-être vous le pourriez, mais c'est une histoire pour après. Acheter celles dont tout le monde parle est encore pire. Ne pensez même pas à passer en revue 500 graphes pour trouver celles que vous aimez. Ceci vous laisserait en proie à votre perception visuelle, et peu importe votre volonté d'être consistant, il y aura de fortes chances que vos décisions varient selon les jours. Votre humeur, capacité de concentration et autres facteurs entreront en ligne de compte et affecteront la consistance de vos résultats.

La première chose que vous avez besoin de faire est de réaliser ce que vous voulez accomplir. Alors que le concept clef de ce livre est sur le momentum, ces mêmes principes peuvent êtres appliqués à d'autres styles. Ça devrait être un bon domaine de recherches, si vous aimez ce livre et les idées qui y sont traitées.

Le momentum, c'est essentiellement acheter les actions qui progressent le plus. On classera donc les actions basées sur leurs rendements, c'est ça ? Et bien, même si je suis favorable aux solutions simples, celle-ci me paraît un peu trop simple. C'est important de comprendre pourquoi.

Prenez une méthode de classement utilisée communément par divers sites internet. Une méthode très utilisée consiste à classer par rapport à la différence en pourcentage entre le prix et la moyenne mobile. Pour un classement à long terme, ça pourrait être la différence entre le prix courant et la moyenne mobile à 200 jours. Il y a deux problèmes avec ce type d'approche.

D'abord, elle ne prend pas en compte la volatilité de l'action. Cela conduira à sélectionner des actions très volatiles qui ont l'habitude de faire d'importants va-et-vient par rapport à leurs moyennes mobiles. Enfin, et ceci est important, cette méthode n'explique pas comment le prix peut-être si loin de sa moyenne mobile. Un événement important, comme par exemple une offre d'achat, peut soudainement pousser une action tout en haut du classement.

La volatilité est très importante. Ce n'est pas le jeu de celui qui aura le rendement absolu le plus haut en une année. C'est celui qui aura le meilleur rendement par unité de volatilité. Ce que nous voulons accomplir, c'est de payer la plus petite volatilité pour le plus de performance possible. Regarder les rendements sans considérer la volatilité associée relève du pari et ce n'est pas ce que nous faisons ici.

Ceci nous amène donc à la conclusion que nous devons trouver des actions qui progressent de façon ordonnée. Nous voulons des actions qui, non seulement exhibent des rendements significatifs au fil du temps, mais qui avancent aussi paisiblement. Ainsi, nous avons besoin de deux éléments de base pour notre méthode de classement. Nous avons besoin de prendre en considération à la fois le momentum et la volatilité.

Trouvons tout d'abord un moyen de mesurer le momentum. Ce n'est pas très difficile et est plus une question de choix. Essayons de contenir notre envie d'utiliser les outils d'analyse technique communément utilisés. Je trouve que beaucoup d'amateurs se sentent coincés dans leurs manières de penser, basées sur une myriade de livres d'analyse technique publiés il y a des dizaines d'années. La plupart de ses outils ont été développés à une époque différente, pour des objectifs différents. Essayer de faire table rase et de concevoir vos propres outils analytiques, sans utiliser la terminologie d'analyse technique. Même si au final vous utilisez quelque chose de similaire, l'exercice aura été utile. Vous développerez ainsi une meilleure appréhension de ces méthodes, à l'inverse d'utiliser sans vraiment comprendre ces outils déjà disponibles.

J'aime que mes outils d'analyses soient basés sur les mathématiques et la logique, et qu'ils soient faciles à visualiser. Votre choix de méthode peut-être différente de la mienne et ce n'est pas un problème. Ce qui est important est que vous trouviez quelque chose qui conviennent à votre objectif. Si vous concevez vos propres outils, assurez-vous de leurs utilités à travers des simulations.

7.1   Utiliser la Régression Exponentielle pour Classer les Actions

Ma méthode habituelle pour classer les actions peut paraître pour certains assez complexe. Elle ne l'est vraiment pas une fois que vous avez compris les calculs statistiques de base. Si vous trouvez cette partie compliquée, ma première recommandation serait de prendre le temps de comprendre la logique derrière cette approche. Si l'analyse statistique vous a laissé un goût amer, alors ne désespérez pas, les formules et terminologies qui vont suivre sont en fait pas si compliquées qu'elles n'y paraissent. Faites-moi confiance.

Si vous continuez à trouver ces concepts trop compliqués, n'hésitez pas à les remplacer avec la méthode de votre choix. Observer la logique et ce qu'on essaye d'accomplir et trouver quelque chose de plus simple qui peut faire le travail. J'essaierai de faire de mon mieux pour expliquer mes méthodes et comment j'en suis arrivé là.

Pour la mesure du momentum, j'utilise la régression exponentielle. Ceci nous amène à poser deux questions évidentes, qu'est-ce qu'une régression et pourquoi est-elle exponentielle. Avant de traiter la partie exponentielle, vous devez comprendre le concept de régression linéaire. Je ne vais pas aller trop loin dans les détails et cette discussion restera à un niveau basique. Mes excuses à mes amis quants qui pourraient juger cette explication trop simplifiée.

La régression linéaire est une méthode d'ajustement d'une droite sur une série de valeur. C'est un moyen de trouver la meilleure droite ajustée, dans notre cas sur des séries chronologiques de prix. Le graphe 7.1 montre un exemple où une régression linéaire a été ajustée sur une série de prix. Notez que ce n'est pas une ligne de tendance. Une ligne de tendance est quelque chose de très subjectif et qui peut-être dessinée de plusieurs façons différentes. Nous parlons ici de régression linéaire dont le calcul est basé sur une série de prix.

Le graphe 7.1 représente donc la régression linéaire calculée sur Microsoft, fin des années 90. Les formules de régression linéaire nécessitent deux valeurs afin de dessiner la droite ajustée, comme dans cet exemple. D'abord, vous pouvez calculer l'interception, c'est-à-dire, l'endroit où commence à se dessiner la droite. Ensuite, vous avez la pente qui vous indique de combien la droite devra monter ou descendre pour chaque point de données successives. La droite résultante est la meilleure ligne ajustée aux données du prix ou plutôt celle qui a le moins d'erreurs.

La pente est ce qui nous intéresse vraiment, puisque c'est ce qui nous donne la direction du prix d'une action.

Pour les données journalières, la pente nous dira de combien de dollars et de centimes la droite devra monter ou descendre par jour. Ceci est après tout, comme son nom l'indique, une ligne droite. Calculer la pente d'une régression linéaire sur des séries de prix à la journée revient au même que de calculer l'inclinaison ou déclinaison moyenne par jour sur la même période de temps.

La pente de la régression linéaire est donc une mesure de la vitesse ou encore le momentum de l'action. Le problème cependant est que la pente est exprimée en dollars et centimes. Une action à 10 dollars qui monte de 2 dollars par jour n'est pas la même chose qu'une action à 100 dollars qui monte de 2 dollars par jour.

C'est la raison pour laquelle nous utiliserons la régression exponentielle. Alors que la pente de la régression linéaire est exprimée en unité monétaire, la pente exponentielle est exprimée en pourcentage. La pente de la régression exponentielle vous dira de combien de pourcents, à la hausse ou à la baisse, la droite progresse. Ou si vous préférez, le mouvement en pourcentage moyen par jour.

À l'évidence, le chiffre de la pente comprendra normalement beaucoup de chiffres après la virgule et ne sera pas évident à interpréter. La plupart des actions n'ont pas une pente qui dépasse le pourcent, voire même le demi pourcent. Après tout, si une action avait une pente de un pourcent par jour, cela reviendrait à avoir une progression de plus de 200 % en une année. À la place, vous vous retrouverez avec des pentes comme 0,000435 et d'autres chiffres qui sont difficiles à interpréter. La solution facile est de les annualiser.

Si vous annualisez la pente, vous avez un chiffre qui vous dit de combien, en théorie, l'action gagnerait dans une année entière si elle maintenait sa progression avec le même angle. Notez qu'il y a peu de chance que cela arrive.

L'exercice consiste à avoir un chiffre facilement exploitable. Une régression exponentielle qui a une pente de 0,0006 ne parle peu. Cependant, une fois annualisée (16%), cela devient plus facile à comprendre.

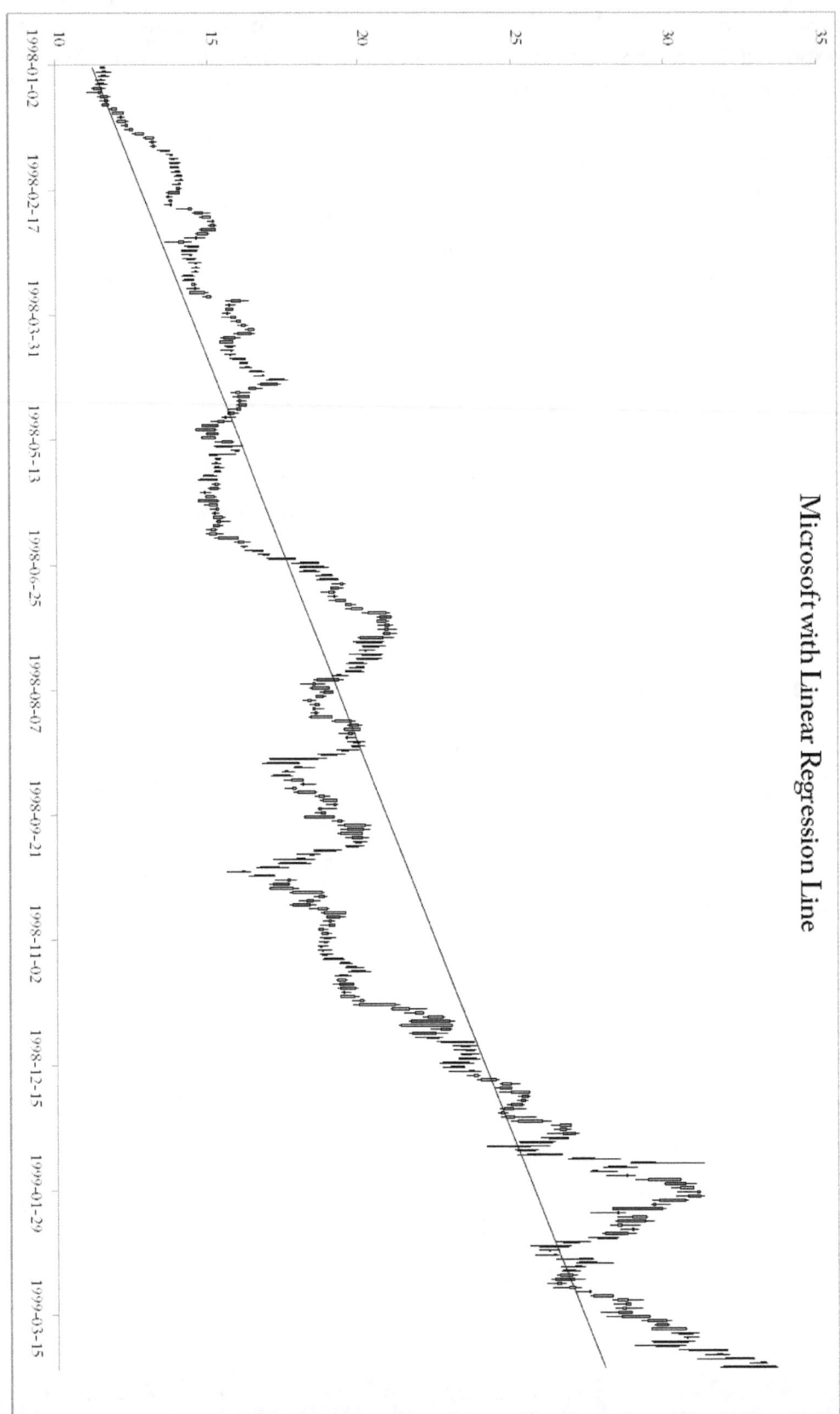

Graphe 7.1 Droite de Régression Linéaire, Microsoft

Même si le concept est plus important que les maths, on peut regarder brièvement comment nous sommes arrivés à 16%. Premièrement nous avons calculé la pente de la régression exponentielle de l'action. Ceci peut être fait facilement avec l'aide d'une feuille de calcul type Excel ou avec des outils graphiques de base.

Dans notre exemple, la pente exponentielle est de 0,0006. Cela veut dire qu'en moyenne l'action bouge de 0,6 % par jour. En supposant qu'il y ait 250 jours de transaction dans l'année, il devient facile de l'annualiser.

$$1.16178 = (1 + 0,0006)^{250}$$

La simple mathématique financière nous dit qu'une progression de 0,06 % par jour sur 250 jours ouvrés revient à une croissance composée annuelle de 16%. Nous avons maintenant un chiffre qui nous parle beaucoup plus.

Penser en termes de pourcentages est beaucoup plus pratique que de penser en termes de dollars et centimes. Après tout, ce n'est pas très pertinent de savoir que l'action XYZ a gagné 30 dollars la semaine dernière. Ça ne dit vraiment pas grand chose, sorti de son contexte. Cependant, savoir que cette même action a progressé de 30 % la semaine dernière est bien plus pertinent.

Comme mentionné plus haut, l'avantage de la méthode qui consiste à utiliser la pente de la régression exponentielle annualisée est qu'elle est intuitive. On peut voir maintenant combien de pourcentage la pente actuelle représente. La partie importante à se rappeler est que l'on ne s'attend pas à ce que ce rendement perdure. Il pourrait être bien plus petit ou bien plus haut. Ce que cette méthode fait est de mettre en perspective un récent passé que nous pouvons facilement comprendre.

Dans ce livre, nous cherchons un classement de momentum à moyen terme. Les calculs de régression sont tous faits en prenant les derniers 90 jours de transactions. Cet intervalle représente une période de temps raisonnable, sans tomber dans l'optimisation.

Si maintenant nous calculons, annualisons et classons les pentes des régressions exponentielles pour toutes les actions que nous considérons, nous avons alors une méthode de classement assez pertinente. Pas parfaite, mais assez bonne.

Le graphe 7.2 montre Essex Property Trust, avec dans le bas du graphe, la pente de la régression exponentielle annualisée. Remarquez le niveau zéro sur l'échelle.

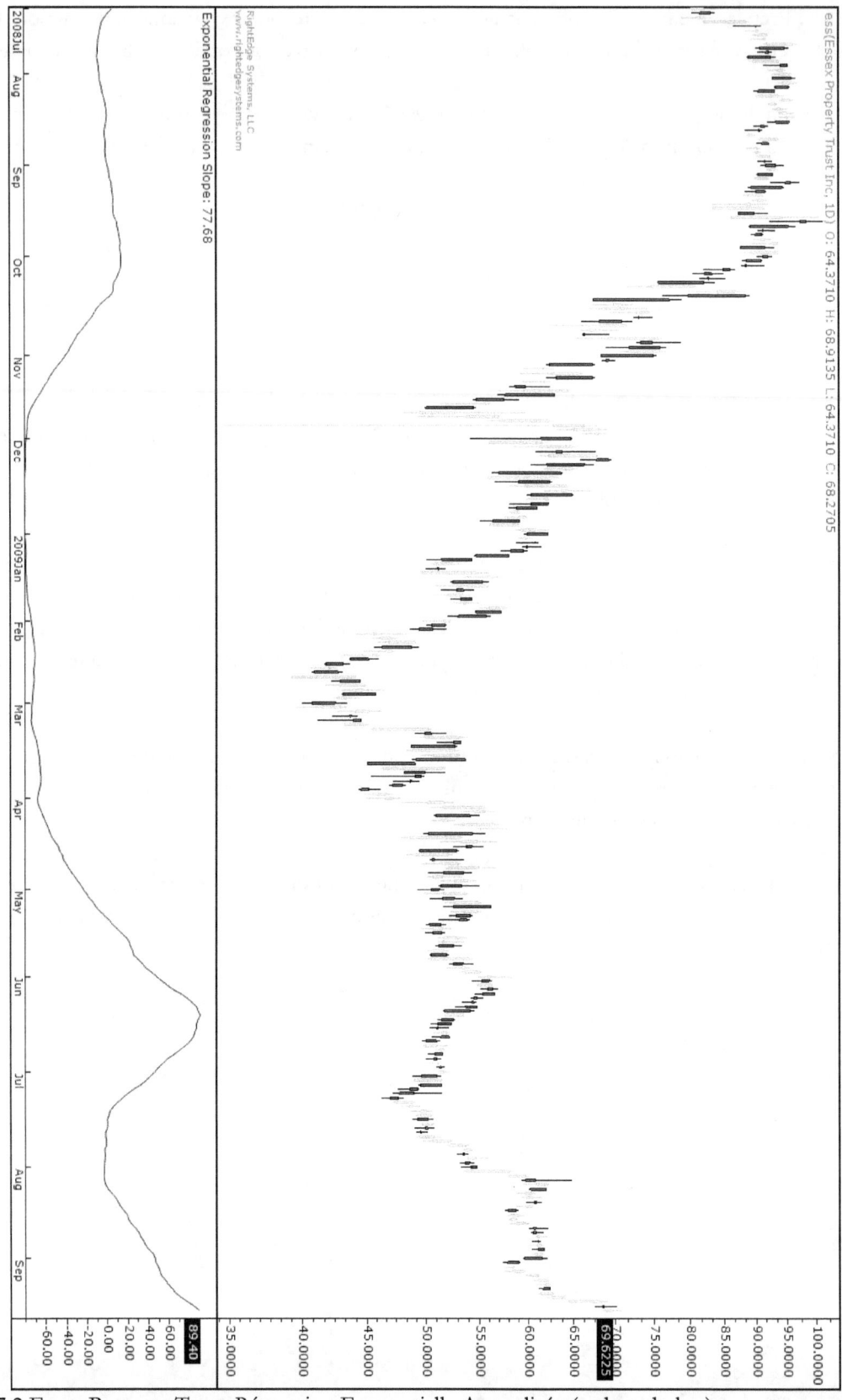

Graphe 7.2 Essex Property Trust, Régression Exponetielle Annualisée (cadran du bas)

Lorsque la courbe du bas, qui représente la pente de la régression, est au dessus de zéro, l'action a tendance à monter, et à descendre lorsque la courbe est en dessous de zéro. Plus haut est le chiffre, plus fort est le momentum.

L'action qui aura la pente la plus haute se retrouvera en haut de la liste. C'est un pur classement momentum.

Il y a quand même un petit problème avec notre approche de classement. En utilisant simplement la régression exponentielle annualisée comme moyen de classement, on ne prend pas en compte la qualité d'ajustement de la régression. Une action qui aurait eu un mouvement latéral depuis deux mois et qui soudainement grimperait de 50 % en un seul jour pour ensuite reprendre son mouvement latéral serait un casse-tête pour notre classement. Impossible vous dites ? Pas du tout. C'est le comportement normal d'une action soumise à une offre d'achat imminente. Le prix bondit soudainement très proche du prix de la prise de contrôle, puis perd toute volatilité et reprend son mouvement latéral, jusqu'à la prise finale de contrôle. Ce n'est pas le type d'action que vous voulez acheter. Vous pouvez probablement imaginer des scénarios encore plus étranges qui peuvent arriver.

Vous ne voulez pas choisir une action qui vient de faire un bond. Nous voulons des actions qui ont eu une progression aussi rectiligne que possible. De préférence, nous voulons des actions qui continuent leur ascension après même les avoir achetées. Nous cherchons des actions momentum réelles, pas des actions qui bondissent de façon effrénée.

Les lecteurs assidus auront déjà noté l'indice que j'ai donné deux paragraphes plus haut, à propos de la qualité d'ajustement, le mot ajustement étant ici d'importance. Puisque nous utilisons des régressions, il y a un bon moyen de mesurer parfaitement la qualité de l'ajustement calculé par la régression. Cela s'appelle le coefficient de détermination, aussi appelé R^2.

R^2 nous dit comment la ligne de régression s'ajuste aux séries de prix. Si vous avez un tas de points représentant des prix aléatoires, vous pouvez quand même calculer une ligne de régression. Bien sûr le résultat n'aura aucun sens puisque il n'y a pas de lien entre tous ces points. Aucune pente à prédire. Dans cet exemple, R^2 sera proche de zéro.

Si d'un autre côté, les données réelles sont très proches d'une ligne droite, nous aurons un résultat opposé. Si nous calculons la ligne de régression d'une série de prix qui progresse de façon presque rectiligne, on peut s'attendre à avoir un R^2 proche de un.

0 est la valeur minimale pour R^2 et un, la valeur maximale. Un résultat de 1 signifie que la droite de régression est capable de déterminer 100% la distribution des points. Plus la valeur R^2 diminue et moins la régression est adaptée pour décrire la distribution des points. Rappelez-vous qu'il est toujours plus important de comprendre la logique derrière cette approche que de se rappeler des formules mathématiques.

Et maintenant, la question du jour : que pouvons-nous faire de ces deux valeurs à notre disposition pour générer un meilleur classement ? Nous avons la pente annualisée d'une action ainsi qu'un nombre entre 0 et 1 qui nous donne le coefficient de détermination de la pente.

Oui, c'est exact. Multiplions donc ces deux valeurs pour voir ce qu'il se passe. Si le coefficient de détermination est petit, il abaissera le produit. Si le coefficient est haut, il n'affectera pas trop le produit. Ce que nous nous faisons ici est de punir les actions trop volatiles.

Vous verrez que dans la plupart des cas, le classement avec ou sans le coefficient de détermination est assez similaire. La différence viendra des actions qui ont un coefficient extrême, bon ou mauvais. Le plus gros impact se fera ressentir sur les actions qui ont eu un rendement conséquent accompagné de volatilité extrême. Ces actions verront leur classement poussé dans le bas de la liste, si loin qu'elles ne pourront êtres considérées comme candidates. C'est exactement ce que nous souhaitons accomplir en utilisant ce coefficient de détermination R^2.

Le graphe 7.3 montre la pente de la régression exponentielle annualisée. C'est le momentum pur equivalent à la pente de la régression annualisée. Le volet en dessous montre le coefficient de détermination. Enfin, vous pouvez voir le résultat des deux paramètres multipliés.

Remarquez comment R^2 diminue rapidement lorsque la volatilité augmente. Lorsque le prix progresse d'une façon quasi rectiligne, comme c'est le cas dans le milieu du graphe 7.3, R^2 restera élevé. Dans ce cas, le classement momentum ne sera pas beaucoup puni. À l'inverse, lorsque le prix change de direction ou devient erratique, R^2 baissera et ainsi déclassera l'action.

De cette façon, nos classements momentum représenteront la combinaison du momentum sous la forme de la pente de la régression avec la qualité de l'ajustement sous la forme de R^2. En multipliant la pente par le coefficient de détermination, nous avons crée un moyen assez robuste pour classer les actions.

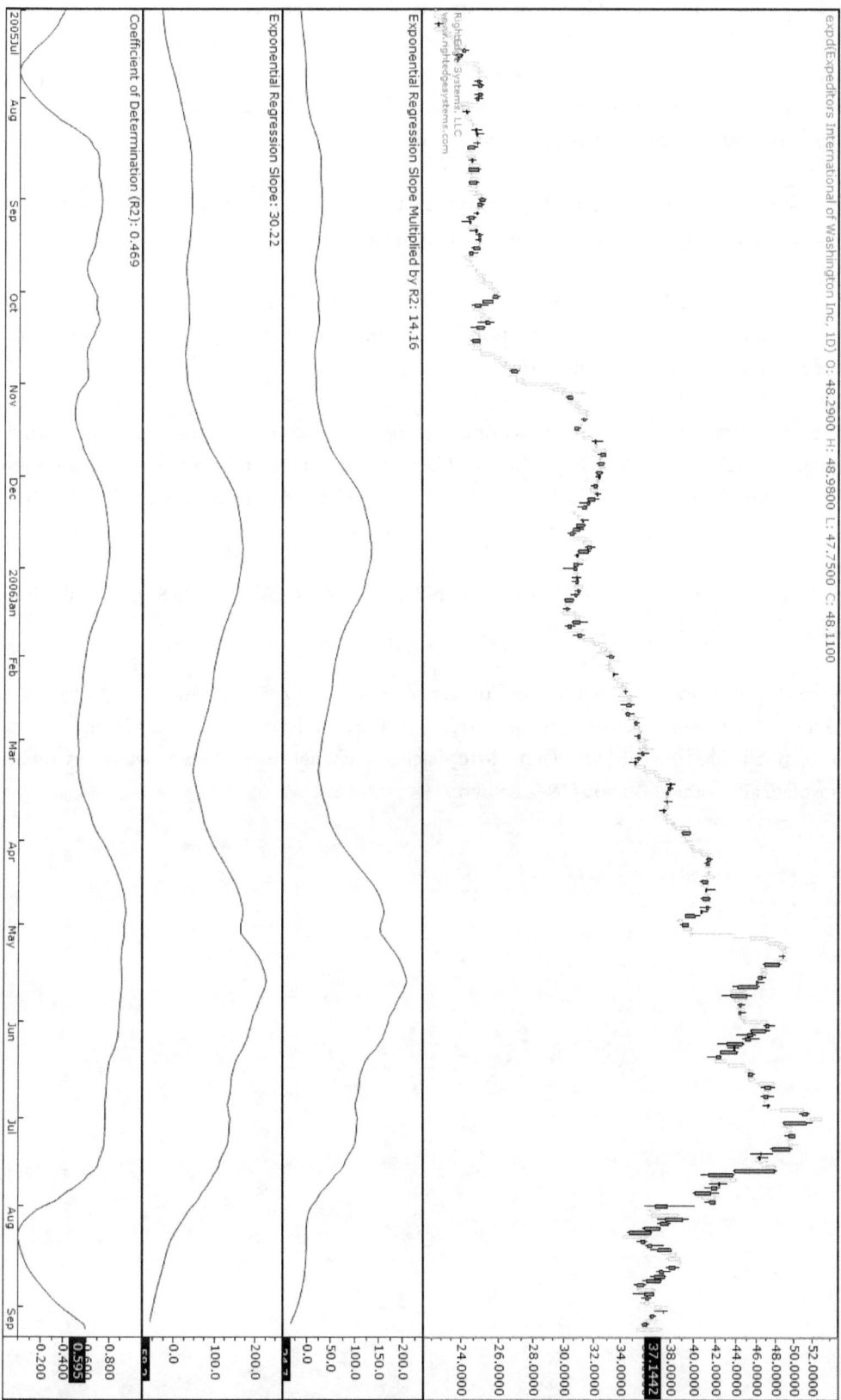

Graphe 7.3 Expeditors International, Pente de Régression et R²

Bien que Excel ne soit pas forcément le meilleur outil pour générer automatiquement et périodiquement le classement, il peut être cependant utilisé pour illustrer les étapes de calculs.

Le tableau 7.4 montre comment calculer la pente ajustée dans Excel. C'est le chiffre que nous utiliserons pour classer toutes les actions pour cette stratégie momentum. L'idée est de simplement générer la série logarithme du prix et d'y appliquer la formule de régression. Rien de plus.

La première colonne montre le nombre de jours depuis le début de la série journalière. La deuxième colonne correspond à la date et la troisième au prix. Jusqu'à maintenant, il n'y a pas de calcul.

Dans la colonne D, le logarithme népérien LN (LN) du prix est calculé. C'est notre base pour les calculs de régression exponentielle. La colonne E correspond à la formule Excel PENTE (SLOPE) qui sert à calculer la pente de la régression de la série logarithmique.

Afin d'arriver à la pente annualisée dans la colonne F, nous avons besoin de convertir la pente en y appliquant la fonction exponentielle PUISSANCE (POWER). Ceci nous donne le pourcentage la variation journalière en pourcent de la pente. Maintenant annualisons le résultat en l'élevant à la puissance 250 EXP (EXP) et vous avez ainsi votre pourcentage annualisé (250 jours de bourse en moyenne par an).

Calculons le R^2 en utilisant la fonction COEFFICIENT.DETERMINATION (RSQ) et multiplions le avec la pente et voilà.

En répétant ce calcul sur toutes les actions de l'univers que vous avez sélectionné, dans notre cas le S&P 500, vous arrivez à un classement basé sur la pente ajustée. Le tableau 7.1 vous montre les 30 meilleures actions, au moment de la publication de ce livre. Cette liste d'actions change évidemment au cours du temps et est sûrement obsolète au moment où vous lisez ce livre.

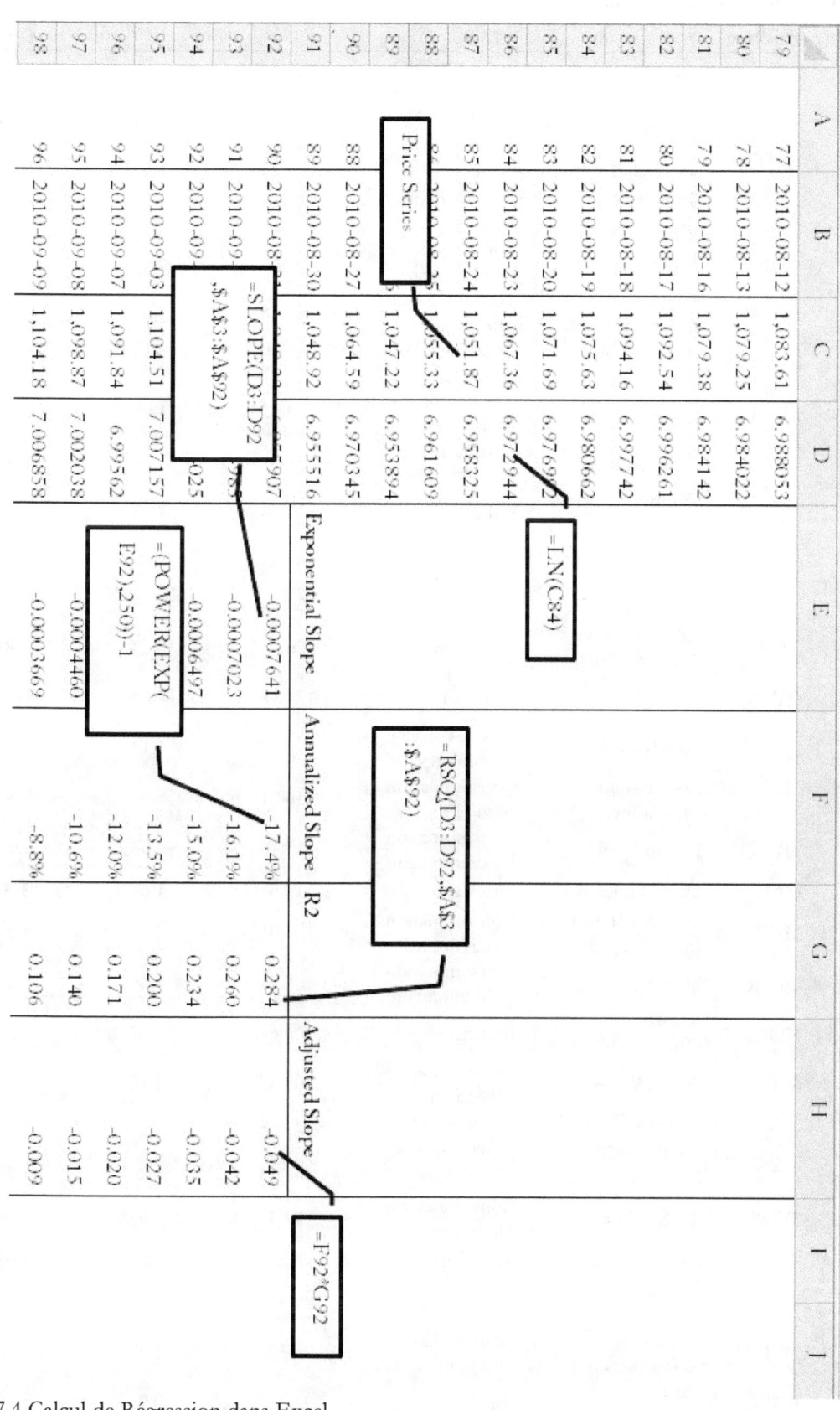

Graphe 7.4 Calcul de Régression dans Excel

Tableau 7.1 Classement des meilleures Actions

Classement	Symbole	Nom	Secteur	Pente Ajustée	IRM (ATR)	Pondération
1	SPLS	Staples Inc	Consommation Discrétionnaire	257.94	0.7	2.40%
2	EA	Electronic Arts Inc	Technologie de l'information	240.75	1.53	3.60%
3	MAC	Macerich Co	Financières	177.92	1.59	5.50%
4	WFM	Whole Foods Market Inc	Consommation de Base	174.24	1.2	4.40%
5	WHR	Whirlpool Corp	Consommation Discrétionnaire	156.52	5.14	4.00%
6	AVGO	Avago Technologies Ltd	Technologie de l'information	147.28	3.66	2.90%
7	LOW	Lowe's Companies Inc	Consommation Discrétionnaire	144.55	1.44	5.00%
8	KR	Kroger Co	Consommation de Base	143.62	1.05	6.80%
9	KMX	Carmax Inc	Consommation Discrétionnaire	138.51	1.42	4.60%
10	LUV	Southwest Airlines Co	Industries	137.14	1.53	2.90%
11	GLW	Corning Inc	Technologie de l'information	132.43	0.58	4.30%
12	HSP	Hospira Inc	Santé	130.84	2.14	4.10%
13	GGP	General Growth Properties Inc	Financières	126	0.54	5.50%
14	SHW	Sherwin-Williams Co	Matériaux	124.95	4.83	5.80%
15	PCG	PG&E Corp	Services aux collectivités	120.13	1.13	5.00%
16	STZ	Constellation Brands Inc	Consommation de Base	116.21	2.03	5.60%
17	LB	L Brands Inc	Consommation Discrétionnaire	115.18	2.03	4.60%
18	DAL	Delta Air Lines Inc	Industries	113.5	1.67	2.70%
19	MHK	Mohawk Industries Inc	Consommation Discrétionnaire	108.91	3.68	4.60%
20	DLTR	Dollar Tree Inc	Consommation Discrétionnaire	106.75	1.69	4.50%
22	NOC	Northrop Grumman Corp	Industries	106.64	3.02	5.50%
23	SCG	SCANA Corp	Services aux collectivités	103.42	1.16	5.30%
24	PNW	Pinnacle West Capital Corp	Services aux collectivités	101.75	1.25	5.40%
25	HCN	Santé REIT Inc	Financières	100.14	1.49	5.20%
26	TGT	Target Corp	Consommation Discrétionnaire	99.44	1.6	4.80%
27	SEE	Sealed Air Corp	Matériaux	95.83	1.13	4.00%
28	BXP	Boston Properties Inc	Financières	94.8	2.26	6.30%
29	DRI	Darden Restaurants Inc	Consommation Discrétionnaire	93.55	1.08	5.70%
30	PDCO	Patterson Companies Inc	Santé	93.36	0.9	5.50%

Les colonnes les plus importantes sont les trois dernières. La pente ajustée est simplement la pente de la régression exponentielle annualisée, multipliée par R^2. La colonne d'après est la valeur de l'intervalle réel moyen (IRM), dans ce cas basée sur une période de 20 jours. Enfin, il y a le calcul de pondération pour chaque action, décideriez-vous de l'inclure dans votre portefeuille. C'est un calcul facile et cependant important, que nous couvrirons plus en détails dans le chapitre 8 qui traite de la taille des positions.

Donc, comment construire un portefeuille à partir de ces calculs ? C'est très facile.

Commencez par acheter ce qu'il y a en haut de la liste jusqu'à ce que vous n'ayez plus d'espèces. En reprenant la liste du tableau 7 vous serez capable d'acheter les 23 premières actions. La taille des positions est calculée afin de parvenir à la parité de risque, c'est-à-dire allouer le même risque sur chaque position. Comme chaque action à une volatilité différente, cela reviendra à allouer un montant d'espèce différent sur chacune d'entre elles. Plus de détails dans le chapitre 8.

De simplement choisir les actions du haut de la liste semble risqué, diriez certains d'entre vous. Que se passe-t-il si nous avons 25 actions biotechnologies ? Et bien si cela vous gêne vraiment, vous pouvez toujours ajouter une limitation de secteur. Mais vous devrez aussi savoir qu'historiquement, il n'y a jamais eu de portefeuilles aussi concentrés, soit dans les simulations, soit dans les portefeuilles que j'ai gérés personnellement. Le graphe 7.5 montre la répartition par secteur pour cette approche en février 2015. C'est effectivement loin d'être un portefeuille d'indices, cependant il n'y a rien de gênant avec ça. C'est en fait même assez logique. Il n'y a pas d'actions énergie, secteur qui souffre depuis les six derniers mois. Il n'y a pas non plus d'actions Télécom, secteur déprécié que tout le monde a oublié. Le portefeuille est surpondéré en consommation de base (*Consumer Staples*) et discrétionnaire (*Consumer Discretionary*), deux secteurs en progression à cette époque (*Health Care* = Santé, *Materials* = Materiaux, *Financials* = Financières, *Utilities* = Services aux collectivités, *Information Technology* = Technologies de l'Information.)

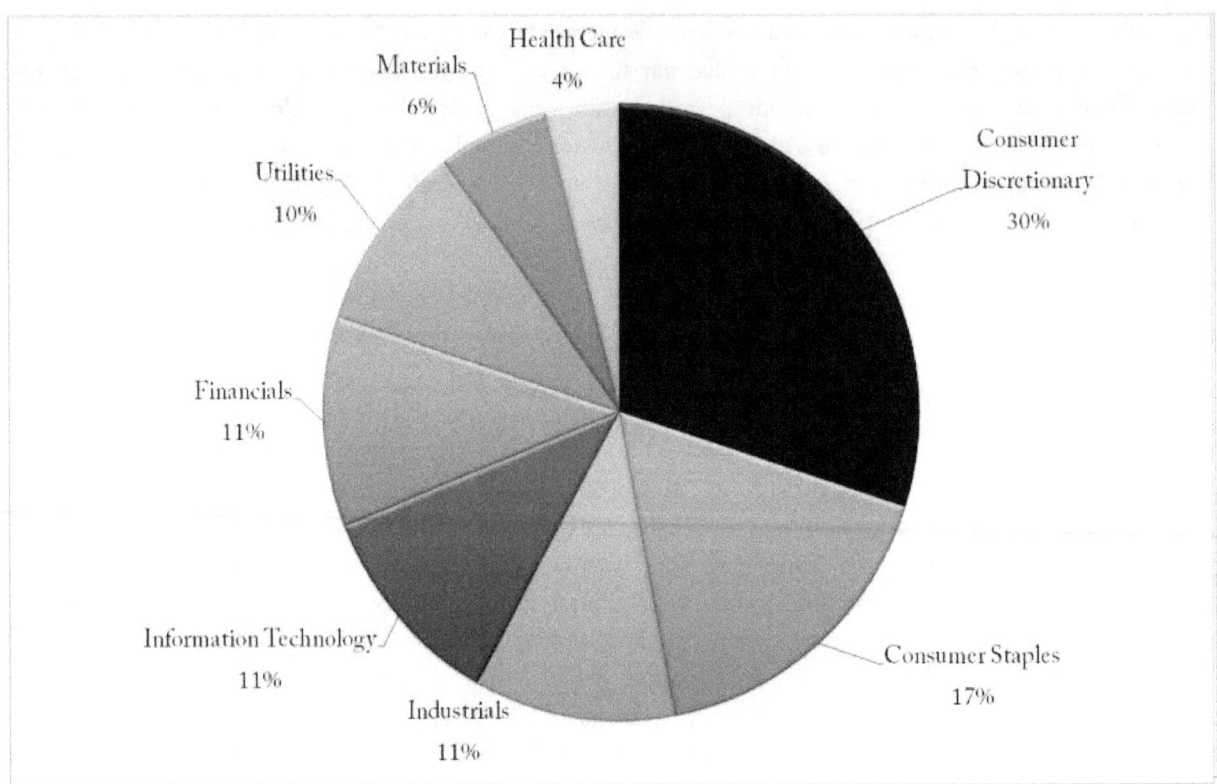

Graphe 7.5 Allocation par Secteur, Portefeuille initial[2]

Pour conclure, c'est un portefeuille qu'un analyste fondamental aurait pu construire. C'est un portefeuille avec lequel je serais complètement à l'aise et qui ne m'empêcherait pas de dormir.

_____

[2] *Consumer Staples* = Consommation de base, *Consumer Discretionary* = Consommation discrétionnaire, *Health Care* = Santé, *Materials* = Matériaux, *Financials* = Financières, *Utilities* = Services aux collectivités, *Information Technology* = Technologies de l'Information, *Industrials* = Industries, *Telecommunication Services* = Services Télécom, *Energy* = Energies

7.2   Filtres Additionnels

La méthode de classement décrite ci-dessus fonctionne bien. Toutefois, je préfère ajouter deux critères de plus pour considérer une action. Ils sont très simples et logiques.

Tout d'abord, une action doit se négocier au-dessus de sa moyenne mobile à 100 jours afin d'être considérée comme candidate à l'achat. Si ce n'est pas le cas, alors ce n'est pas une situation momentum. Sous des conditions normales, une action qui est proche du haut du classement momentum se négociera bien au-dessus de sa moyenne mobile à 100 jours. Cette règle nous assure que vous n'achetez pas des actions qui bougent de façon transversale, ou à la baisse, simplement parce qu'il n'y a pas d'actions à la hausse disponibles. Ce type de situation peut aussi se développer dans un marché baissier et surtout lorsque le marché se retourne à la baisse. Donc toute action qui se négocie en dessous de sa moyenne mobile à 100 jours sera disqualifiée.

Ensuite, les bonds me rendent nerveux. S'il y a eu un mouvement plus grand que 15 % dans les 90 derniers jours, l'action est alors disqualifiée. Si vous incluez ce genre de situations, il y a un risque que vous vous retrouviez avec des actions qui ne sont pas vraiment en situation momentum. Des chocs brusques ont pu faire grimper l'action de façon significative et même parfois suffisamment pour la positionner en haut du classement. Nous voulons des progressions à longs termes et non des bonds soudains.

Ainsi la méthode de classement est :

- Multiplier la régression exponentielle sur 90 jours annualisée par le coefficient de détermination,
- Prendre en compte uniquement les actions qui sont au dessus de leurs moyennes mobiles à 100 jours,
- Disqualifier toute action qui a fait un bond de plus de 15 % dans les 90 derniers jours.

8   Taille des Positions

Donc vous savez quelles actions acheter. C'est un pas dans la bonne direction. Cependant, vous faites face maintenant à une décision très importante qui est souvent négligée. La taille de votre position et comment elle change au cours du temps peuvent faire toute la différence.

Lorsqu'on parle de taille de position, vous devez vous rappeler qu'il ne s'agit pas d'allocation en numéraires. Il s'agit d'allocations de risque. C'est un point clé à comprendre lorsqu'on parle de taille de position. Le montant en numéraires utilisé n'est pas un facteur critique. Ça peut être un facteur limitatif lorsqu'on a affaire à des instruments qui demandent des espèces comme des actions, puisque vous devez les régler intégralement au moment de l'achat et que l'effet de levier est cher. Ce n'est toutefois pas un facteur déterminant dans le cadre de la taille des positions.

Il est important de comprendre pourquoi c'est une mauvaise idée de penser en termes d'allocation numéraire. C'est une erreur que l'on rencontre fréquemment non seulement chez les investisseurs amateurs, mais aussi chez les gestionnaires de fonds. Il est tentant d'utiliser de telles méthodes parce qu'elles sont simples.

L'approche classique consiste à avoir un portefeuille de 20 actions et d'allouer 5 % en espèces par action. Détenir environ 20 actions semble être un bon chiffre pour parvenir à une diversification raisonnable, et au premier abord, cette idée peut apparaître bonne. Le problème est que le risque devient alors une variable aléatoire et que le portefeuille sera vulnérable aux actions les plus volatiles.

Si toutes vos actions ont plus ou moins une volatilité identique, alors cette approche d'allocation moyenne devrait bien fonctionner. La réalité est toute autre. Des actions grimperont ou baisseront d'un demi pourcent par jour tandis que d'autres auront des variations de plus de 2 %. Si vous constituez un portefeuille d'actions avec un montant numéraire équivalent pour chaque action, vous vous exposez alors à une volatilité non contrôlée. L'ensemble des profits sera généré par un petit nombre d'actions volatiles alors que les actions moins volatiles n'auront que peu d'effet sur votre portefeuille.

Construisons un portefeuille d'action momentum et regardons comment la composition changera selon que nous utilisons une allocation numéraire moyenne ou une allocation basée sur le risque. Les actions ci-dessous au moment de la publication de ce livre sont parmi les meilleures actions momentum du S&P 500. Dans la première version de ce portefeuille, nous utilisons la vieille méthode qui consiste à allouer un montant numéraire équivalent par action, ignorant le facteur volatilité.

Tableau 8.1 Portefeuille à Pondération égale

Symbole	Nom	Secteur	Pond. Poids égale
SPLS	Staples Inc	Consommation Discrétionnaire	5%
EA	Electronic Arts Inc	Technologie de l'information	5%
MAC	Macerich Co	Financières	5%
WFM	Whole Foods Market Inc	Consommation de Base	5%
WHR	Whirlpool Corp	Consommation Discrétionnaire	5%
KMX	Carmax Inc	Consommation Discrétionnaire	5%
DAL	Delta Air Lines Inc	Industries	5%
LUV	Southwest Airlines Co	Industries	5%
KR	Kroger Co	Consommation de Base	5%
LB	L Brands Inc	Consommation Discrétionnaire	5%
DLTR	Dollar Tree Inc	Consommation Discrétionnaire	5%
HSP	Hospira Inc	Santé	5%
STZ	Constellation Brands Inc	Consommation de Base	5%
LEG	Leggett & Platt Inc	Consommation Discrétionnaire	5%
TGT	Target Corp	Consommation Discrétionnaire	5%
VTR	Ventas Inc	Financières	5%
CELG	Celgene Corp	Santé	5%
ROST	Ross Stores Inc	Consommation Discrétionnaire	5%
PDCO	Patterson Companies Inc	Santé	5%
MNST	Monster Beverage Corp	Consommation de Base	5%

Ceci ressemble à un portefeuille bien équilibré, constitué à partir de compagnies très connues parmi divers secteurs. Il y a de bonnes raisons qui expliquent l'absence de certains secteurs. L'énergie par exemple a eu un sous rendement terrible depuis que le prix du pétrole a commencé à chuter milieu 2014. Il n'y a pas non plus de services aux collectivités ni d'action Télécom, ces secteurs ayant été oublié depuis pas mal de temps, tout comme les secteur des matériaux et consommation de base.

Remarquez que la composition des secteurs est simplement dépendante des paramètres qui constituent notre approche, c'est-à-dire, des actions ayant principalement un fort momentum.

Maintenant que nous avons notre portefeuille d'actions momentum, voyons comment nous pouvons l'améliorer en modifiant les pondérations. A pondération égale, notre portefeuille sera dominé par les actions les plus volatiles. Nous aurons ainsi un portefeuille très déséquilibré.

La solution pour remédier à ce déséquilibre est très simple. Il s'agit d'une approche couramment appelée allocation à parité de risque. Nous pouvons calculer la taille de chaque position en prenant en compte la volatilité de chacune des actions. L'idée est que plus une action s'avère volatile, plus la taille de sa position sera petite. Au final, chaque action a théoriquement la même capacité d'impacter le rendement du portefeuille.

Le tableau 8.2 de montre à quoi ressemblerait la pondération une fois que nous prenons en compte la volatilité. Remarquez que tous les calculs sont basés sur les données du marché à la date de publication de ce livre. Ce qui veut dire qu'au moment où vous lisez ce livre, les pondérations seront obsolètes.

Tableau 8.2 Portefeuille à Parité de Risque

Symbole	Nom	Secteur	Pond. Parité de Risque
SPLS	Staples Inc	Consommation Discrétionnaire	3.5%
EA	Electronic Arts Inc	Technologie de l'information	4.1%
MAC	Macerich Co	Financières	6.2%
WFM	Whole Foods Market Inc	Consommation de Base	5.1%
WHR	Whirlpool Corp	Consommation Discrétionnaire	5.0%
KMX	Carmax Inc	Consommation Discrétionnaire	4.8%
DAL	Delta Air Lines Inc	Industries	3.1%
LUV	Southwest Airlines Co	Industries	3.1%
KR	Kroger Co	Consommation de Base	7.6%
LB	L Brands Inc	Consommation Discrétionnaire	5.3%
DLTR	Dollar Tree Inc	Consommation Discrétionnaire	4.8%
HSP	Hospira Inc	Santé	5.5%
STZ	Constellation Brands Inc	Consommation de Base	6.1%
LEG	Leggett & Platt Inc	Consommation Discrétionnaire	5.3%
TGT	Target Corp	Consommation Discrétionnaire	5.1%
VTR	Ventas Inc	Financières	6.7%
CELG	Celgene Corp	Santé	3.4%
ROST	Ross Stores Inc	Consommation Discrétionnaire	5.2%
PDCO	Patterson Companies Inc	Santé	6.4%
MNST	Monster Beverage Corp	Consommation de Base	3.6%

Comme vous pouvez le voir, les pondérations changent de façon considérable entre la méthode pondération égale et parité de risque. La plus petite position à un poids de 3.1% alors que la plus grande est de 7.6%. Ceci vient du fait que Southwest Airlines est bien plus volatile que Kroger. Nous ne voulons pas acheter plus de risque de LUV sous prétexte que cette action grimpe plus. Acheter un montant numéraire équivalent de ces deux actions n'a aucun sens à moins que vous vouliez prendre un risque bien plus grand sur les compagnies aériennes.

Lorsqu'on parle de taille de position pour des stratégies d'investissement tels que les actions momentum, les détails exacts ne sont pas d'importance. Que vous achetiez 3.4% ou 3.6% de Celgene n'est pas le sujet. Ce qui est important c'est le concept et surtout l'implémentation de celui-ci. Si vous comprenez le raisonnement de pourquoi c'est une mauvaise idée que d'allouer le même montant en espèces sur chaque action, alors vous avez déjà franchi une étape importante sur la question de la taille des positions. Un dollar sur une action n'a pas le même risque qu'un dollar sur une autre action, et de normaliser la volatilité de chaque action est d'une importance cruciale.

La méthode utilisée dans le tableau 8.2 est très simple et facile à implémenter. Il existe des méthodes bien plus compliquées utilisées par les professionnels de l'industrie mais sans grande valeur ajoutée. Ceux qui ont déjà des outils élaborés peuvent continuer à utiliser ces méthodes compliquées tant qu'elles fonctionnent. Cependant, la formule suivante couvrira simplement la méthode pour définir la taille des positions basée sur le risque.

$$Actions = ValeurCompte \times FacteurRisque \div IRM(ATR)$$

IRM correspond à l'Intervalle Réel Moyen (*ATR* en anglais). C'est une mesure commune qui indique de combien un instrument varie en moyenne par jour à la hausse ou à la baisse. L'intervalle réel est juste la valeur maximum parmi ces trois écarts suivants, plus haut du journalier moins plus bas journalier, cours de clôture de la veille moins plus haut du jour, cours de clôture de la veille moins plus bas du jour. L'IRM est donc simplement la moyenne de ces écarts sur une période donnée. La longueur de la période est une question de préférence et n'est pas très importante. J'utilise 20 jours pour des calculs dans le tableau 8-2. L'IRM peut-être facilement calculé ou tout simplement visualisé dans la plupart des logiciels financiers.

Le facteur de risque est un nombre arbitraire qui fixe un objectif d'impact journalier pour l'action. Si vous fixez ce nombre à 0.001 alors l'objectif de d'impact journalier de votre portefeuille sera de 0.1 % ou 10 points de base. En supposant bien sûr que l'IRM reste plus ou moins au même niveau que dans le récent passée.

Plus bas est le facteur de risque et plus petit sera la taille des positions. A l'inverse, plus le risque de facteur est petit et plus grand sera le nombre d'action dans votre portefeuille. Ceci s'explique par le fait qu'avec un faible facteur de risque, vous utiliserez moins d'espèces sur chaque action et augmenterez donc le nombre de lignes dans votre portefeuille.

Ainsi, un risque de facteur faible augmentera la diversification de votre portefeuille. Rappelez-vous cependant que dans le monde des actions, la diversification fonctionne jusqu'à un certain point. Il y a un avantage évident à maintenir 10 actions au lieu de 5. D'en maintenir 40 au lieu de 30 devient alors discutable.

Afin d'illustrer le calcul de la taille des positions, prenons l'exemple de Monster Beverage. Le graphe 8.2 montre l'historique du prix de cette compagnie avec, en bas, l'IRM à 20 jours. Si nous voulons acheter cette action, nous utiliserons la dernière valeur historique de l'IRM pour le calcul de la position. Celle-ci est de 3.26, ce qui signifie, qu'en moyenne, cette action a fluctuée de $3.26 par jour dans les 20 derniers jours. Un facteur de risque acceptable peut-être de 10 points de base, ou 0.1%. Rappelez-vous que cette valeur est arbitraire et que plus elle est élevée et plus vous aurez des tailles de positions élevées sur un plus faible nombre d'actions.

Allons un pas plus loin et supposons que nous avons $100.000 dans notre compte. Combien d'actions de Monster devons-nous acheter ?

$$100.000 \times 0.001 \div 3.26 = 30 \, actions$$

Le numérateur dans cette équation correspond à notre objectif d'impact journalier. 100.000 multiplié par 0.001 donne 100. Ce chiffre est important car il correspond à la fluctuation souhaitée journalière de 100 dollars pour chaque action dans notre portefeuille. Cette somme de 100 dollars est équivalente à 10 points de base de notre portefeuille. C'est aussi l'impact journalier de chaque action sur notre portefeuille.

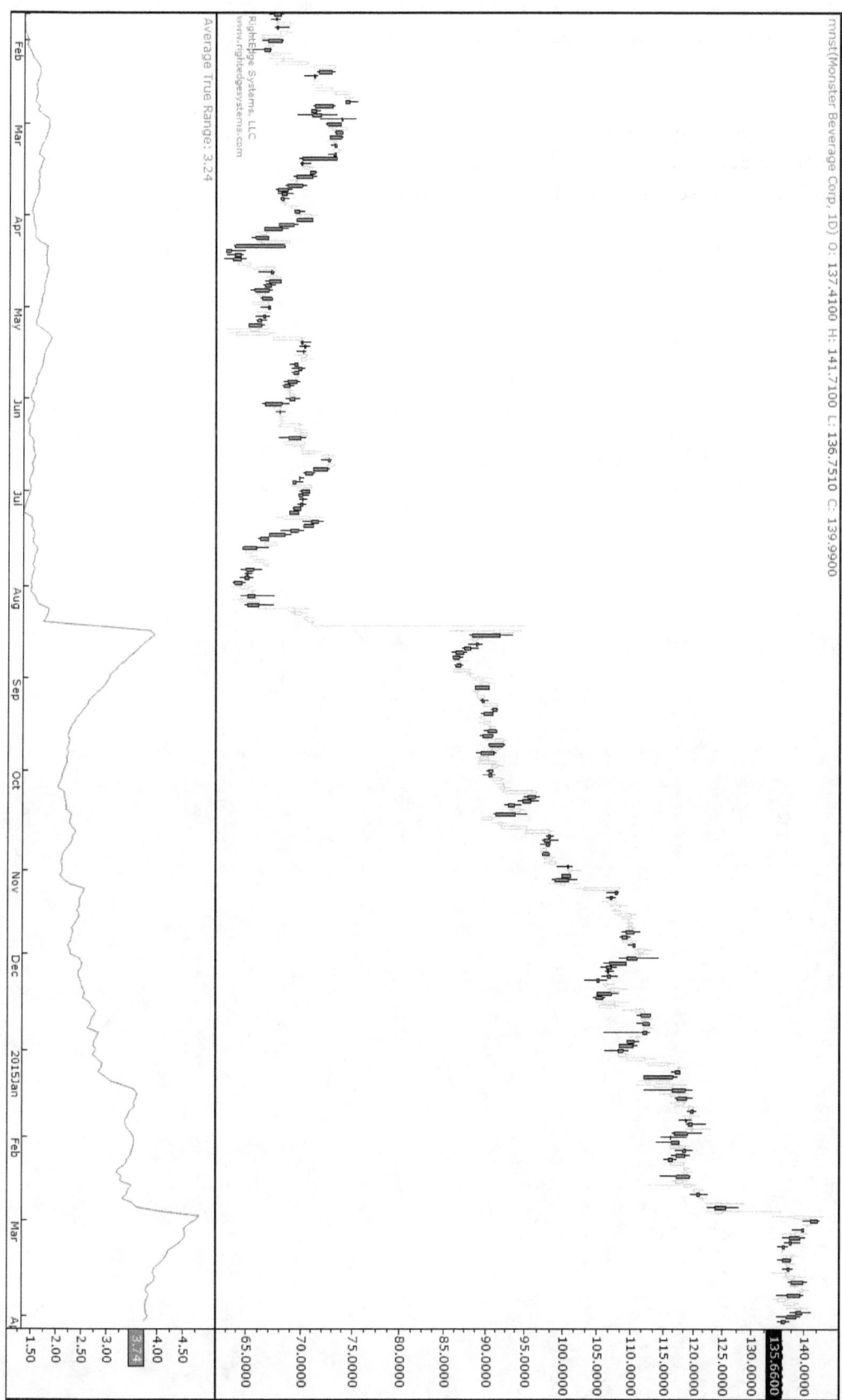

Graphe 8.1 Monster Beverage, IRM 20 jours

Puisque cette action a tendance à bouger en moyenne de $3.26 par jour, nous avons besoin alors de diviser notre objectif de fluctuation de $100 par $3.26 ce qui donne 30.67, ou encore 30 actions une fois arrondi à la baisse.

Toujours vous rappelez que lorsque nous calculons la taille des positions, nous le faisons par allocation de risque et non d'espèces. Nous prenons la volatilité de chaque action pour définir la taille de chaque position. La distribution des espèces par action devient alors secondaire.

8.1   Rééquilibrage des Positions

Cette partie est importante. Si vous venez du monde institutionnel, vous penserez que ce sujet est tellement évident qu'il n'a pas besoin d'être traité. Après tout, c'est quelque chose que la plupart des gens dans ce milieu font de façon très régulière. Forcement, vous avez besoin de rééquilibrer ou vous finirez par être déséquilibré.

Si vous n'avez cependant pas travaillé dans le monde institutionnel, cette partie, qui peut vous sembler nouvelle, aura sûrement un impact significatif sur vos futurs résultats. Et non, je ne parlerai pas ici de comment doubler sa mise, que vous perdiez ou gagniez. Ce type d'activité appartient strictement au domaine du jeu. Rééquilibrer, c'est changer la taille des positions pour revenir à la taille initiale.

Vous vous rappelez comment j'ai expliqué dans la section précédente que lorsque vous calculez la taille des positions, vous allouez du risque et non des espèces ? Et bien le risque change au cours du temps. Ce n'est pas un facteur très statique.

Pour vraiment comprendre le rééquilibrage, vous devez d'abord complètement maîtriser le concept de la taille des positions basée sur la volatilité. Alors qu'il existe plusieurs variations de ce concept, nous utiliserons la formule basée sur l'IRM expliquée plus tôt. Elle remplie bien cette fonction de calcul de risque et est facile à implémenter sans avoir recours à des outils onéreux.

Il y a cependant un problème qui saute aux yeux. Quelque chose que bien trop de gens négligent. Le lecteur assidu aura déjà remarqué le problème dans le graphe 8.1. Le voyez-vous ?

Le problème évident et que la volatilité n'est pas statique. Pour Monster Beverage, l'IRM variait aux environs de \$1.5 la majorité du temps en 2014 pour soudainement bondir à la hausse à \$3.8 en août. Puis l'action tombait à environ \$2 avant de remonter doucement au dessus de \$3.

Si nous avions acheté cette action en juillet 2014, nous aurions calculé une taille bien différente de celle du début 2015. En utilisant les données de juillet 2014, avec la même taille initiale du compte, nous aurions calculé le nombre d'actions suivant.

$$100.000 \times 0,001 \div 1.56 = 64 \; actions$$

Oui, nous aurions acheté plus du double des actions que nous avons achetées en juillet, tout en ayant le même risque initial. À mesure que le prix change, le risque change aussi de façon considérable. Si nous avions gardé ses actions jusqu'au début 2015, nous aurions maintenant doublé le niveau de risque souhaité. Nous aurions alors affaire à un impact journalier moyen de plus de 20 points de base alors que notre objectif initial était de 10 points de base.

Il y a encore une autre variable non statique dans cette équation, à savoir la valeur totale du portefeuille. Celle-ci est non seulement impacté par la performance de cette action au cours du temps mais aussi par la performance des autres actions. Ajoutez à cela les flux de trésorerie provenant de la gestion de votre propre portefeuille ou de vos clients.

Même si rien ne se passe sur vos positions, le risque lui change. Si par exemple certaines positions commencent à générer de gros gains, alors les autres positions plus statiques auront beaucoup moins de risque alloué qu'elles ne devraient. La valeur du portefeuille a augmenté à cause de certaines actions et maintenant toutes les tailles des positions sont obsolètes.

Il en va de même si certaines positions enregistrent de larges pertes. Vous pouvez le voir, la taille des positions est quelque chose qui doit être géré de façon dynamique.

Ce qui veut dire que la taille de vos positions doit être revue et rééquilibrée de façon régulière. Vous devez changer la taille des positions afin de revenir au niveau du risque initial souhaité et ceci en achetant ou en vendant des actions.

Revenons à notre exemple dans le graphe 8.1. Si nous avions acheté les actions en juillet, nous aurions eu besoin absolument de changer la taille de la position en août en vendant un nombre significatif d'actions. Peut-être qu'à ce niveau de la discussion quelqu'un demandera pourquoi ne pas laisser courir les gains. Après tout, c'est une expression très répandue qui signifie que vous ne devriez jamais vendre une position gagnante. Et bien ces expressions sont plutôt inutiles en ce qui nous concerne.

Ne pas contrôler le risque est aussi irrationnel qu'irresponsable. Les professionnels rééquilibrent leurs positions pour une bonne raison.

Il est recommandé de rééquilibrer la taille de toutes les positions de façon régulière. Pour des stratégies d'investissements à plus longs termes, comme c'est le cas avec les portefeuilles d'actions momentum, un rééquilibrage au mois ou toutes les deux semaines est suffisant. Il n'y a pas vraiment d'intérêt à rééquilibrer tous les jours, au risque d'augmenter les coûts et les volumes de transactions.

Afin de réduire les volumes de transactions, vous pourriez définir un niveau minimum basé sur la différence entre le risque initial et le risque actuel. Un tel filtre vous évitera un nombre trop élevé de transactions au moment du rééquilibrage.

A l'inverse, vous pouvez aussi déclencher un rééquilibrage dès qu'une action exhibe des mouvements inhabituels. Dans le cas de Monster Beverage, un tel mouvement a eu lieu mi-août 2014, comme indiqué dans le graphe 8.1.

9   Quand Vendre

Je serais prêt à parier que vous vous demandez quel type de stop sera utilisé. Sur quoi il est basé, à quelle distance il est du prix, si le seuil de l'ordre de déclenchement est à tout prix ou à la fermeture.

Au risque de vous décevoir, il n'y a pas de stop.

Certains types de stratégies nécessitent l'utilisation d'ordre de déclenchement alors que d'autres non. Les portefeuilles d'actions momentum n'en ont pas besoin. En fait, l'utilisation de stop avec ce type de stratégie aura probablement un effet néfaste. Il existe de meilleures solutions pour savoir quand se débarrasser d'une action.

Les stratégies "suivi de tendance" normalement utilisent des stops suiveurs. Cela veut dire que vous restez dans la position tant qu'il n'y a pas eu un mouvement à la baisse d'une certaine distance. C'est une méthode de vente valide pour certains types de stratégies. Toujours garder à l'esprit la logique sous-jacente des choses. Il est facile de tomber dans le piège des vieux dictons du style laissez vos gains courir, coupez vos pertes et cetera, et cetera. Ne vous laissez pas avoir avec ces dictons. Le fait est que ces maximes sont parfois vraies, parfois fausses. Ce dont vous avez besoin c'est du bon sens et de la pensée critique, pas des citations hors contextes. Et n'hésitez pas à me citer là-dessus.

Si nous devions construire un portefeuille basé sur le concept de classement présenté dans le chapitre 7 et ensuite y appliquer une logique de stop suiveur, nous aurions alors un problème très évident. Une action pourrait continuer de progresser de façon latérale indéfiniment sans que nous ayons à la vendre. Et ceci est un problème, étant donné notre limite en espèces lorsque nous transigeons des actions.

Même si une action continue de grimper, il y a peut-être d'autres d'actions qui grimpent encore plus. Un stop suiveur ne sortira pas cette action simplement parce qu'elle sous-performe ses pairs. Après tout, nous pourrions nous retrouver avec un portefeuille vieux et rassis d'actions sous-performantes.

Rappelez-vous comment nous avons constitué notre portefeuille au début. Il repose sur les meilleures actions de l'univers que nous balayons. Serait-il judicieux d'utiliser un critère de vente basé sur la même logique ?

Ceci nous amène au sujet très important de rééquilibrage du portefeuille.

9.1   Rééquilibrage du Portefeuille

Dans le chapitre précédent, j'ai décrit l'importance du rééquilibrage des positions. Ceci implique de recalculer toutes les tailles des positions et de s'assurer qu'elles ont toutes le même risque initial. Comme la volatilité change, la taille des positions doit être régulièrement ajustée en conséquence.

Au niveau du portefeuille, vous devez appliquer le même type de logique de façon régulière. Ceci implique de vérifier que les actions que vous détenez remplissent tous les critères afin de rester dans votre portefeuille.

Rappelez-vous du classement du chapitre 7. Ces tableaux vous montrent les meilleures actions, en fonction de la pente ajustée, la première action en haut du tableau étant la meilleure candidate à l'achat.

Le classement exact de chaque action variera de jour en jour, donc une fois qu'on aura acheté une action, il faudra lui laisser un petit peu de marge. Si par exemple nous avons à peu près 20 actions dans notre portefeuille et que chacune d'entre elle doit rester dans les 30 premières, ce seuil générera fréquemment des ordres et donc des coûts de transactions trop élevés.

Nous pourrions cependant dire que lorsque nous rééquilibrons le portefeuille, chaque action doit se trouver dans les premières 20% du S&P 500 (ou autre indice) afin de rester dans le portefeuille.

Le seuil exact peut varier. Si vous avez un univers très large comme par exemple le S&P 1500 alors vous pouvez diminuer le seuil. Une action aurait alors besoin de se trouver dans les premiers 10% ou même 5%. L'important c'est la logique utilisée. Au lieu d'avoir un niveau de stop, nous gardons une action tant qu'elle reste parmi les meilleures actions disponibles.

Mais que se passe-t-il si toutes les actions sont à la baisse ? Oui, c'est un vrai problème. Nous devons donc avoir un autre critère. Un autre niveau de sécurité. Gardons les choses simples et ajoutons simplement un indicateur de tendance.

Sortons les actions du portefeuille si elles ne font plus parties des premières 20 % ou si elle se trouvent en dessous de leurs moyennes mobiles à 100 jours.

Ces simples critères de sorties sont en fait assez suffisants et fonctionneront à point. Pas besoin de stops suiveurs.

La seconde tâche de rééquilibrage du portefeuille est de savoir quoi faire avec les espèces une fois qu'on a vendu une action. Peut-être qu'une action est sortie des premières 20% ou est en dessous de sa moyenne mobile à 100 jours. Nous la vendons et nous voici maintenant avec des espèces. Que faire ?

La boucle se répète simplement. D'abord vérifier le filtre le régime du marché. Est-ce que l'indice se transige au-dessus de sa moyenne mobile à 200 jours. S'il est en dessous, vous ne pouvez pas acheter. Oui, ceci veut dire que votre exposition se réduit de façon automatique. C'est un point clé dans cette stratégie. Si l'indice tombe en dessous de son filtre de tendance, nous ne remplaçons pas les actions qui ont été vendues. Nous ne vendons pas non plus parce que l'indice est devenu baissier, mais nous ne rachetons pas d'action non plus. Par conséquent, nos positions seront réduites de façon ordonnée.

Si l'indice passe de nouveau au vert, nous regardons le haut de la liste, puis nous générons un nouveau tableau avec les actions momentum en utilisant le concept de la pente ajustée du chapitre 7. Enfin, nous achèterons les actions du haut du classement que nous n'avons pas déjà, tant que nous avons des espèces.

Aucune décision discrétionnaire n'est requise. Vous n'avez plus à vous demander quoi faire. Les règles sont très claires et vous aideront à générer des profits dans le long terme.

Le rééquilibrage du portefeuille devra être effectué plus souvent que le rééquilibrage des positions. Vous pourriez par exemple rééquilibrer le portefeuille chaque semaine, regarder les actions à vendre ou à remplacer, et ensuite rééquilibrer la taille des positions seulement une fois voire deux fois par mois.

10 Une Stratégie Complète de Transaction Momentum

Maintenant que nous avons défini les composantes nécessaires pour une vraie stratégie, nous sommes prêts à construire un ensemble de règles solides. Le fait d'avoir des règles de transactions rigides représente le véritable avantage. Vous aurez toujours un plan de navigation. Vos décisions ne seront jamais aléatoires ni dictées par votre humeur du jour. Dans la tourmente des marchés, vous aurez toujours un plan qui s'est montré fiable jusqu'à présent.

Lorsque vous avez un ensemble de règles, vous êtes capable de vous détendre davantage. Il est bien plus facile d'avoir confiance dans une méthode de transaction dont vous connaissez les règles, lesquelles ont été testées avec succès dans le passé. Vous n'aurez plus besoin de regarder vos actions tous les jours et d'essayer de prendre des décisions dans le stress du moment.

En utilisant les composantes décrites plus haut, créons une stratégie complète avec des règles exactes pour savoir comment transiger des actions. Une fois que vous avez ces règles bien établies, vous pouvez les utiliser soit comme une liste de contrôle que vous déroulez à intervalles réguliers. Vous pouvez même aller plus loin en automatisant entièrement le processus.

Vous pouvez bien sûr construire une simulation et tester rétrospectivement ces règles. Cela vous donnera encore plus de confiance ainsi qu'une idée sur les futurs rendements, surtout dans les moments difficiles.

Dans la stratégie que je suis sur le point de décrire, j'utiliserai des paramètres précis. J'utiliserai un certain nombre de jours pour calculer la volatilité et le momentum, tout comme d'autres facteurs. Ne vous attardez pas trop sur ces chiffres que j'ai choisi. Une stratégie de transaction solide ne doit pas reposer sur des paramètres exacts. Le concept est bien plus important. Gardez toujours cela à l'esprit. Si cette stratégie ne fonctionnait qu'avec des paramètres bien précis, elle serait inutile. J'utilise donc ces chiffres comme point de départ et je vous encourage à simuler avec d'autres valeurs.

10.1   Règles Exactes de Transaction

Oui, j'utilise ce titre exprès pour aider ceux qui auraient sauté quelques chapitres, cherchant uniquement les règles de transaction. C'est ici donc que je vais les énumérer.

- On ne transige que les mercredis

Nous avons affaire ici à une méthode long terme pour battre le marché boursier. Une des idées d'une telle stratégie est d'éviter d'agir trop rapidement. Pour réduire à la fois la charge de travail est la fréquence de transaction, nous allons regarder les signaux qu'une seule fois par semaine. Nous ne ferons rien si une action plonge de 20 % en une journée à moins que ce soit le jour où nous sommes supposés transiger. Remarquez que cela ne veut pas dire que nous travaillons avec des données hebdomadaires. Tous nos calculs sont faits sur des données quotidiennes. Nous ne transigeons pas à moins que ce soit mercredi. Pourquoi mercredi ? Parce que les mercredis ont une probabilité de 20% d'être le meilleur jour de la semaine pour transiger. Oui, c'est totalement arbitraire. Choisissez un jour. Peu importe lequel.

- Classer toutes les actions par rapport au momentum, volatilité ajustée.

Classer toutes les actions du S&P 500 par rapport au momentum. Nous utiliserons la pente de la régression exponentielle annualisée, calculée sur les 90 derniers jours, multipliée par le coefficient de détermination (R^2) sur la même période. Ceci nous donnera la mesure du momentum, volatilité ajustée.

Rappelez-vous que si une action se trouve sous sa moyenne mobile à 100 jours ou qu'elle ait connu un bond de plus de 15 %, elle sera disqualifiée.

- Calculer la taille des positions, basée sur 10 points de base.

Calculer la taille des positions en utilisant simplement la formule IRM avec pour objectif une fluctuation moyenne de 10 points de base. La formule pour calculer le nombre d'actions est $ValeurCompte * 0.001/IRM20$

- Vérifier le filtre d'indice

Vous ne pouvez ouvrir de nouvelles positions seulement si l'indice S&P 500 est au-dessus de sa moyenne mobile à 200 jours. S'il est en dessous, aucun nouvel achat n'est permis.

- Construire le portefeuille initial

Commencez par le haut du classement. Si la première action n'est pas disqualifiée soit en étant sous sa moyenne mobile à 100 jours, soit en ayant connu un bond de plus de 15 %, alors nous l'achetons et passons à la suivante, et ainsi de suite jusqu'au moment où nous n'avons plus d'espèces.

- Rééquilibrer le portefeuille chaque mercredi

Une fois par semaine nous vérifions si nous devons vendre des actions. Si une action ne fait plus partie des premiers 20% alors nous la vendons. Si elle se transige sous sa moyenne mobile à 100 jours, nous la vendons. Si elle a fait un bond de plus de 15%, nous la vendons. Si elle quitte l'indice, nous la vendons.

S'il nous reste des espèces, nous cherchons des actions à acheter. Une action vendue générera évidemment des espèces. Acheter de nouvelles actions reposera alors sur la même logique décrite ci-dessus, à savoir uniquement si l'indice est haussier. Nous achetons des actions qui sont dans le haut du classement, seulement si elles appartiennent au premier 20 % et qu'elles ont une tendance haussière, sans récent bond de plus de 15%.

- Rééquilibrer les positions tous les deuxièmes mercredis

Deux fois par mois nous réinitialisons la taille des positions. Comme expliqué plus tôt, une stratégie à long terme a besoin d'incorporer le rééquilibrage de la taille des positions afin d'éviter de se retrouver avec un risque complètement aléatoire. Revisitez chaque positions dans votre portefeuille et comparez les à la taille initiale en utilisant la même formule du début mais cette fois en actualisant la taille du portefeuille avec les nouvelles valeurs du compte et de l' IRM.

Si les différences sont minimales, alors le rééquilibrage n'est pas nécessaire. Cette procédure est là pour s'assurer que le risque sur les positions reste sous contrôle.

Bon, c'est à peu près tout. Attendez, jetons y un œil encore une fois.

Vous n'avez besoin de regarder les marchés qu'une fois par semaine. J'ai choisi mercredi complètement au hasard, donc s'il vous plaît, ne m'envoyez pas de courriel à propos des cycles de la lune qui rendrait mercredi le meilleur jour. Choisissez le jour que vous préférez.

Nous regardons donc les marchés que les mercredis. Chaque semaine nous vérifions d'abord si nous avons besoin de vendre des positions. Si une position ne remplit plus les critères, elle est vendue. Ensuite s'il nous reste des espèces et que l'indice à une tendance haussière, nous achetons des actions. Commencez par le haut du classement et achetez jusqu'au moment où vous n'avez plus d'espèces.

Tous les deuxièmes mercredis, nous rééquilibrerons au besoin la taille de nos positions.

C'est une liste de vérification assez facile, n'est-ce pas ? Rendons là encore plus facile. Simplement imprimez l'organigramme ci-contre.

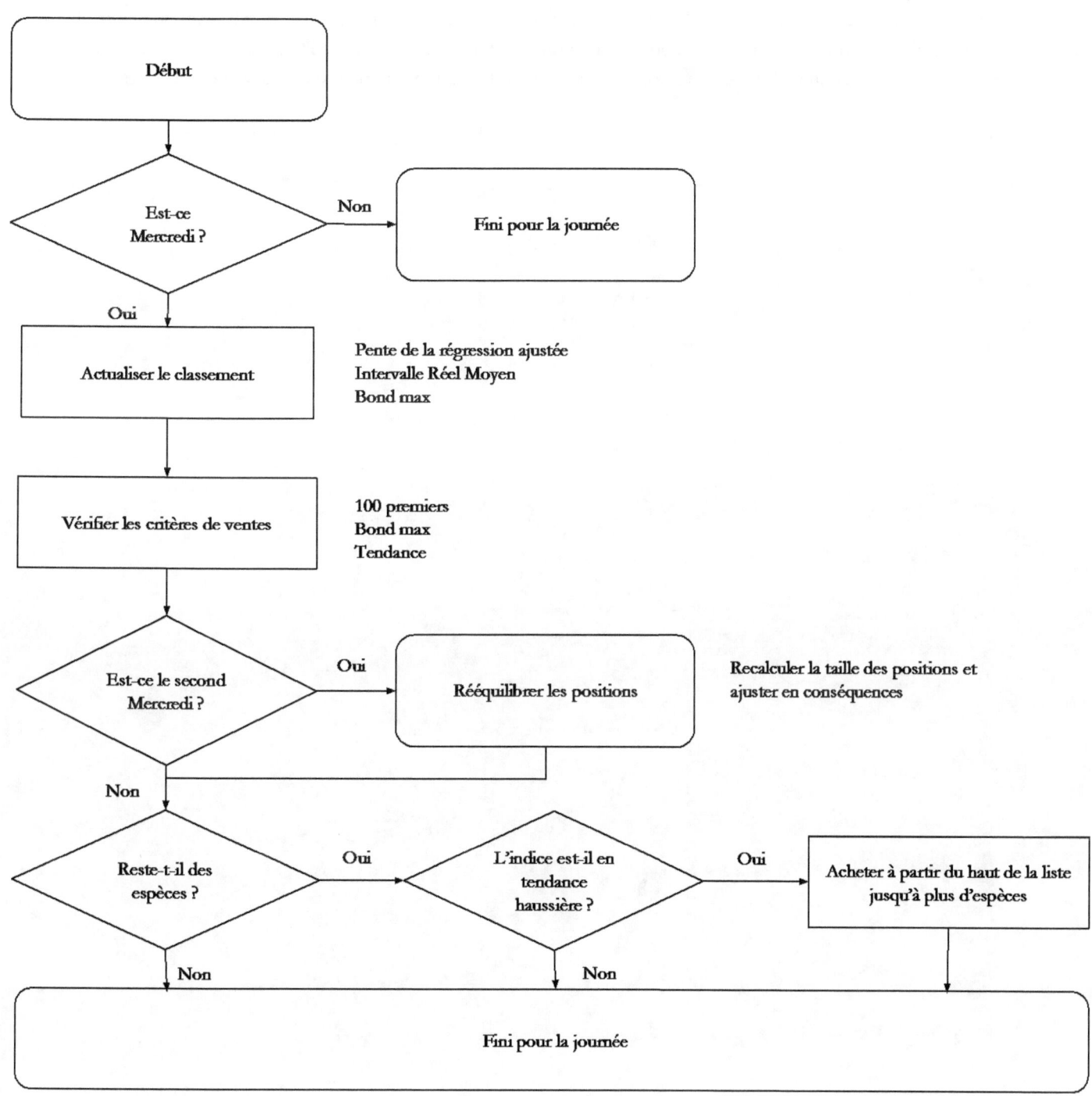

Graphe 10.1 Règles de Transactions

11 Exécuter la Stratégie

Peut-être que cette stratégie momentum peut paraître un peu théorique jusqu'à maintenant. Il serait alors opportun de prendre un exemple pratique et de voir comment nous pouvons l'implémenter. Nous passerons aussi en revue quelques graphes pour voir à quel moment les actions auraient été achetées ou vendues.

11.1   Portefeuille de Départ

Le jour où vous décidez de démarrer votre stratégie, vous plongez directement en eaux profondes, sans achats graduels. En supposant que le filtre du marché soit positif, c'est-à-dire que l'indice se trouve au-dessus de sa moyenne mobile à 200 jours, nous achetons des actions tant que nous avons des espèces.

Évidemment la première chose à faire est de vérifier que le S&P 500 ce transige au-dessus de sa moyenne mobile. Cette partie est facile. Pratiquement tous les logiciels boursiers peuvent faire ça pour vous ou tout simplement utilisez Excel. Si l'indice se trouve en dessous de sa moyenne à 200 jours, nous n'achetons rien. On s'assoit tranquillement et on attend qu'il revienne en territoire positif.

Maintenant vous devez calculer tous les critères mentionnés dans les chapitres précédents et vous construire un bon petit tableau pour le classement. Faire ça pour une action est assez facile mais c'est une autre histoire lorsque nous avons des centaines d'actions. Certains lecteurs peuvent penser que c'est un jeu d'enfant alors que d'autres n'ont aucune idée par où commencer.

Vous voulez arriver à quelque chose qui ressemble au tableau 11.1. Naturellement, ces données seront obsolètes au moment où vous les lirez. Ce tableau résume l'ensemble de la stratégie. C'est un tableau très important et nous allons voir ensemble les principales colonnes.

La colonne pente est probablement la plus importante. C'est le critère numéro un utilisé pour classer les actions. Cette colonne montre la pente ajustée à la volatilité, comme expliqué dans le chapitre 7. En résumé, ce chiffre est simplement une mesure du momentum d'une action, ajusté à sa volatilité. Plus haut est ce chiffre et meilleure sera le rendement par rapport au risque. Nous voulons acheter un portefeuille d'actions qui ont ce chiffre le plus haut possible.

Cependant, même si une action est placée en haut de la liste, elle pourrait encore se faire disqualifier. Il y a deux autres colonnes que nous devons vérifier avant de savoir si nous pouvons acheter une action ou non. La colonne tendance vous dit si une action est au-dessus de sa moyenne mobile à 100 jours. Si elle ne l'est pas, nous ne l'achetons pas. Même s'il est rare de voir une action en haut du classement et en même temps dessous de sa moyenne mobile, cela peut quand même arriver.

Puis il y a le bond maximum. Nous ne cherchons pas des actions qui font des bonds soudain de 40 % sur des rumeurs d'acquisition. Nous cherchons des actions qui grimpent de façon plus ou moins contrôlée dans des marchés haussiers. Le bond maximum autorisé dans les derniers 90 jours est de 15 %. Dans l'exemple de notre tableau, Hospira est disqualifiée. Elle a en effet bondit récemment de 26 %.

Ensuite, nous avons l'IRM (Intervalle Réel Moyen, *ATR* en anglais) qui nous dit de combien une action a tendance à monter ou à descendre en moyenne par jour, exprimé en devise. Nous utiliserons ce chiffre pour la taille des positions. Rappelez-vous que nous cherchons à constituer un portefeuille à parité égale où en théorie chaque action a le même potentiel d'impact sur l'ensemble du portefeuille.

La colonne Objectif % est nouvelle. Toutes les autres données ont été expliquées auparavant mais pas celle-ci. Tout du moins pas directement. C'est une colonne utile à avoir dans le tableau du classement car elle vous informe du poids de chaque action que vous devriez viser. C'est facile à calculer avec la colonne IRM.

Puisque Hospira a fait un trop grand bond, nous passons à l'action suivante qui est Mallinckrodt. Calculons combien d'actions nous devons acheter. Nous utilisons un facteur de risque de 10 points de base. Ce qui veut dire que nous aimerions que chaque action ait un impact moyen par jour, en gain ou en perte, de 0.1% sur le portefeuille. Supposons que nous commençions avec un compte à $100.000. Dans ce cas, cette valeur sera égale, en moyenne, à $100 par jour.

D'après le tableau, Mallinckrodt à un IRM de 3,69, signifiant que cette action a un mouvement quotidien de $3,69. Puisque nous voulons un impact de $100, nous achèterons donc 27 actions.

Le prix d'une action au moment de l'impression de ce livre est d'environ $126. Multipliez $126 par 27 actions et nous arrivons à une position de $3.414. Si vous divisez la valeur du compte qui est de $100.000, cela donne un poids d'environ 3,4 % pour cette position.

Maintenant passons à l'action suivante et achetons tant qu'il nous reste des espèces.

Tableau 11.1 Classement des Actions

Classement	Nom	Pente	IRM	Bond Max	Tendance	Objectif%	Symbole
1	Hospira Inc	279.2	0.64	26.0	1	13.7	HSP
2	Mallinckrodt Plc	198.9	3.69	6.9	1	3.4	MNK
3	Biogen Idec Inc	168.7	13.44	9.4	1	3.4	BIIB
4	Avago Technologies	164.1	3.48	11.2	1	3.9	AVGO
5	Urban Outfitters Inc	157.9	1.20	9.2	1	3.9	URBN
6	Boston Scientific	149.2	0.48	11.1	1	3.7	BSX
7	Electronic Arts Inc	145.5	1.36	11.5	1	4.3	EA
8	Kohl's Corp	134.7	1.28	5.9	1	5.9	KSS
9	Kroger Co	129.0	1.27	6.3	1	6.1	KR
10	Vulcan Matériaux Co	123.1	1.51	4.5	1	5.7	VMC
11	Constellation Brands	110.5	2.04	4.3	1	5.8	STZ
12	Netflix Inc	105.3	11.7	15.0	1	3.7	NFLX
13	Harman Int	97.8	3.69	19.2	1	3.7	HAR
14	Newmont Mining	94.8	0.81	8.6	1	2.8	NEM
15	Monster Beverage	94.5	3.77	11.5	1	3.7	MNST
16	Dollar Tree Inc	93.8	1.42	4.9	1	5.8	DLTR
17	Laboratory Corp	93.2	2.17	3.3	1	5.9	LH
18	Mohawk Industries	90.9	3.77	6.2	1	4.8	MHK
20	Cigna Corp	84.7	2.36	4.9	1	5.5	CI
21	International Flavors	80.6	2.16	6.8	1	5.6	IFF
23	Aetna Inc	78.7	1.87	3.3	1	5.8	AET
24	Lowe's Companies	78.6	1.31	6.0	1	5.8	LOW

25	UnitedHealth Group	78.6	2.19	4.6	1	5.4	UNH
26	Humana Inc	78.4	3.77	5.1	1	4.8	HUM
27	Starbucks Corp	78.1	1.70	6.0	1	5.7	SBUX
28	Valero Energy Corp	77.3	1.66	5.3	1	3.7	VLO
29	Home Depot Inc	75.4	2.01	4.1	1	5.8	HD
30	Boeing Co	74.6	2.56	5.6	1	5.9	BA
31	Sherwin-Williams	73.8	4.24	3.0	1	6.8	SHW
32	AmerisourceBergen	71.7	1.80	3.6	1	6.3	ABC
33	Equifax Inc	71.6	1.06	7.8	1	8.7	EFX
34	Coach Inc	70.9	0.88	6.3	1	4.8	COH
35	L Brands Inc	70.7	1.68	5.1	1	5.6	LB
36	Ross Stores Inc	70.6	2.01	6.6	1	5.3	ROST
37	General Motors Co	70.5	0.74	5.1	1	5.1	GM
37	General Motors Co	70.5	0.74	5.1	1	5.1	GM
38	Cognizant Tech	69.8	1.06	4.8	1	5.9	CTSH
40	Walt Disney Co	69.0	1.74	7.2	1	6.2	DIS

Le graphe 11.1 montre comment une transaction est faite. Les différentes courbes que vous voyez sur le graphe ne sont pas des indicateurs techniques traditionnels mais plutôt des indicateurs spécifiques au modèle momentum que je trouve utile de visualiser.

La première ligne sur le graphe représente le prix de l'action Urban Outfitters. Sa moyenne mobile à 100 jours se trouve juste en dessous pour montrer que l'action est dans une tendance positive. Le cadran du dessous indique l'indice S&P 500 avec sa moyenne mobile à 200 jours. Cela clairement montre que l'indice est aussi dans une tendance positive.

Le troisième cadran montre la pente momentum ajustée au risque, comme décrit dans le chapitre 7. Puis il y a l'IRM qui montre la volatilité de l'action qui change au cours du temps, nécessitant ainsi de continuellement changer la taille de la position afin de garder le risque initial.

Le cinquième cadran représente le classement momentum de l'action par rapport aux autres actions de l'indice, qui permet de générer le classement du tableau 11.1. Plus le chiffre est petit et mieux c'est.

L'avant-dernier cadran nous indique si l'action fait partie de l'indice, valeur de 1, ou non, valeur de 0. Il est critique de prendre en considération la composition historique de l'indice. La façon la plus facile de générer une très belle simulation est d'utiliser les actions d'aujourd'hui en supposant qu'elles faisaient partie de l'indice il y a dix ans.
Si une action ne fait pas partie de l'indice, elle ne fera pas partie du modèle. Si elle quitte l'indice, nous la vendons.

Enfin, le dernier cadran montre le bond maximum que l'action a pu faire dans les 90 derniers jours. Tant que cette valeur reste en dessous de 15 %, c'est tout bon.

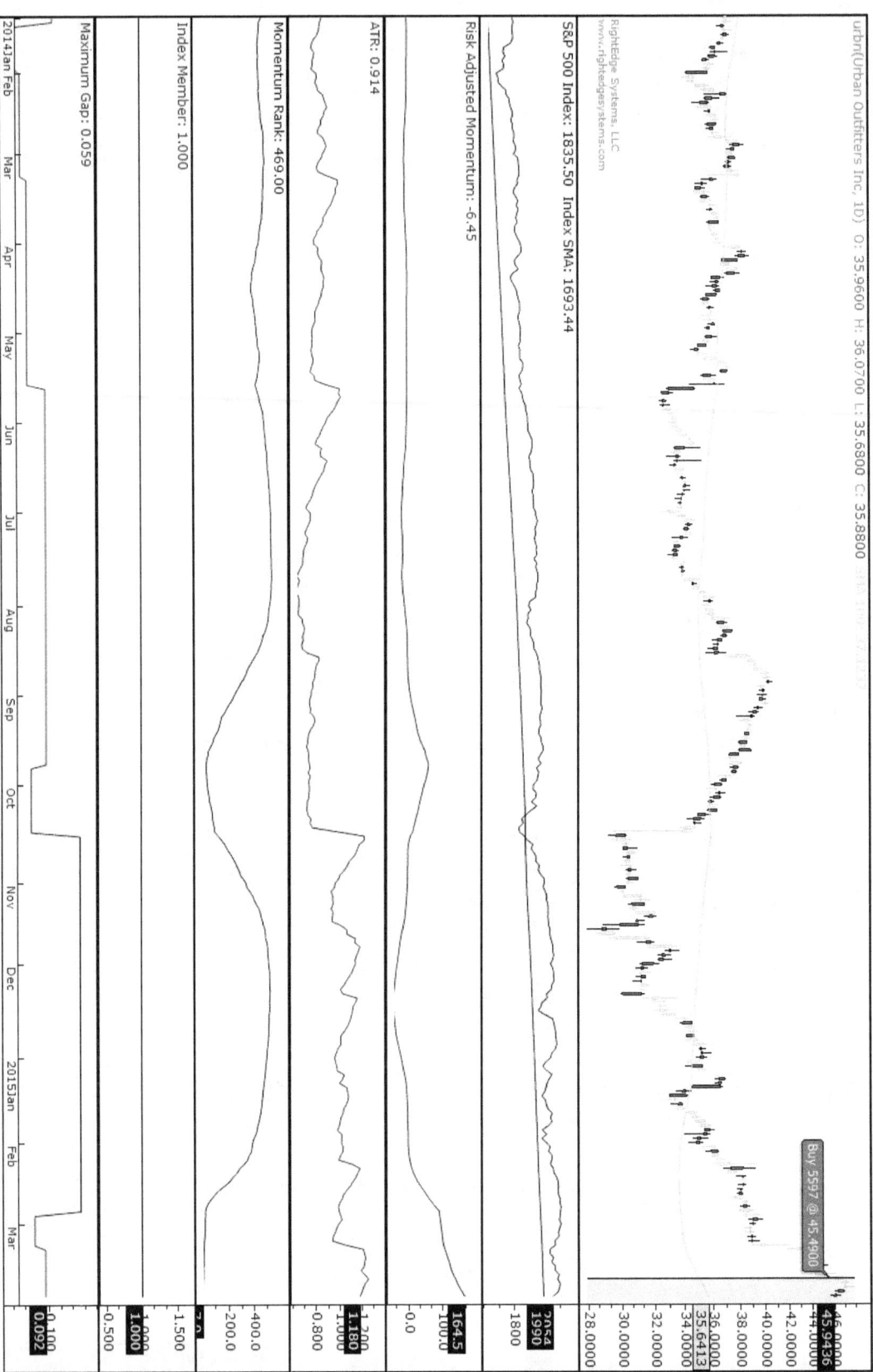

Graphe 11.1 Achat de Urban Outfitters

Comme nous pouvons le voir, nous avons acheté Urban Outfitters en mars 2015 après qu'elle ait eu un bon parcours haussier. Remarquez l'ascension de la pente momentum ajustée au risque faisant ainsi monter l'action dans le classement. Au début de l'année, cette action, située environ dans les 400 dernières, avait un très mauvais classement. Puis elle commença à grimper pour être finalement achetée.

C'est ainsi que vous construisez un portefeuille initial. Vous commencez par acheter le haut du classement, tant que l'action remplit tous les critères. Mais le travail ne s'arrête pas là. Vous devez maintenant rééquilibrer de façon régulière afin de vous assurer que vous avez toujours la composition du portefeuille initialement définie.

11.2 Rééquilibrage des Positions

Toutes les deux semaines, nous rééquilibrons la taille des positions. C'est une question de préférence si vous souhaitez faire ça plus ou moins souvent. Faites le plus souvent et vous aurez un risque plus précis mais aussi des coûts de transaction plus élevés. Toutes les deux semaines est un bon compromis.

La raison de rééquilibrer les positions est de garder le risque sous contrôle. La volatilité des actions change au cours du temps et puisque nous avons un portefeuille à parité égale, nous devons ajuster la taille des positions en conséquence.

L'idée d'un achat ou d'une vente par position est obsolète. Ce n'est pas la façon de gérer un portefeuille. Même si tous ces rééquilibrages peuvent rendre illisible un graphe de transaction, ils sont nécessaires.

La première chose à faire est de générer un tableau de classement récent, comme le tableau 11.1. Il vous donnera l'objectif de pondération pour chaque action. Maintenant vous devez regarder la différence entre la pondération la plus récente et l'ancienne, et ajuster si nécessaire.

Le graphe 11.2 vous montre les transactions de la stratégie momentum appliquée sur l'action Java entre 1999 et 2000. L'achat initial est fait en septembre 1999 avec 387 actions. Comme la volatilité continue de grimper, comme illustré dans le cadran de l'IRM (*ATR*), un petit nombre d'actions est vendu à chaque rééquilibrage de position. Ces ventes n'ont rien à voir avec une vue quelconque du marché. Nous ne vendons pas parce que nous pensons que le prix de l'action pourrait baisser et nous ne vendons pas pour prendre des profits ou quelque chose comme ça. Nous vendons parce que nous voulons maintenir notre risque initial. Si nous ne vendons pas quelques actions, nous nous retrouverions avec un risque plus élevé qu'initialement calculé.

Il est important de comprendre cet élément. Si on ne fait rien, notre position change. Nous devons agir afin de maintenir notre position voulue. Ce qui revient soit à acheter des actions soit à en vendre, peu importe notre vue du marché.

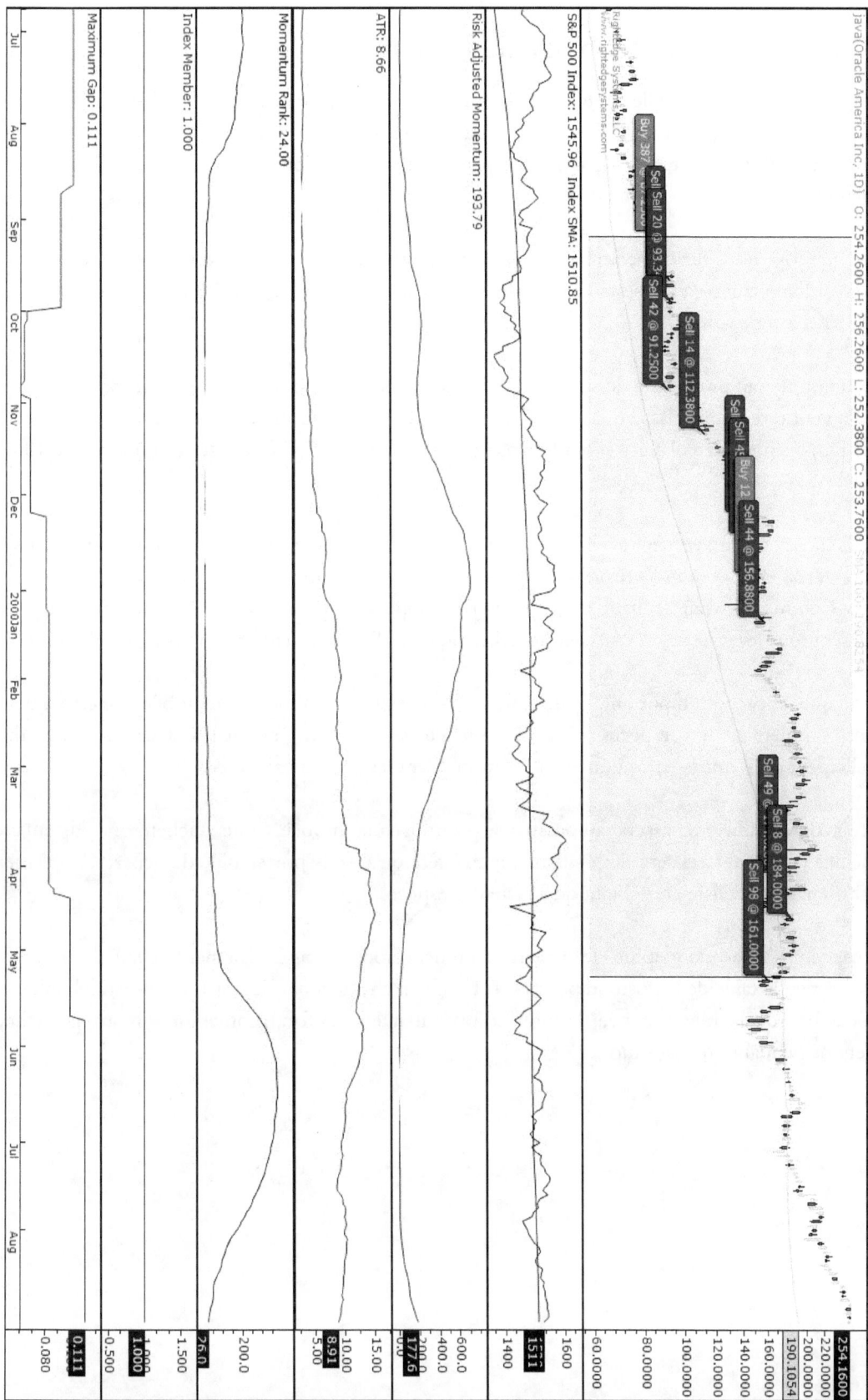

Graphe 11.2 Transaction Action Java (Oracle)

11.3   Rééquilibrage du Portefeuille

Le rééquilibrage du portefeuille est fait chaque semaine. Le but de cet exercice est de vendre les actions qui ne remplissent plus les critères et d'en acheter des nouvelles. Évidemment si l'indice est en dessous de sa moyenne mobile à long terme nous ne remplaçons pas les actions et ainsi, nous réduisons le risque du portefeuille.

Encore une fois, nous devons commencer par générer un classement récent et par revoir les actions que vous détenez. Si l'une d'entre elles se trouve en dessous de sa moyenne mobile à 100 jours, ou a fait un bond de plus de 15%, vendez-la.

Si une action ne fait plus partie des premiers 20% de l'indice, vendez-la. Si nous regardons les actions du S&P 500, cela veut dire que le classement doit être mieux que 100. Faites un tableau, classez par rapport à la pente momentum ajustée à la volatilité et vérifiez où l'action se trouve. Si elle se trouve au-dessus de 100, elle prend la porte.

Une fois que vous en avez fini avec les actions à vendre, vous pouvez passer à celle que vous devez acheter. Et vous savez déjà comment procéder, n'est-ce pas ? En suivant le même procédé qu'avec les premières actions. Commencez par le haut de la liste. En supposant que ce soit de nouvelles actions et qu'elles remplissent tous les critères, nous achetons celles du haut de la liste, tant que nous avons des espèces.

À moins que, et ceci est important, l'indice ne soit en dessous de sa moyenne mobile. S'il est en dessous, nous gardons simplement les espèces et nous n'achèterons pas de nouvelles actions. Nous diminuerons graduellement ainsi notre exposition aux actions pendant les phases baissières.

Une fois que l'indice repassera au-dessus de sa moyenne mobile, nous rachèterons instantanément un portefeuille complet. Ceci sera fait de la même manière qu'avec le portefeuille de départ. Simplement achetez à partir du haut de la liste et ceci tant qu'il reste des espèces.

La transaction Gilead du graphe 11.3 montre comment nous avons initialement acheté l'action en mai 2005, changé un peu la taille de la position pendant l'été suite à changement de volatilité et enfin, liquidé la position. En décembre de la même année, l'action réapparaît avec un fort momentum. Nous la rachetons et la maintenons pendant quelques mois.

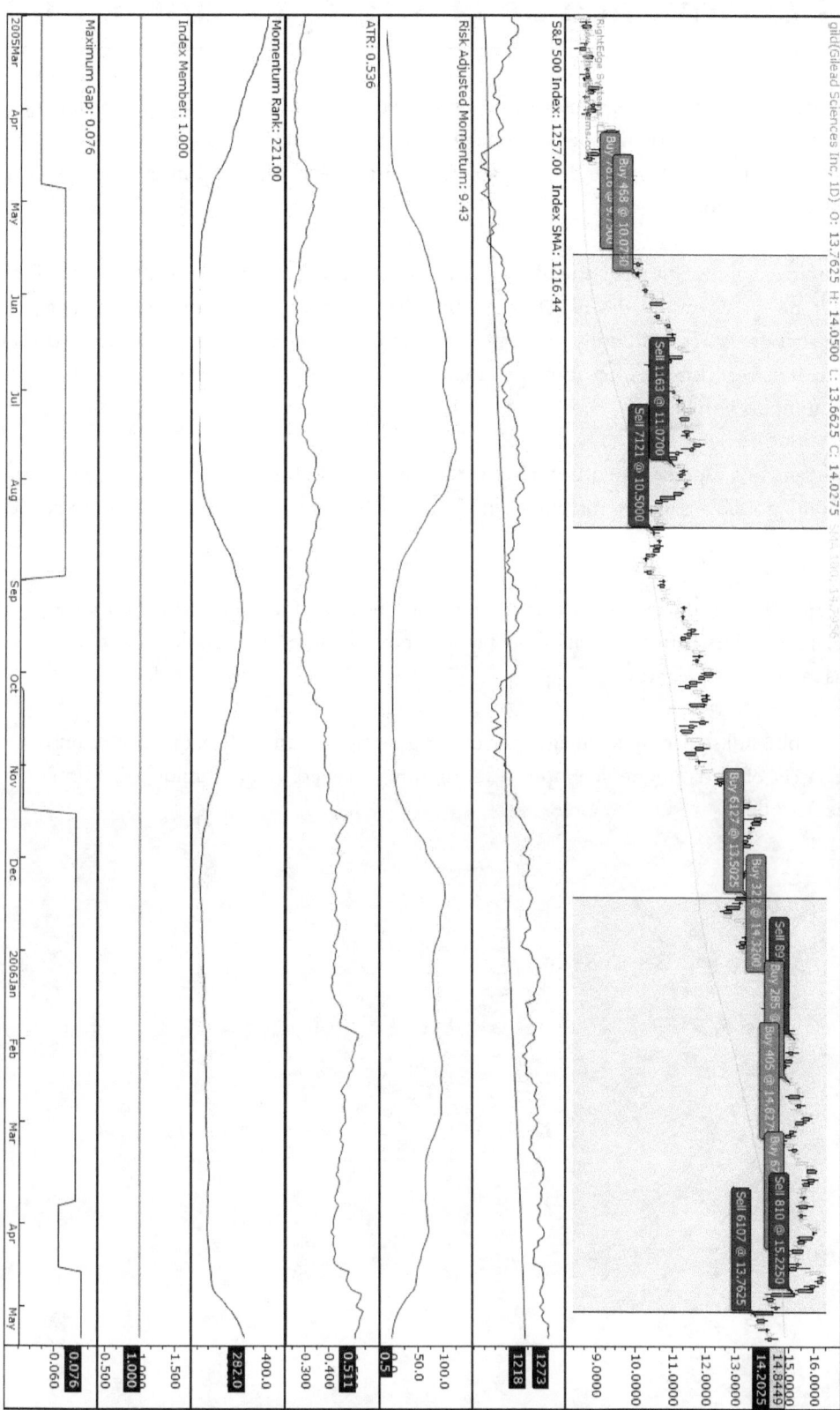

Graphe 11.3 Transaction Action Gilead

12   Performance de la Stratégie Momentum

Nous avons désormais une stratégie momentum complète pour les actions. Jusqu'à maintenant, nous avons regardé les différents composants de la stratégie sans avoir vraiment fait attention aux résultats. Avant d'explorer la performance historique de cette approche, arrêtez-vous un instant et réfléchissez à quel type de résultat vous vous attendez.

Avec cette stratégie, il ne faut pas s'attendre à avoir un rendement régulier de 10 % par an. Très peu en sont capables. Elle ne générera pas des résultats positifs chaque année et ne sera certainement pas corrélée aux marchés des actions. Après tout, nous achetons des actions. Les stratégies basées sur les actions ont tendance à toutes se ressembler dans le long terme. Certaines sont mieux que d'autres, même si au final, elles sont toutes plus ou moins corrélées.

Ce que nous pouvons espérer cependant, c'est voir de bonnes performances dans les marchés haussiers et de perdre le moins possible dans les marchés sont baissiers. Si nous y parvenons, alors les rendements seront attrayants.

La première question est bien sûr de savoir si oui ou non nous battons le marché. Si nous gagnons de l'argent sans battre l'indice, alors l'effort demandé n'a pas vraiment d'intérêt. Un rapide coup d'œil sur le graphe 12.1 devrait vous rassurer à cet égard.

Comme ce graphe utilise des pourcentages sur du long terme, le résultat final peut être un peu exagéré. Afin de remédier à cet effet d'optique, le graphe 12.2 montre la version logarithmique de la même performance, sur la même période.

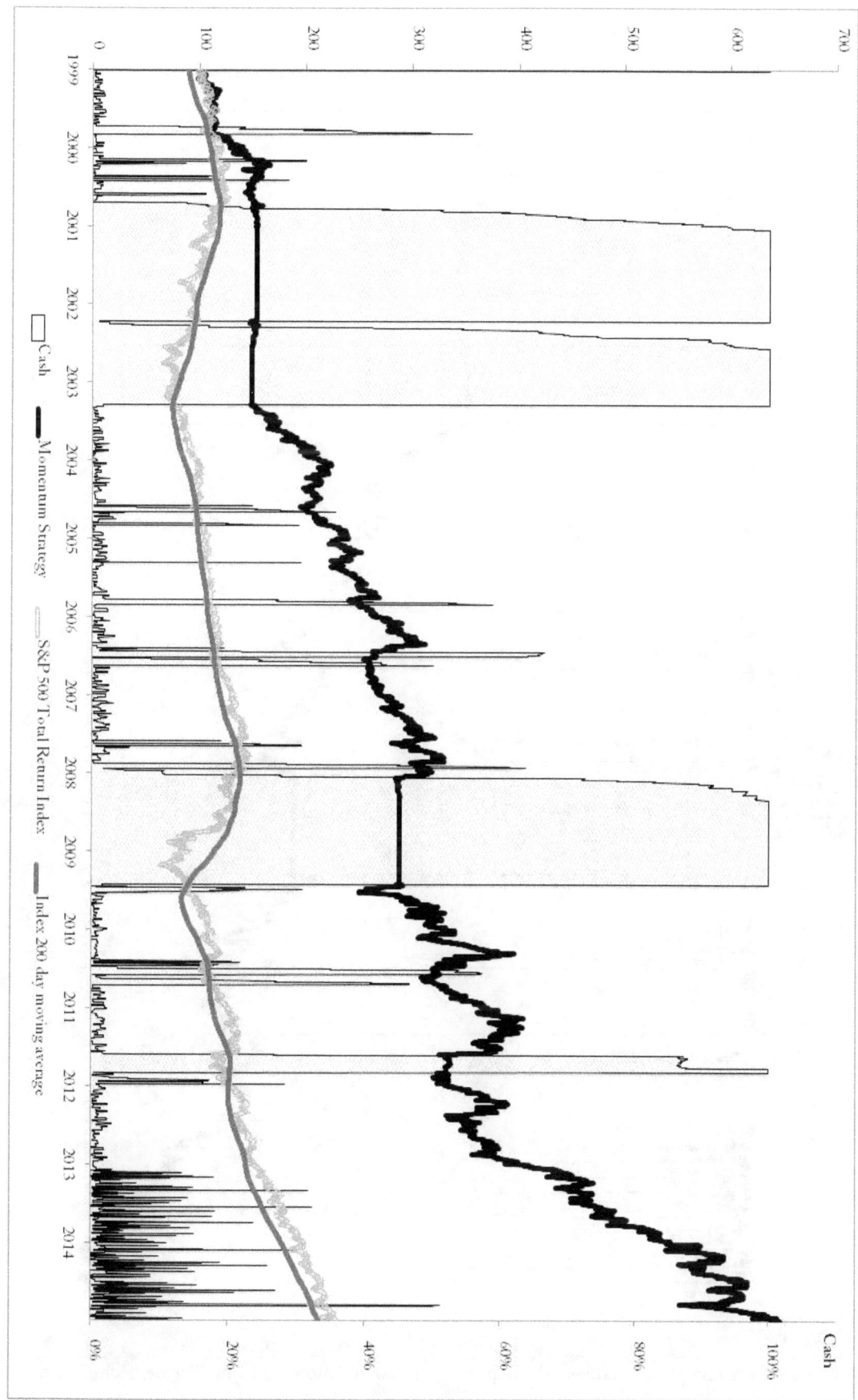

Graphe 12.1 Performance de la Stratégie Momentum (*Momentum Strategy*) à Long Terme

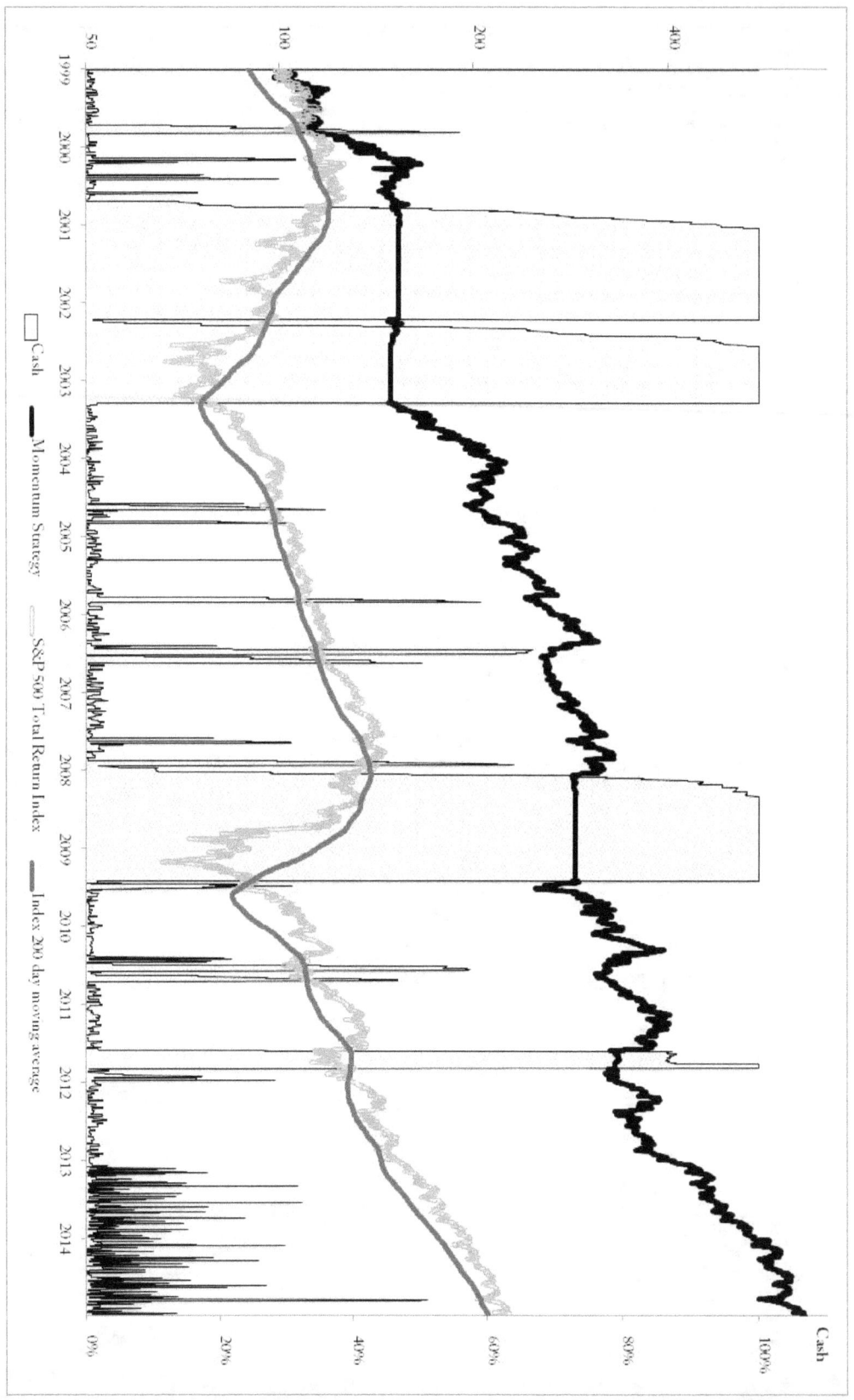

Graphe 12.2 Performance de la Stratégie Momentum (*Momentum Strategy*) à Long Terme, Echelle Log

Nous battons l'indice. Nous le battons même avec une grande marge. Comme vous pouvez le voir, il y a deux types de sur-performances. Celles en phases haussières et celles en phases baissières, qui en termes de performances relatives, sont encore plus prononcées, lorsque le portefeuille est 100% en espèces.

Quels sont donc les résultats ?

Tableau 12.1 Résultats Stratégie Momentum

	Stratégie Momentum	S&P 500 Rendement Total
Rendement Annualisé	12.3%	5.2%
Perte maximale	-24%	-55%

Comme vous pouvez le voir dans le tableau 12.1, la stratégie momentum a généré plus de 12 % en moyenne par an sur une période de plus de 16 ans. Si vous pensez que 12 % par an n'est pas beaucoup, réfléchissez encore. Les marchés boursiers dans leur ensemble, n'ont généré que 5 % par an pendant la même période. Si vous avez investi dans des SICAV, ces résultats seront encore plus faibles.

Remettons ces rendements dans leur contexte. Warren Buffett a réussi à générer des rendements incroyables de 22 % par an en moyenne depuis 40 ans, lui permettant ainsi d'accéder au statut de légende. Viser de tels rendements sur de si longues périodes n'est pas réaliste. Il y a seulement un nombre infime de gens, maintenant tous milliardaires, qui ont réussi.

Si vous parvenez à une croissance à deux chiffres pendant un certain temps, vous battrez alors pratiquement tout le monde. Les marchés boursiers dans leur ensemble génèrent seulement entre 5 et 6 % par an en moyenne sur de très longues périodes.

Plus important encore, vous arriverez à 12 % en limitant les mouvements baissiers de moitié. Ces mouvements baissiers correspondent à la perte maximale historique. Le rendement total de l'indice S&P 500 a connu une perte maximale de 55 %. La moitié du capital était partie en fumée à ce moment. Notre approche momentum d'un autre côté a connu une perte maximale que de 24 % sur la même période.

Une autre manière de regarder ces chiffres consiste à réaliser que l'indice a perdu 11 ans de sa performance alors que la stratégie momentum seulement 2. Imaginez si vous commencez cette stratégie au pire moment et combien de temps il vous faudra pour revenir au point de départ.

Le tableau 12.2 montre les performances mensuelles. Il est difficile de se rendre compte d'une stratégie en regardant ces chiffres, donc dans le prochain chapitre, nous irons plus en détails et nous regarderons comment elle s'est comportée année après année.

Tableau 12.2 Performance de la Stratégie Momentum, par mois et années

	Janv.	Fév.	Mars	Avr.	Mai	Juin	Juil.	Août	Sept.	Oct.	Nov.	Déc.	Année
1999	6.3	-5.1	9.8	1.6	-3.1	3.5	-2.5	2.1	-2.6	3.5	7.9	15.2	41
2000	-5.1	14	3.8	-1.6	-1.9	-3.4	-3.4	5.3	4.3	-2.1	0.1	0.6	9.6
2001	-0.7	0	0	0	0	0	0	0	0	0	0	0	-0.7

2002	0	0	-1.1	0.3	-0.2	-0.7	-1.3	0	0	0	0	0	-3
2003	0	0	0	2.1	7.4	0.5	5.5	6.3	-3.2	13.3	3	1.6	41.8
2004	2.8	0.2	-3.5	-3.4	1	4.3	-3.3	-2	4.9	3.7	7.1	1.9	13.7
2005	-3.6	5.9	-2.3	-4.4	2.3	4.8	3.9	0.5	4.5	-6.8	3.4	1.6	9.3
2006	10.1	-1.9	4.2	0.9	-6.5	-4.4	-2.4	0.6	-0.6	1.7	1.2	0.4	2.4
2007	4.4	-0.3	1.6	3.8	3.7	-1.7	0.9	-0.5	5.3	3.6	-5.7	1.5	17.3
2008	-8.6	-0.2	-0.2	0.4	0	0	0	0	0	0	0	0	-8.5
2009	0	0	0	0	0	-7.3	9	4.7	2.7	-5.7	6.5	4.5	14
2010	-5.8	6	9.9	4.2	-8.2	-7.2	0.1	-2.3	4.6	4.6	1.3	5.7	11.7
2011	0.5	7.5	1.1	-0.9	-3.1	-2.7	-1.5	-8.8	-1	-1.3	1.7	-0.5	-9.3
2012	5.6	6	3.3	-2.8	-7.2	2.8	-0.4	1.1	3.3	-0.2	3	3.6	18.9
2013	10	0.3	7.9	-4.1	1.6	0.1	5.1	-2.2	4	5.8	2.6	2.1	37.5
2014	1.9	5.9	-1	-1.7	2.4	5.3	-4.4	4.3	-2	-1.1	6.9	1.3	18.4

13 Revue Année par Année

Lorsque j'ai écrit mon premier livre, *Following the Trend*, qui parle de suivi de tendance sur les marchés à terme, j'ai longtemps débattu afin de savoir comment décrire le travail de gestionnaire de fonds. Simplement montrer des statistiques de simulation avec des graphes de performances à long terme ne reflète pas vraiment la difficulté au quotidien. Souvent, des statistiques alléchantes peuvent rendre une stratégie très prometteuse mais en réalité, elle est très difficile, voire impossible, à exécuter.

Afin d'y remédier, je décidais alors d'écrire un chapitre énorme ou j'expliquais année par année les résultats de la stratégie. Mon intention de départ n'était pas que ce chapitre domine l'ensemble du livre mais c'est ce qui s'est passé. Au final, ce chapitre prenait pratiquement un tiers du livre. Je me demandais si je devais vraiment l'inclure. Personnellement, je trouve que cette partie est de loin la plus importante du livre. C'est le chapitre qui explique les moments difficiles, comme vivre des corrections de 25%, avoir des clients qui retirent leur argent, voir les revenus fondre et se demander si la fin de la compagnie est proche. Ces situations arriveront. Ce n'est qu'après avoir vraiment compris la méthode de transaction et comment elle se comporte dans ces moments difficiles que vous aurez alors la confiance de l'appliquer.

Ma crainte initiale était que les lecteurs pensent que ce chapitre était du pur remplissage. Il s'est en fait avéré que j'avais sous-estimé mes lecteurs. Les commentaires que j'ai reçu le plus étaient de gens qui avaient trouvé ce chapitre très instructif et proche de la réalité.

Tout comme dans mon livre précédent, j'essaierai donc de rendre ce chapitre instructif.

13.1 1999

Nous sommes janvier 1999. L'internet est au centre de l'univers. Les courriers électroniques ouvrent la porte à un nouveau moyen de communication, sans contact humain. Les profits sont pour les perdants. La ruée vers l'or de l'information est en cours et il n'y a pas de temps à perdre avec les anciens concepts désuets de comptabilité.

Dans la folie de la fin des années 90, nous lançons donc notre toute nouvelle stratégie momentum. C'est un moment opportun pour lancer une telle stratégie. Tout du moins en ce qui concerne l'aspect des levées de fonds. Après une décennie incroyable, tout le monde a les poches pleines d'argent. La décennie qui est sur le point de s'achever nous a aussi appris qu'il faut tout simplement acheter les choses qui grimpent. De ne pas s'inquiéter à propos des revenus, des bénéfices et même de la trésorerie. C'est une époque unique. Les fous ont éclairement envahi l'asile et il ne sert à rien de se déguiser en gardien. S'il y avait un moment où personne ne poserait des questions sur une stratégie d'actions momentum, c'était bien à cette époque.

Il serait très difficile de comprendre l'étendue de la folie pour les personnes qui ne transigeaient pas activement à cette époque. Toute action, même avec une association lointaine aux lettres magiques "IT", "internet", "World Wide Web" et "point com" avaient des évaluations irrationnelles, peu importe les projections des revenus de ces compagnies.

Ce qui est clair maintenant mais qui l'était moins à l'époque, est que les places boursières ne comprenaient rien à ces compagnies. La logique qui consistait à acheter des actions extrêmement surévaluées de compagnies qui ne généraient aucun bénéfice était que, si je n'en achète pas, quelqu'un d'autre en achètera. Et qui sait, peut-être y aura-t-il une prise de contrôle imminente par quelqu'un qui voit un potentiel de bénéfices énormes qui doit forcément se trouver quelque part.

Le fait que nous achetions tous des bulbes de tulipes ne venait à l'esprit de personne. Après les faits bien sûr, tout le monde avait des avis différents. C'est en fait une très bonne année pour commencer notre voyage. Tout d'abord parce qu'il y a une forte probabilité que quelqu'un commence une telle stratégie. C'était très logique dans ces conditions de marché. Ensuite, il est très intéressant de voir comment la stratégie gère cette période de transition. La gueule de bois de la fin des années 90 fut assez prononcée et a persisté pendant un certain temps. Au final, c'était un moment rêvé pour tester cette stratégie momentum et pour voir comment elle allait gérer le crash inévitable.

Nous construisons notre portefeuille juste après les fêtes du nouvel an 1998, en passant en revue les critères habituels. L'indice étant au-dessus de sa moyenne mobile à 200 jours nous donne le feu vert. Bien qu'il y ait eu un bref passage à vide en 1998 à cause de la Russie et de quelques prix Nobel, le marché se rattrape rapidement.

Le portefeuille initial est donc construit en générant un tableau semblable a celui décrit dans le chapitre 11 et nous achetons les actions du haut du tableau jusqu'au point où nous n'avons plus d'espèces. Nous obtenons alors les actions ci-dessous.

Tableau 13.1 Portefeuille initial, 1999

Nom	Poids	Secteur
Applied Biosystems Inc	3.7%	Santé
Adobe Systems Inc	2.0%	Technologie de l'information
Autodesk Inc	2.2%	Technologie de l'information
Applied Matériaux Inc	1.9%	Technologie de l'information
Avon Products Inc	2.5%	Consommation de Base
Brunswick Corp	3.2%	Consommation Discrétionnaire
Bank of New York Mellon Corp	3.3%	Financières
Bausch & Lomb Inc	3.9%	Consommation de Base
Coca-Cola Enterprises Inc	2.5%	Consommation de Base
3Com Corp	2.0%	Technologie de l'information
EMC Corp	2.8%	Technologie de l'information
FedEx Corp	3.1%	Industries
Federal Home Loan Mortgage Corp	3.7%	Financières
Corning Inc	3.8%	Technologie de l'information
Gap Inc	2.3%	Consommation Discrétionnaire
IBM	4.5%	Technologie de l'information
Intel Corp	2.9%	Technologie de l'information
Oracle America Inc	2.6%	Technologie de l'information
JPMorgan Chase & Co	2.9%	Financières
Kimberly-Clark Corp	4.4%	Consommation de Base
LSI Corp	1.8%	Technologie de l'information
Mallinckrodt LLC	3.8%	Santé
Motorola Solutions Inc	3.4%	Technologie de l'information
Micron Technology Inc	2.0%	Technologie de l'information
Novell Inc	2.8%	Technologie de l'information
Oracle Corp	1.8%	Technologie de l'information
Charles Schwab Corp	1.8%	Financières
SLM Corp	3.4%	Financières
Solectron Corp	2.7%	Industries
Staples Inc	2.2%	Consommation Discrétionnaire
State Street Corp	4.0%	Financières
Tektronix Inc	2.7%	Technologie de l'information
Texas Instruments Inc	2.8%	Technologie de l'information
United Technologies Corp	3.8%	Industries

Il ne devrait surprendre personne que notre portefeuille initial comporte énormément d'actions technologie. C'était le secteur qui grimpait le plus à l'époque et la plupart des actions du haut de la liste font donc partie de ce groupe. Nous n'avons pas de contraintes quant à l'allocation par secteur. Nous achetons donc les actions du haut de la liste, peu importe à quel secteur elles appartiennent.

On se retrouve alors avec 42 % d'action technologies, 19 % financières, 13 % consommation de base, 10 % industries, 8 % consommation de base et 8% santé. Aucune action ne provient des service aux collectivités, télécom, énergie et matériaux. C'est une constitution bien différente comparée à celle de l'indice.

Il y a un nombre assez important d'actions dans le portefeuille. 34 exactement, ce qui est plus que nécessaire pour la diversification. La raison pour laquelle il y a tant d'actions est due au fait que nous avons affaire à un marché très volatile. La plupart de ses actions proviennent du secteur très volatile des technologies. Et comme expliqué dans le chapitre 8, plus une action est volatile et moins nous en achèteront. C'est une approche communément utilisée parmi les gestionnaires de fonds afin de s'assurer que nous avons une parité de risque sur chaque position au lieu d'avoir une volatilité non quantifiée.

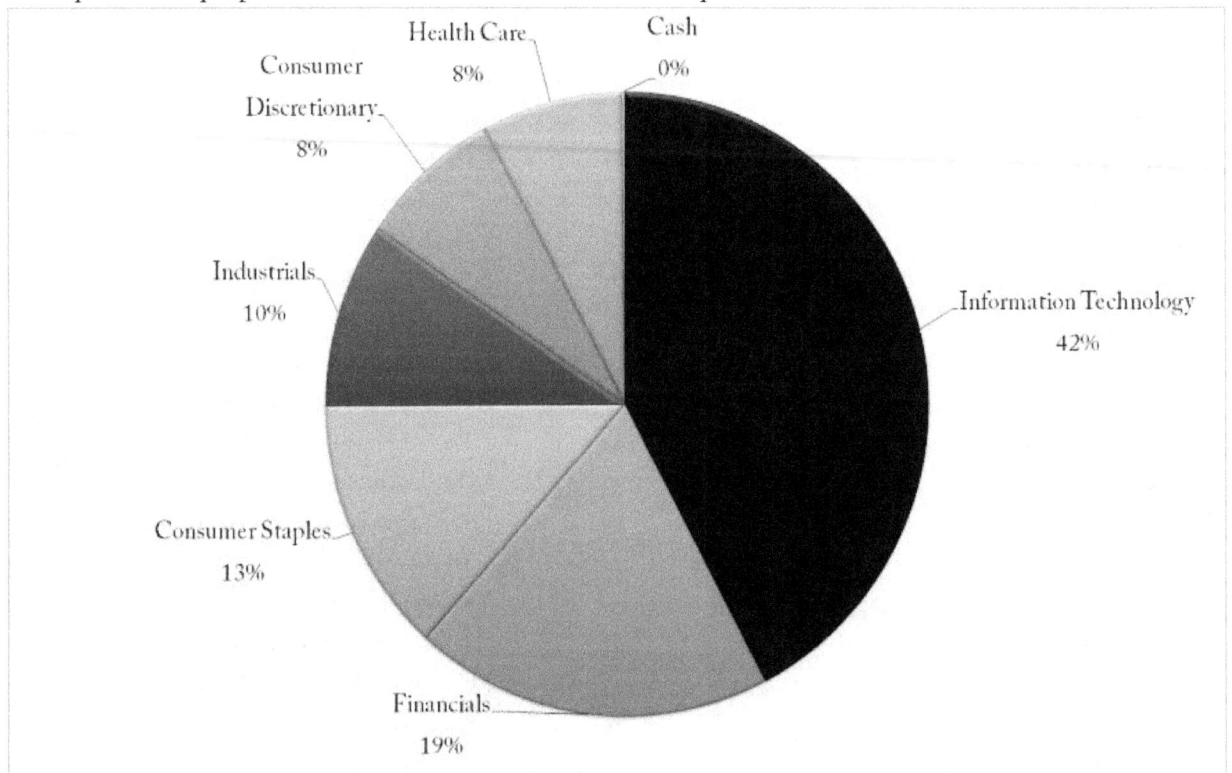

Graphe 13.1 Allocation par Secteur, 1999[3]

Cette année commence doucement. Durant le premier trimestre, les résultats sont très proches de l'indice. Même après une brève période de sous-performance en avril, les résultats continuent à ressembler à celui de l'indice. Ce qui n'était pas un problème puisque l'indice a grimpé la plupart du temps. Même si de battre l'indice est toujours gratifiant, ce qui nous importe au final est le rendement absolu. C'était globalement une année positive même si c'était particulièrement ennuyeux jusqu'en septembre, comparé à la folie des années précédentes.

À partir de septembre, les marchés commencent à effrayer quelques personnes. Il y a eu plusieurs mois sans un moindre plus haut historique, chose inhabituelle. L'indice S&P 500 se traîne en se rapprochant de plus en plus de sa moyenne mobile à 200 jours et c'est en septembre qu'il la traverse.

---

[3] *Consumer Staples* = Consommation de base, *Consumer Discretionary* = Consommation discrétionnaire, *Health Care* = Santé, *Materials* = Matériaux, *Financials* = Financières, *Utilities* = Services aux collectivités, *Information Technology* = Technologies de l'Information, *Industrials* = Industries, *Telecommunication Services* = Services Télécom, *Energy* = Energies

Rappelez-vous qu'un franchissement de la moyenne à long terme ne déclenche rien. Toutefois, lorsque l'indice est en dessous de sa moyenne mobile, nous ne sommes pas autorisés à acheter de nouvelles actions. Les actions qui sont vendues lors du rééquilibrage du portefeuille ne sont pas remplacées. Ce qui explique la position en espèces qui commence à augmenter fin 1999.

Vous pouvez voir sur le graphe 13.2 les espèces qui commencent à s'accumuler en octobre, moment où l'indice plonge en dessous sa moyenne. Le pourcentage en espèces est représenté par la surface grise sur le graphe. Il y a toujours un peu d'espèces dans le portefeuille qui proviennent des arrondis lors des transactions.

Remarquez que lorsque l'indice passe en dessous sa moyenne mobile à long terme en septembre, la position en espèces augmente due au fait que nous ne remplaçons pas les actions vendues lors du dernier rééquilibrage. C'est une caractéristique très importante de cette stratégie qui nous permet automatiquement de réduire nos positions dans des marchés potentiellement baissiers.

Fin octobre, la moitié du portefeuille est en espèces et sa performance égale celle de l'indice. Pas de quoi fanfaronner. Si nous avions lancé cette stratégie au début de 1999, nous l'aurions sans doute rapidement abandonné, ou tout du moins modifiée. Même si elle est profitable, la valeur ajoutée de cette stratégie par rapport à l'indice reste alors discutable.

Cependant, juste avant le début du mois de novembre, quelque chose est en train d'arriver. L'indice repasse au-dessus de sa moyenne mobile, nous permettant ainsi de racheter des actions. C'est d'habitude un moment angoissant. Alors que nous venons juste de clôturer la majorité de nos positions, que les marchés semblent êtres de plus en plus fatigués et que nous sommes faces à un marché potentiellement baissier, nous devons racheter des actions.

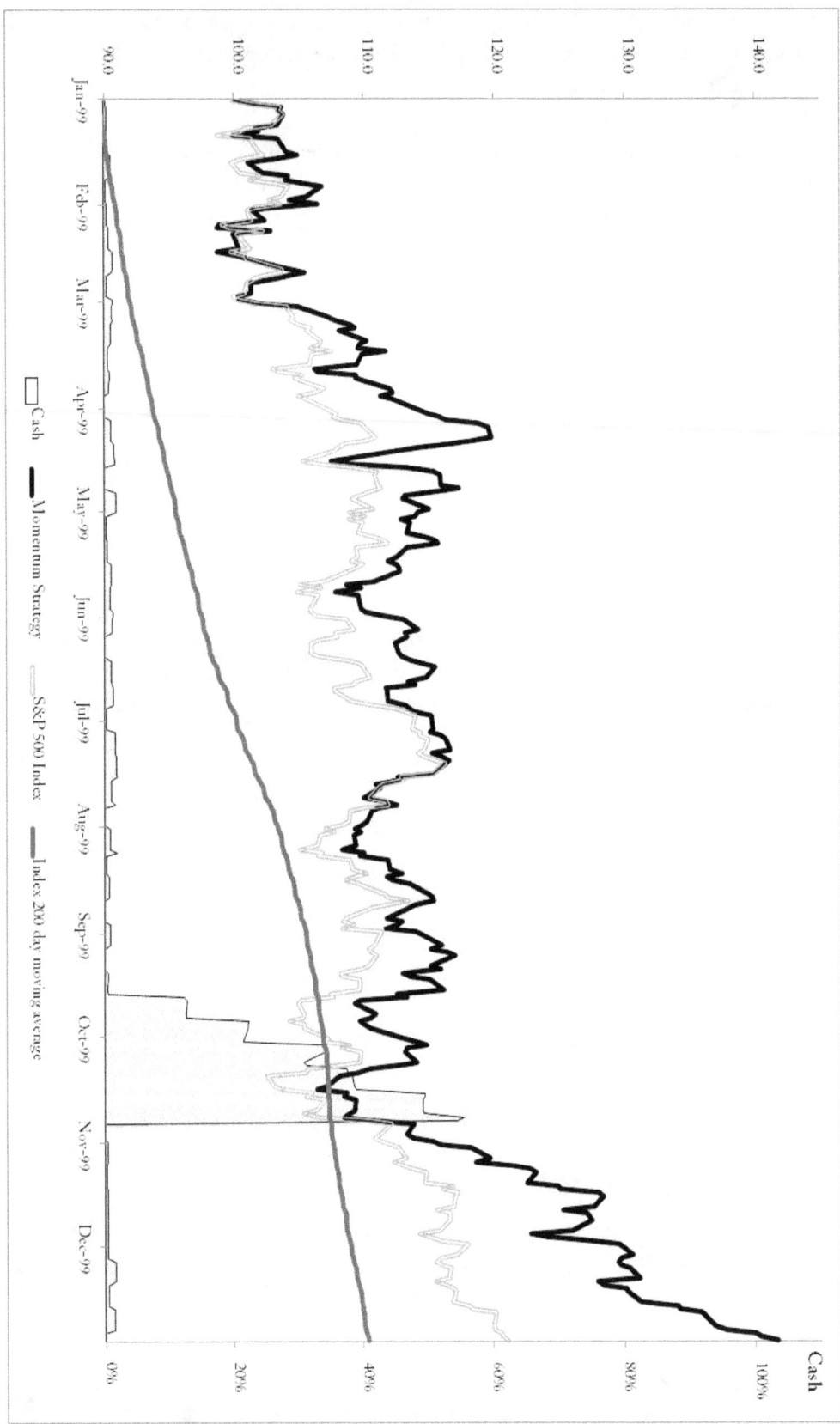

Graphe 13.2 Performance, 1999

Oui, c'est bien ce que nous faisons. Nous générons encore une fois notre liste est achetons à partir du haut tant que nous avons des espèces. Comme notre filtre de tendance passe au vert, nous achetons 19 nouvelles positions à partir du haut de la liste.

Ce nouveau portefeuille décolle alors soudainement. Bien que l'indice se rétablisse et finisse l'année à 20 %, nos actions finissent encore mieux l'année à plus de 40 %. Ceux qui doutaient alors de cette stratégie mi-octobre sont maintenant silencieux.

Il y a plusieurs positions qui ont contribué à cette bonne performance. Tout d'abord Entrasys Networks, illustrée dans le graphe 13.3. C'est le parfait exemple de ce que nous voulons voir. Le prix de l'action a bien progressé pendant quelques mois et est maintenant dans le haut du classement, comme indiqué dans le cadran du milieu du même graphe. Un chiffre faible correspond à un classement momentum élevé. Lors du rééquilibrage du 29 octobre, tous les critères sont au vert et nous achetons cette action à environ $80.50. Cette action n'attend personne et décolle immédiatement. Le prix continue d'accélérer et fait un bond à l'approche des $200 avant de consolider.

Vous vous rappelez du filtre pour les bonds de plus de 15 % ? Dans le processus de rééquilibrage, si une action a fait un bond récent de plus de 15 %, elle sera automatiquement disqualifiée même si ce bond est favorable. Dans ce cas, nous devons vendre cette action au prochain rééquilibrage. Il s'avérera que c'était le meilleur moment pour la vendre. Si seulement toutes les transactions étaient comme ça.

Tableau 13.2 Résultats, 1999

	Stratégie Momentum	Indice S&P 500 Rendement Total
Rendement 1999	41.0%	21.1%
Perte Maximale 1999	-11.1%	-11.8%

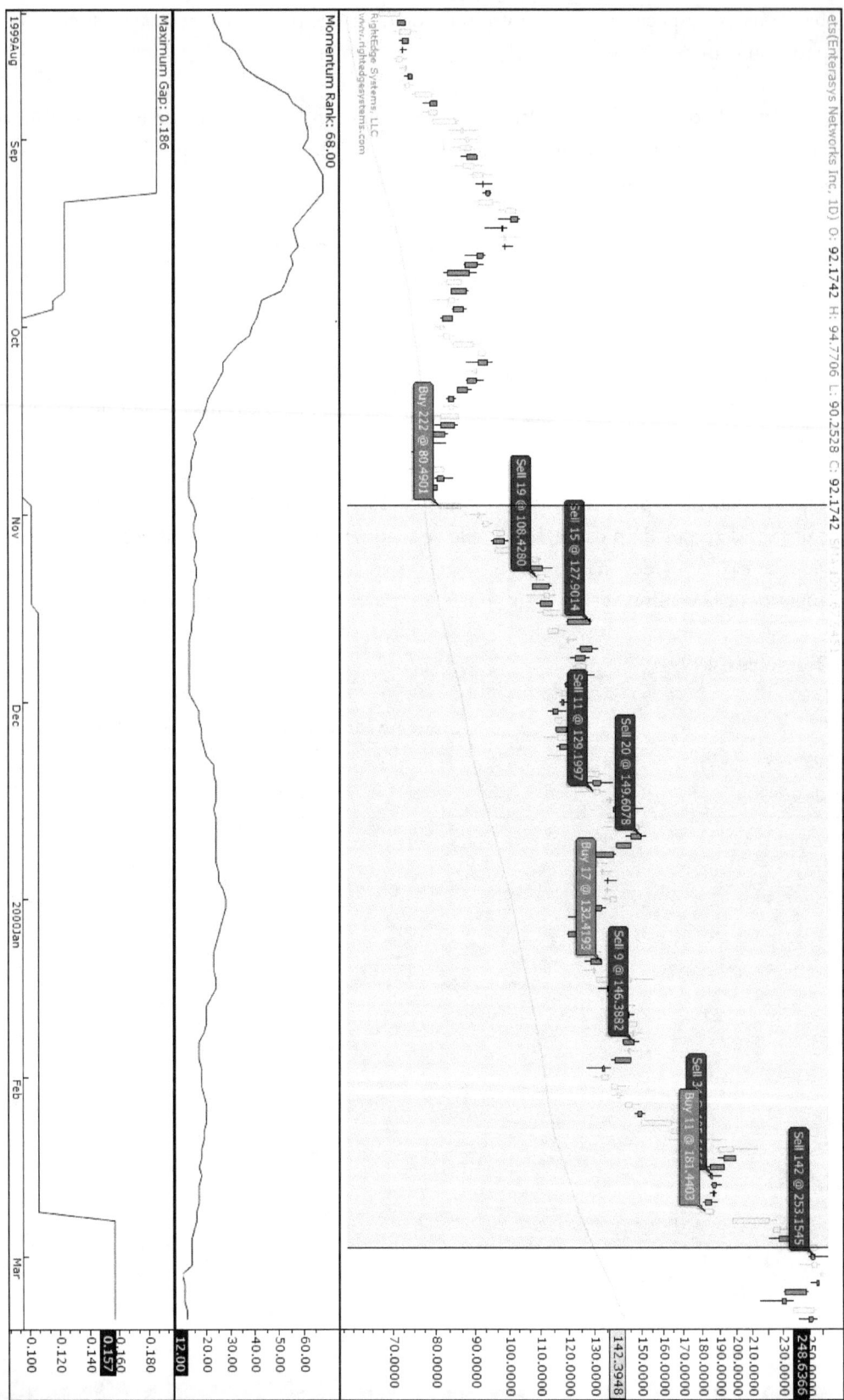

Graphe 13.3 Enterasys Networks (*Buy* = Achat, *Sell* = Vente, *Rank* = Classement, *Gap* = Bond)

13.2   2000

Lorsque l'année 2000 débuta, il n'y avait vraiment pas de signes d'inversion des marchés. Nous avions connu un long marché haussier et il n'y avait pas raison que cela s'arrête. Les indices ralentissaient un peu et se rapprochaient des moyennes mobiles à 200 jours, mais rien de troublant cependant.

Nous commencions donc ce nouveau millénaire le portefeuille complètement chargé en actions. Il était surpondéré en actions technologies, secteur qui représentait la moitié du portefeuille, l'autre moitié étant réparti sur plusieurs secteurs, dont la celui de la santé. Avec le recul, cette allocation sur le secteur technologies semble de mauvaise augure. N'est-ce pas l'année où le portefeuille s'est écrasé ?

Tableau 13.3 Portefeuille initial, 2000

Nom	Poids	Secteur
Apple Inc	1.8%	Technologie de l'information
Applied Biosystems Inc	4.4%	Santé
Adobe Systems Inc	1.6%	Technologie de l'information
Analog Devices Inc	2.4%	Technologie de l'information
Applied Matériaux Inc	2.1%	Technologie de l'information
Amgen Inc	3.1%	Santé
BMC Software Inc	1.8%	Technologie de l'information
Comverse Technology Inc	2.8%	Technologie de l'information
3Com Corp	1.3%	Technologie de l'information
Cisco Systems Inc	2.9%	Technologie de l'information
Dow Jones & Company Inc	3.7%	Financières
EMC Corp	2.8%	Technologie de l'information
Enterasys Networks Inc	1.6%	Technologie de l'information
General Instrument Corp	2.5%	Technologie de l'information
Corning Inc	2.6%	Technologie de l'information
Home Depot Inc	4.1%	Consommation Discrétionnaire
Oracle America Inc	2.3%	Technologie de l'information
KLA-Tencor Corp	2.0%	Technologie de l'information
Lehman Brothers Holdings Inc	3.0%	Financières
Molex Inc	2.4%	Technologie de l'information
Morgan Stanley	3.6%	Financières
Motorola Solutions Inc	2.5%	Technologie de l'information
Nortel Networks Corp	2.3%	Technologie de l'information
Nextel Communications Inc	1.6%	Services Télécommunications
Oracle Corp	2.1%	Technologie de l'information
Paychex Inc	1.9%	Technologie de l'information
Procter & Gamble Co	3.9%	Consommation de Base
PerkinElmer Inc	3.0%	Santé
Qualcomm Inc	2.5%	Technologie de l'information

Sprint Corp	3.2% Services Télécommunications
Solectron Corp	2.8% Industries
Sysco Corp	3.8% Consommation de Base
Tenet Healthcare Corp	2.6% Santé
Time Warner Inc	1.6% Consommation Discrétionnaire
Texas Instruments Inc	2.1% Technologie de l'information
Warner-Lambert Company LLC	3.1% Santé
Wal-Mart Stores Inc	3.1% Consommation de Base
Xilinx Inc	1.6% Technologie de l'information

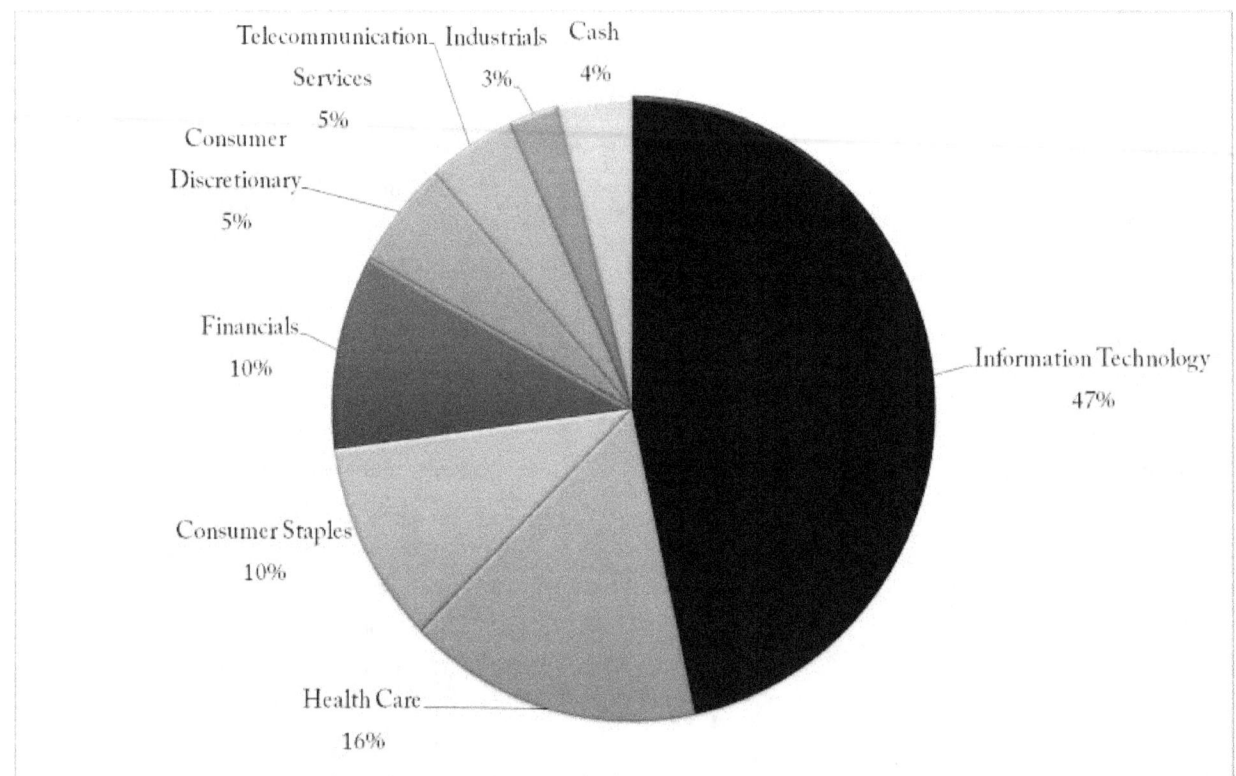

Graphe 13.4 Allocation secteur initial, 2000[4]

L'année commença avec une volatilité assez inquiétante. Dans les trois premiers jours, l'indice S&P 500 perdit pratiquement 7 % et notre stratégie momentum 8 %. C'est assez impressionnant et si vous lanciez cette stratégie cette année au lieu de l'année d'avant, vous seriez pardonnés au cas où vous décidiez d'abandonner dès la première semaine. Ne sous-estimez pas l'importance de ces corrections. Il est très facile de regarder une simulation de 15 ans et de se dire que ces petites corrections ne sont pas très importantes. C'est une toute autre expérience que de vivre ces corrections et d'encaisser des pertes. Lorsque vous êtes au milieu de la tempête, vous n'avez aucune idée du dénouement de la fin. Une perte de 8 % en trois jours peut se transformer en 16 % en 5 jours. Ou peut-être plus la semaine d'après. Le problème est que ce genre de situation arrive bien plus souvent que vous ne le pensiez.

---

[4] *Consumer Staples* = Consommation de base, *Consumer Discretionary* = Consommation discrétionnaire, *Health Care* = Santé, *Materials* = Matériaux, *Financials* = Financières, *Utilities* = Services aux collectivités, *Information Technology* = Technologies de l'Information, *Industrials* = Industries, *Telecommunication Services* = Services Télécom, *Energy* = Energies

C'est pourquoi ce chapitre est inclus dans ce livre. L'idée est de vous montrer ces situations et de vous y préparer. Ayant perdu 8 % après ces premiers 3 jours, beaucoup d'entre nous seraient tentés de modifier les règles ou de tout abandonner.

Dans ce cas, la situation s'améliora. La volatilité du portefeuille pendant les deux premières semaines était énorme et nous étions de retour à la case départ. Les conditions chaotiques du marché persistèrent pendant plusieurs semaines et impactèrent nos résultats. En février cependant, la stratégie momentum décolla vraiment.

Plusieurs actions commencèrent à grimper rapidement, accumulant ainsi des profits. À la fin du premier trimestre, le portefeuille générait un peu plus de 15 % sur l'année. Une telle performance en si peu de temps vous amène à spéculer sur la suite des événements. Peut-être pouvons-nous espérer finir l'année à 75 %. Non, ce n'est pas une erreur de frappe. Ce n'est pas 45 % mais bien 75 %, comme un 1,15 à la puissance 4. C'est très improbable que l'année se terminera de la sorte et mieux vaut se préparer à garder les pieds sur terre.

Comme nous pouvons le voir dans le graphe 13.5, ces brillants résultats n'ont pas duré. Comme le secteur des technologies commençait à dégringoler et que les marchés soudainement finirent par s'inquiéter des concepts oubliés tels que "bénéfices", notre portefeuille en ressentit les effets. Déjà en avril, nous visitions la case départ.

Remarquez comment notre position en espèces augmente à partir de mars. En mai, nous avions liquidé 30 % de notre portefeuille. Les actions commencèrent à chuter dans tous les secteurs et d'un coup, il y avait moins en moins de candidats à l'achat. La plupart d'entre elles étaient sous leur moyenne mobile à 100 jours, alors que d'autres faisaient des bonds de plus de 15%, les disqualifiant.

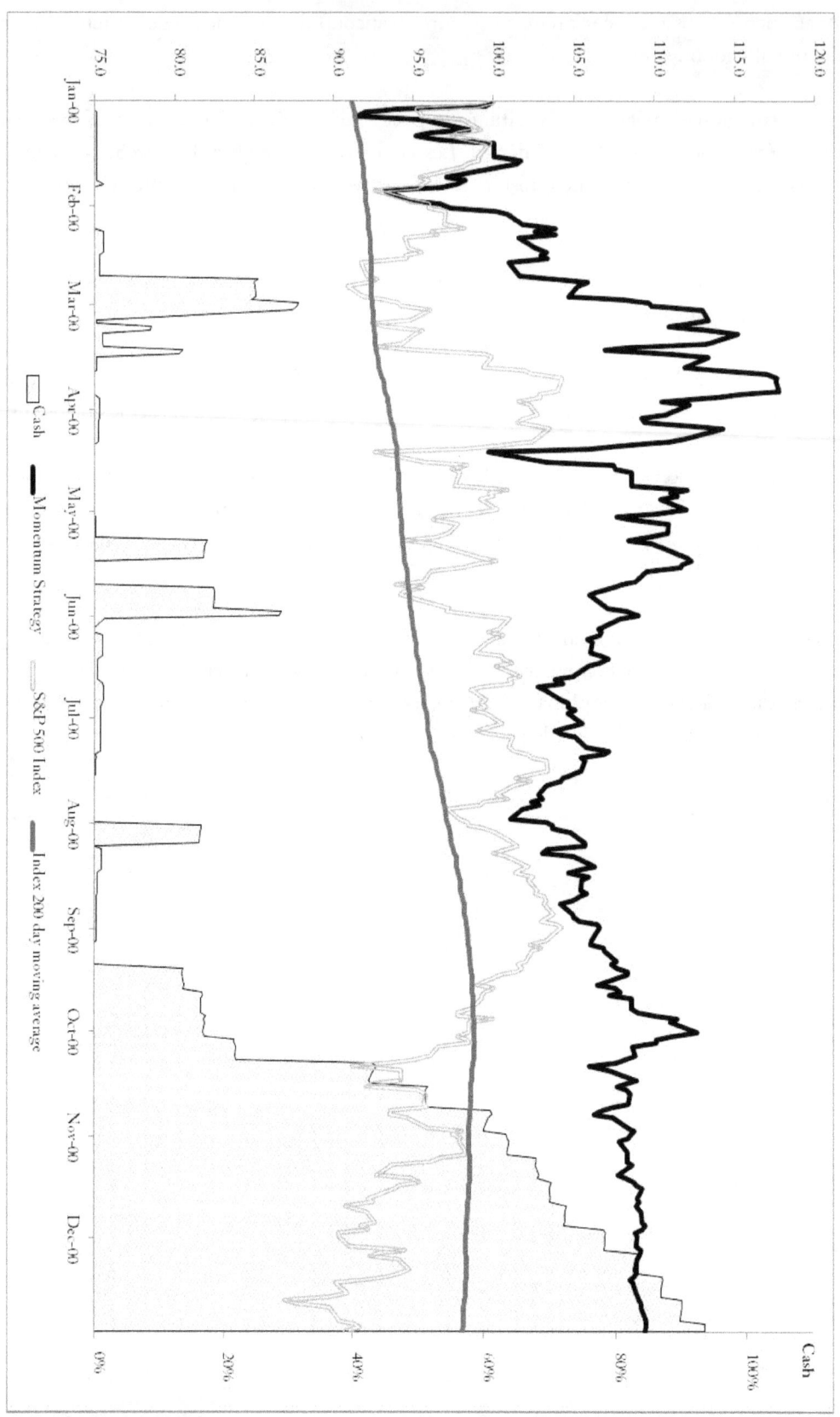

Graphe 13.5 Performance, 2000

Le marché se déplaçait de façon latérale pour le reste de l'année. Nous reconstruisions un portefeuille début de l'été lorsque l'indice se redressait et qu'il y avait des actions disponibles à l'achat. Cette fois cependant, l'allocation par secteur était très différente. Au début de l'année, les actions technologies dominaient le classement de la liste. Mi-2000, ces mêmes actions chutaient lourdement pour laisser la place à des compagnies plus traditionnelles, sans générer de profits pour autant.

La constitution du portefeuille à cette époque était assez équilibrée, avec une faible part pour les technologies. Consommation de base, énergies, industriels, financières et matériaux étaient tous représentées. C'est aussi la raison pour laquelle la stratégie surperformait cette année.

Les marchés commencèrent à chuter rapidement fin 2000, mené principalement par le secteur des technologies. Puisque nous n'avions pratiquement aucune exposition à ce secteur, nous n'avons pas connu la même perte que l'indice. Nous n'avons rien gagné non plus.

À chaque rééquilibrage, des actions quittaient le portefeuille. Puisque l'indice était dans une tendance baissière, aucun rachat n'était effectué et notre position en espèces augmentait. À la fin de l'année, nous n'étions pratiquement qu'en espèces.

Après une année très difficile, nous finissions dans le vert avec un rendement de pratiquement 10 % alors que l'indice perdait lui environ le même pourcentage. Même si 10% peut paraître peu, c'est quand même un résultat plus que respectable, particulièrement dans ce contexte difficile. Rappelez-vous que nous utilisons l'indice S&P 500 comme référence de base. La plupart des gens à cette époque continuaient à s'accrocher à leurs actions technologies, engendrant ainsi des pertes bien supérieures à 10 %.

La transaction Motorola dans le graphe 13.6 montre comment nous sommes entrés sur cette action après qu'elle ait grimpé fortement fin 1999. Nous achetions cette action en décembre 1999 et tout allait bien pendant quelques mois. Comme l'action commençait à chuter en mars, nous la gardions jusqu'au moment où elle passa en dessous de sa moyenne mobile à 100 jours. Ce fut alors le signal de vente et nous nous en débarrassions. Il s'avéra que nous étions chanceux puisqu'elle chuta lourdement quelques jours plus tard.

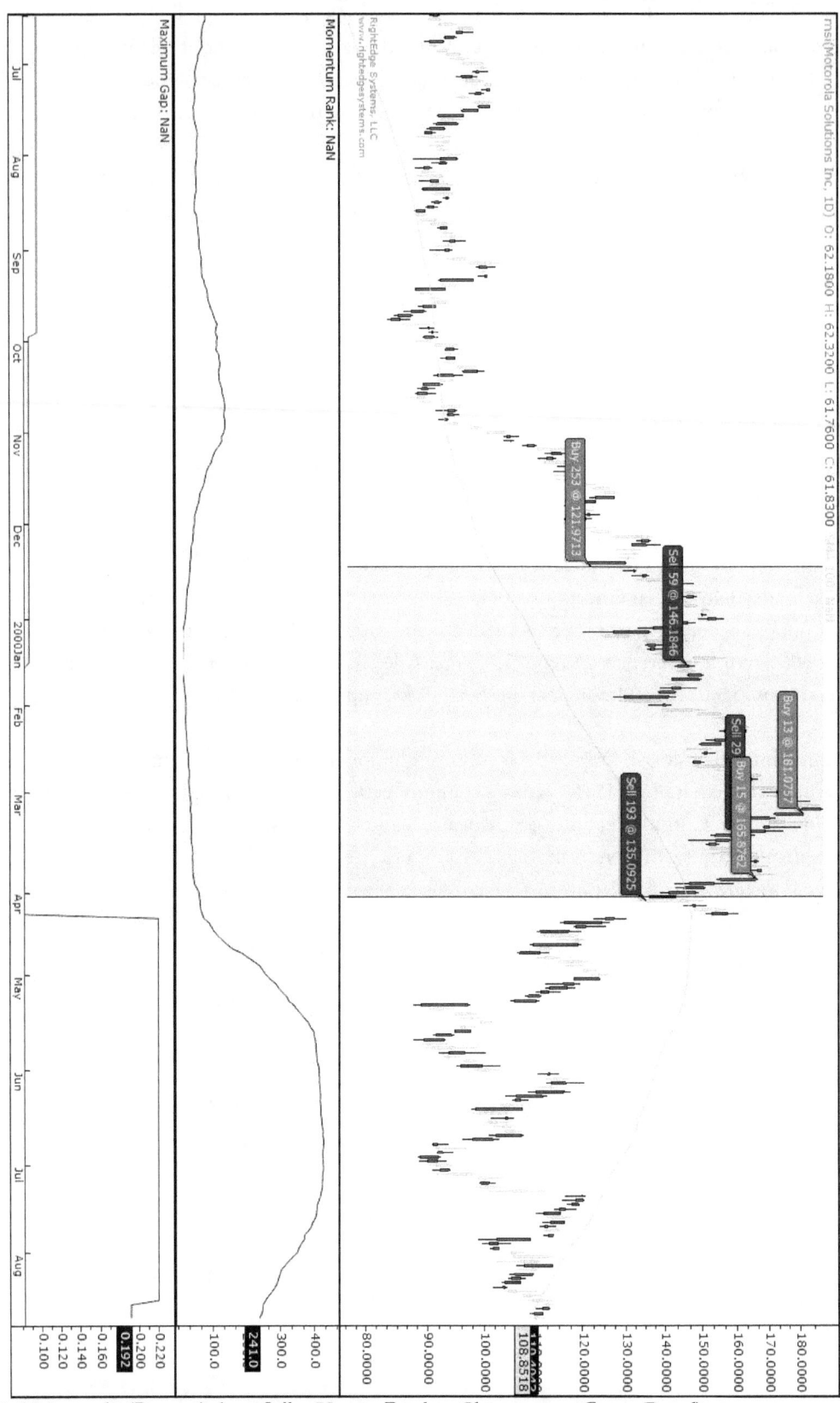

Graphe 13.6 Motorola (*Buy* = Achat, *Sell* = Vente, *Rank* = Classement, *Gap* = Bond)

Si vous regardez de plus près le classement momentum dans le cadran du milieu, vous verrez que l'action a touché un niveau critique au même moment où elle chutait en dessous sa moyenne mobile. Donc dans ce cas particulier, nous aurions liquidé notre position d'une manière ou d'une autre. Ce qu'on commençait à regretter quelques jours plus tard. Le prix surgit à la hausse pour finir au-dessus de sa moyenne mobile. Et puis, alors que vous étiez en train de vous taper la tête sur votre clavier pour l'avoir vendu trop tôt, l'action faisait une chute surprise de 22 %.

Vous n'achèterez et ne vendrez jamais au meilleur moment. La bonne nouvelle cependant est que vous pouvez vous en passer. Une stratégie momentum comme celle-ci fonctionne bien sans avoir à minuter les transactions.

Nous sommes pratiquement maintenant qu'en espèces mais nous avons une longueur d'avance sur l'indice depuis le début de 1999. Le tableau 13.7 montre le développement de notre stratégie momentum comparé au rendement total du S&P 500 depuis le début. Même si nous avons eu une année lente, tout va bien jusqu'à maintenant.

Tableau 13.4 Résultats, 2000

	Stratégie Momentum	Indice S&P 500 Rendement Total
Rendement 2000	9.6%	-8.1%
Perte Maximale 2000	-15.4%	-16.6%
Rendement Annualisé depuis1999	24.3%	5.4%
Perte Maximale depuis 1999	-15.4%	-16.6%

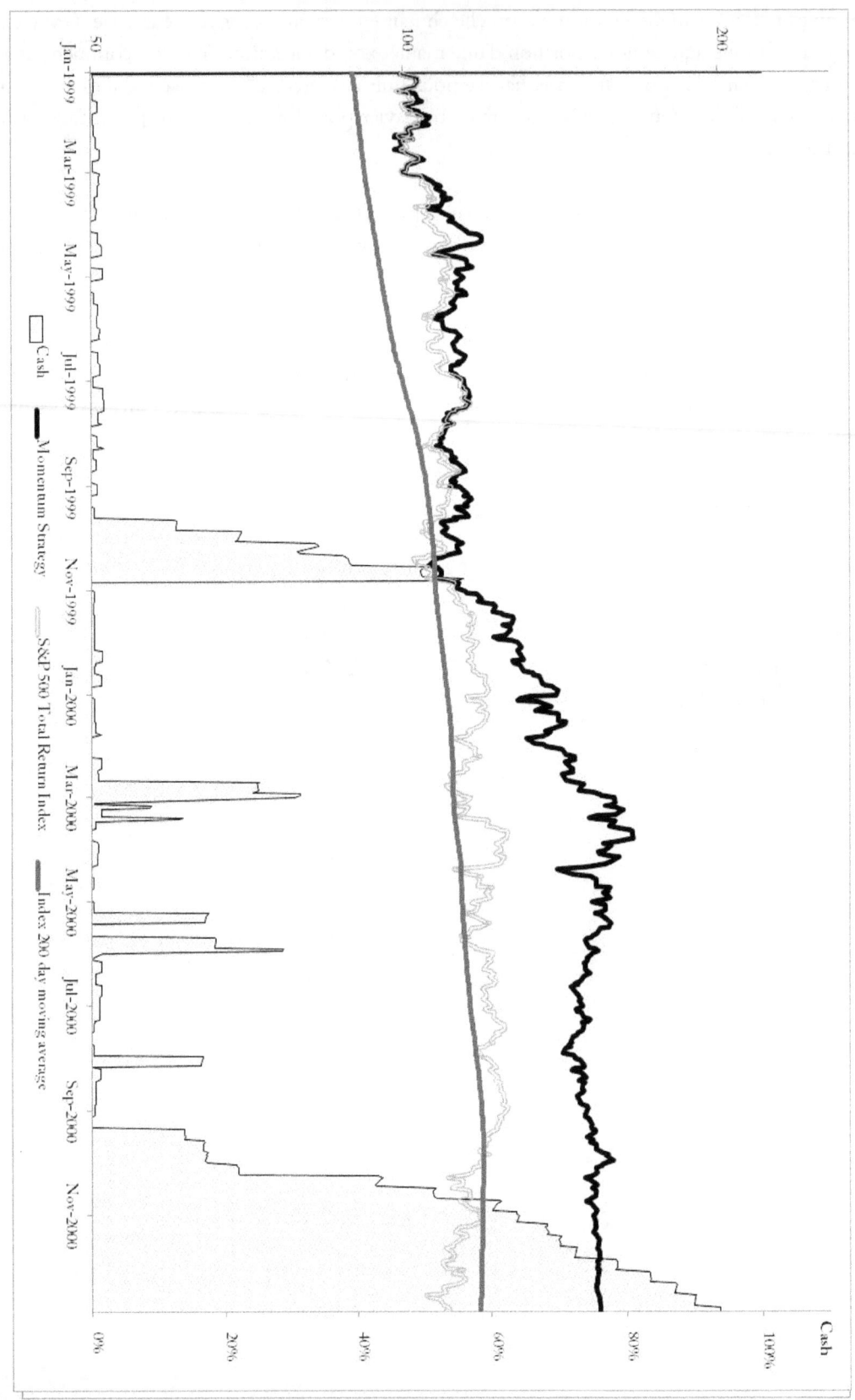

Graphe 13.5 Performance de 1999 à 2000

13.3　　　2001

Nous entamons l'année 2001 avec seulement deux actions dans le portefeuille. Deux braves soldats qui ont survécu le massacre de l'année dernière. Même si United Health Group et Entergy Corp sont les seuls à avoir célébré les fêtes de fin d'année, ces deux compagnies seront vendues seulement après deux semaines. Après ça, finies les transactions pour l'année.

Tableau 13.5 Portefeuille initial, 2001

Nom	Poids	Secteur
UnitedHealth Group Inc	3.1%	Santé
Entergy Corp	3.3%	Services aux collectivités

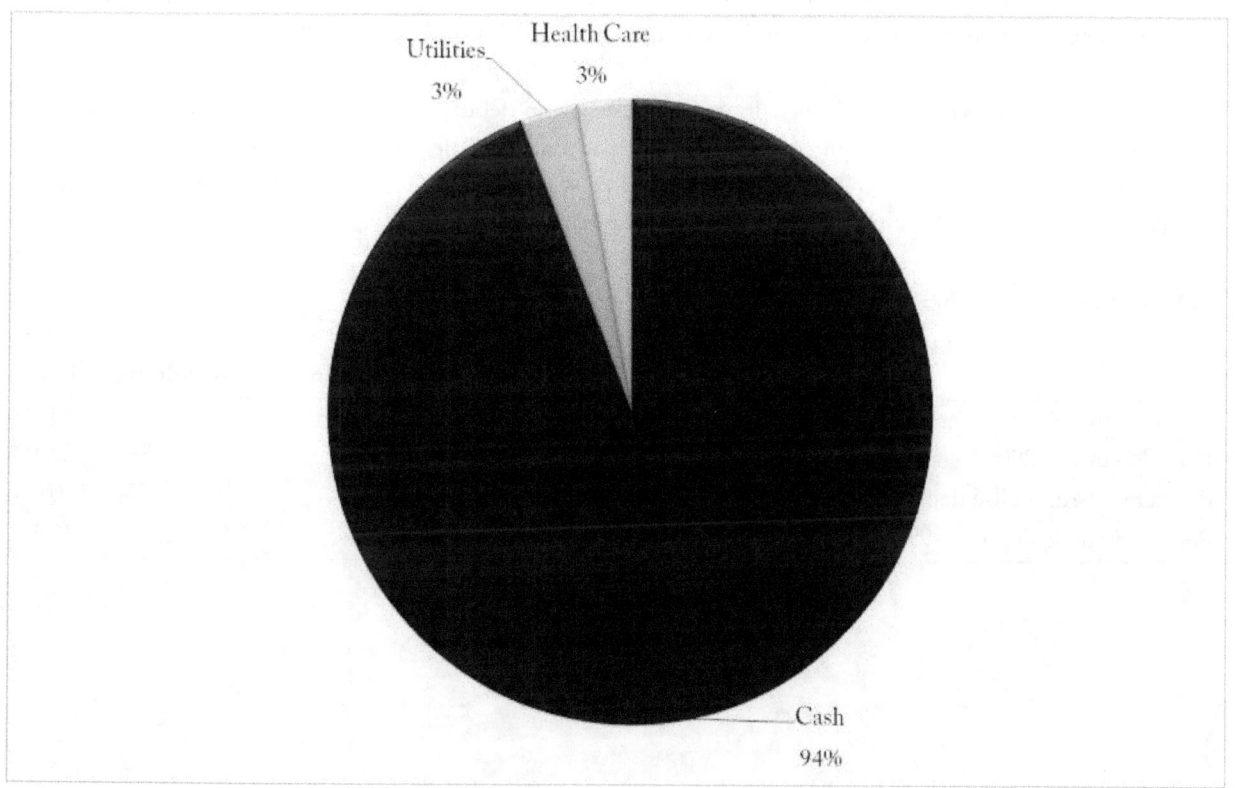

Graphe 13.8 Allocation initiale par secteurs, 2001[5]

Alors que cette année fut dramatique pour la plupart des gens, notre stratégie a quant à elle, connu une année très ennuyeuse. Nous avons subi une perte de moins de 1 % en janvier avant que nous liquidions nos deux positions et de rester en espèces jusqu'à la fin. Encore une fois, ce genre de situation est moins facile à vivre qu'il n'y paraît. Avec le recul, il paraît évident de n'avoir aucune position en 2001. En réalité, la plupart des gens auraient été très tentés de passer des ordres. Il serait légitime de poser la question pourquoi ne pas vendre à découvert dans ces conditions ? Une sorte de stratégie momentum inversée. La réponse est simple.

---

[5] *Consumer Staples* = Consommation de base, *Consumer Discretionary* = Consommation discrétionnaire, *Health Care* = Santé, *Materials* = Matériaux, *Financials* = Financières, *Utilities* = Services aux collectivités, *Information Technology* = Technologies de l'Information, *Industrials* = Industries, *Telecommunication Services* = Services Télécom, *Energy* = Energies

Une telle stratégie a très peu de chances de réussite. Vendre à découvert est ce qu'il y a de plus difficile et de dangereux. Très peu de personnes arrivent à vendre à découvert des actions.

Ces actions qui ont chuté fortement le mois dernier peuvent d'un seul coup se retourner et faire un bond énorme. La volatilité a tendance à augmenter dans un marché baissier. Ne soyez pas tenté de transiger des actions dans un tel marché. N'en achetez pas et n'en vendez pas. Votre travail est de survivre cette boucherie et non d'essayer d'en profiter. Faites preuve de patience. Il y aura des moments plus opportuns pour générer des profits.
Si vous cherchez de l'action, vous serez servi. Ceux qui cherchent de l'action sont généralement ceux qui perdent. Apprendre à rester assis tranquillement et ne rien faire est très important pour devenir investisseur professionnel.

Le graphe 13.10 montre une des actions qui a survécu le début 2001. United Heath Group s'est bien comporté dans un marché baissier. Dans le deuxième cadran vous pouvez voir l'indice qui continue de chuter. Très peu d'actions continuent de grimper dans un marché en déclin comme celui-ci.

Et pourtant, elle finit par céder au prochain un rééquilibrage au début de 2001, lorsqu'elle passe en dessous de sa moyenne mobile à 100 jours, qui correspond à notre signal de vente. Puisque l'indice lui-même est déjà en mode baissier, nous ne remplaceront pas cette action et avant la fin janvier, nous ne possédons rien d'autre que des espèces.

Tableau 13.6 Résultats 2001

	Stratégie Momentum	Indice S&P 500 Rendement Total
Rendement 2001	-0.7%	-10.9%
Perte Maximale 2001	-0.8%	-29.1%
Rendement Annualisé depuis1999	15.3%	-0.7%
Perte Maximale depuis 1999	-15.4%	-35.7%

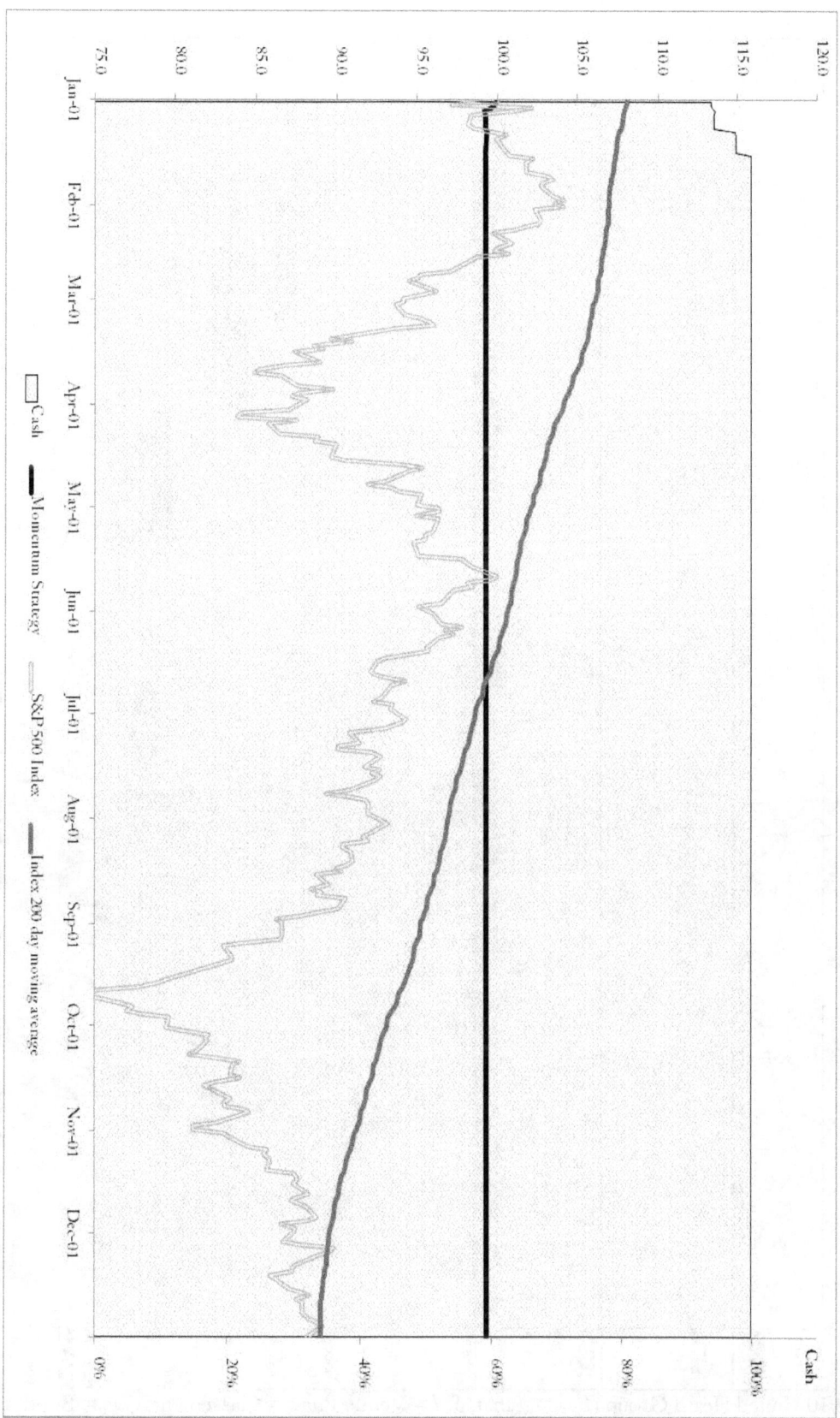

Graphe 13.9 Performance, 2001

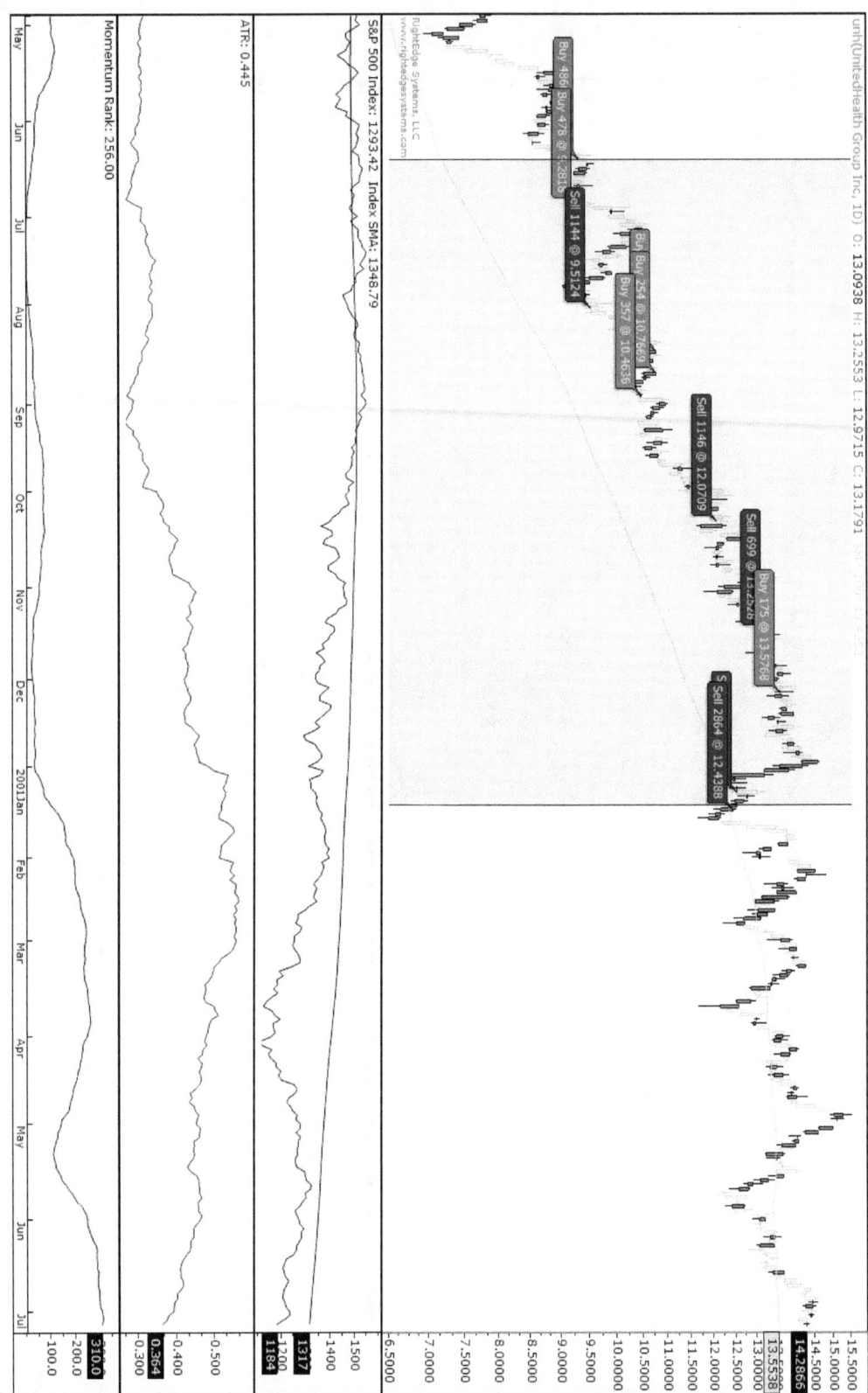

Graphe 13.10 United Heath Group (*Buy* = Achat, *Sell* = Vente, *Rank* = Classement, *Gap* = Bond)

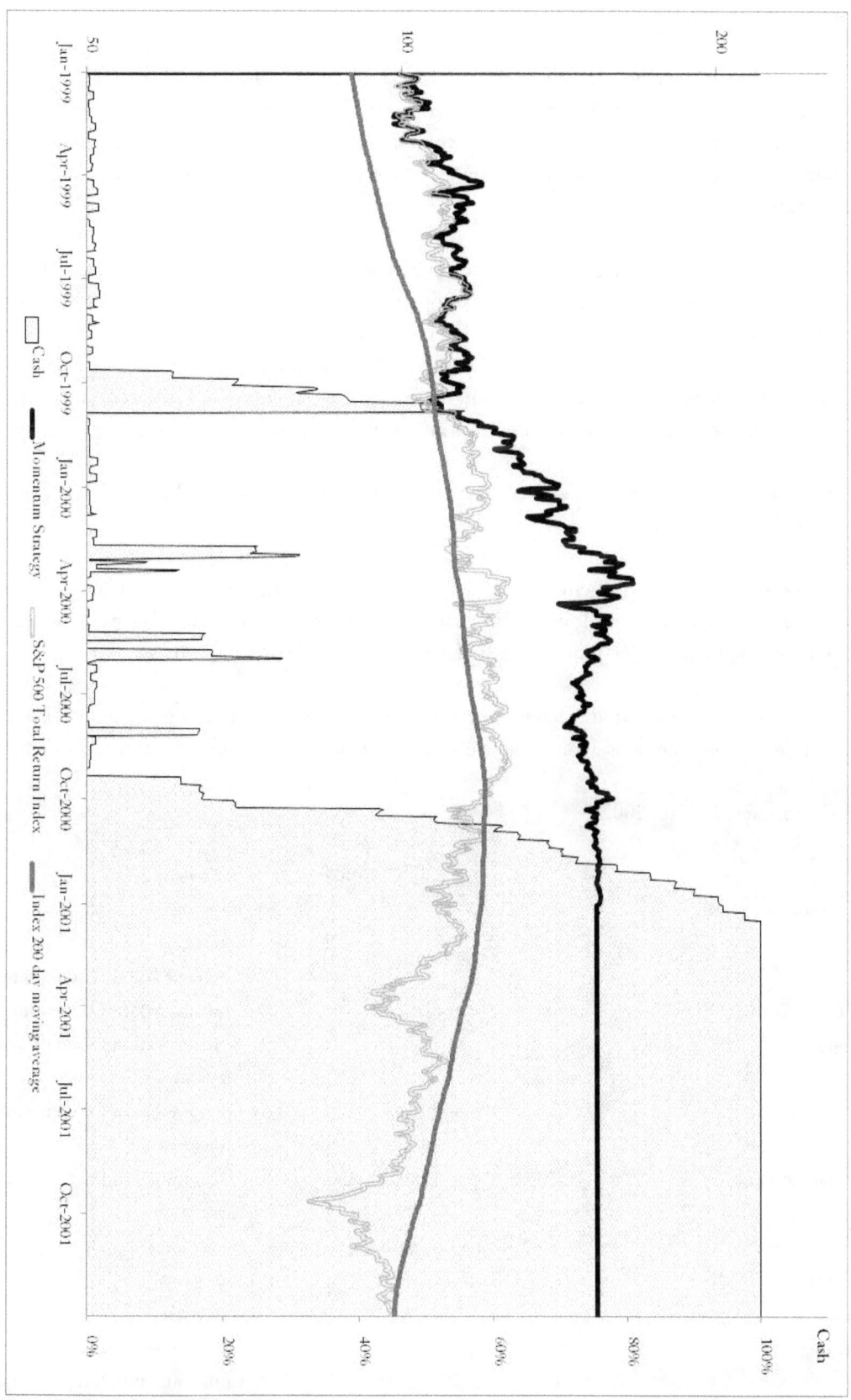

Graphe 13.11 Performance 1999-2001

13.4   2002

Au début de cette année 2002, nous avons exactement zéro action. Le portefeuille est entièrement en espèces. Dans ce contexte, il est important de comprendre que les espèces dans ce type de situation devraient jamais correspondre à de l'argent liquide. C'est juste une expression. Je ne ferais même pas la référence à la mallette pleine de billets attachée à votre poignet. De la même manière, vous ne devriez pas garder votre liquide sur un compte en banque.

Le problème avec le liquide, même gardé sur un compte bancaire, est que la partie qui dépasse la garantie des dépôts n'est pas à l'abri d'une banqueroute. En 2002, peu de personnes pensaient que les banques pouvaient faire banqueroute. Cependant, les événements de la dernière crise financière nous ont prouvé le contraire. Si votre banque ou votre courtier en ligne suivent le même chemin que le dodo, il y a des chances que vous récupériez une bonne partie de vos actions, tout du moins après avoir engagé un bon avocat. Il n'en va pas de même avec votre liquide. Si votre banque ou votre courtier disparaît, vos dépôts non garantis s'évaporent.

Ce que vous devez faire en réalité est de placer vos excès de liquidité sur le marché monétaire voire des bons du Trésor. Faisons preuve de bon sens.

Bien qu'il n'y ait pas eu beaucoup d'activités en 2002, nous avons eu une phase intéressante. Ce n'est pas que nous soyons restés en liquide toute l'année. En mars, l'indice a sorti la tête de l'eau pour se retrouver au-dessus de sa moyenne mobile à 200 jours, nous signalant une nouvelle phase d'achat.

Le tableau ci-dessous ne date pas du début de 2002. Il aurait été vide, donc sans intérêt. Le tableau 13.7 montre la liste des actions que nous avons acheté en mars 2002 lorsque l'indice a commencé à s'améliorer.

Tableau 13.7 Portefeuille Mars 2002

Nom	Poids	Secteur
American Airlines Group Inc	2.5%	Industries
Boeing Co	3.4%	Industries
Brunswick Corp	4.6%	Consommation Discrétionnaire
Black & Decker Corp	4.2%	Consommation Discrétionnaire
Big Lots Inc	3.2%	Consommation Discrétionnaire
Ball Corp	5.2%	Matériaux
Cooper Tire & Rubber Co	3.3%	Consommation Discrétionnaire
Deluxe Corp	5.6%	Industries
Darden Restaurants Inc	2.9%	Consommation Discrétionnaire
Ecolab Inc	5.4%	Matériaux
Golden West Financial Corp	5.0%	Financières
Goodrich Corp	4.3%	Industries
W W Grainger Inc	4.3%	Industries
Nordstrom Inc	3.2%	Consommation Discrétionnaire
KB Home	2.3%	Consommation Discrétionnaire

L Brands Inc	3.1%	Consommation Discrétionnaire
Masco Corp	3.4%	Industries
Mcdermott International Inc	2.4%	Energie
Parker Hannifin Corp	4.1%	Industries
PulteGroup Inc	3.0%	Consommation Discrétionnaire
Ryder System Inc	4.5%	Industries
Rockwell Automation Inc	3.4%	Industries
Siebel Systems Inc	1.7%	Technologie de l'information
Tiffany & Co	3.0%	Consommation Discrétionnaire
T. Rowe Price Group Inc	3.9%	Financières
Sabre Holdings Corp	3.3%	Technologie de l'information
Xerox Corp	2.5%	Technologie de l'information

Le portefeuille était surpondéré en action industriels et consommation de base. Les actions technologies n'avaient toujours pas retrouvé la côte et représentaient seulement 8 % du portefeuille. L'allocation par secteur est plutôt raisonnable étant données les conditions du marché, ni trop agressives ni remplies d'actions de consommation de base ou de services publics.

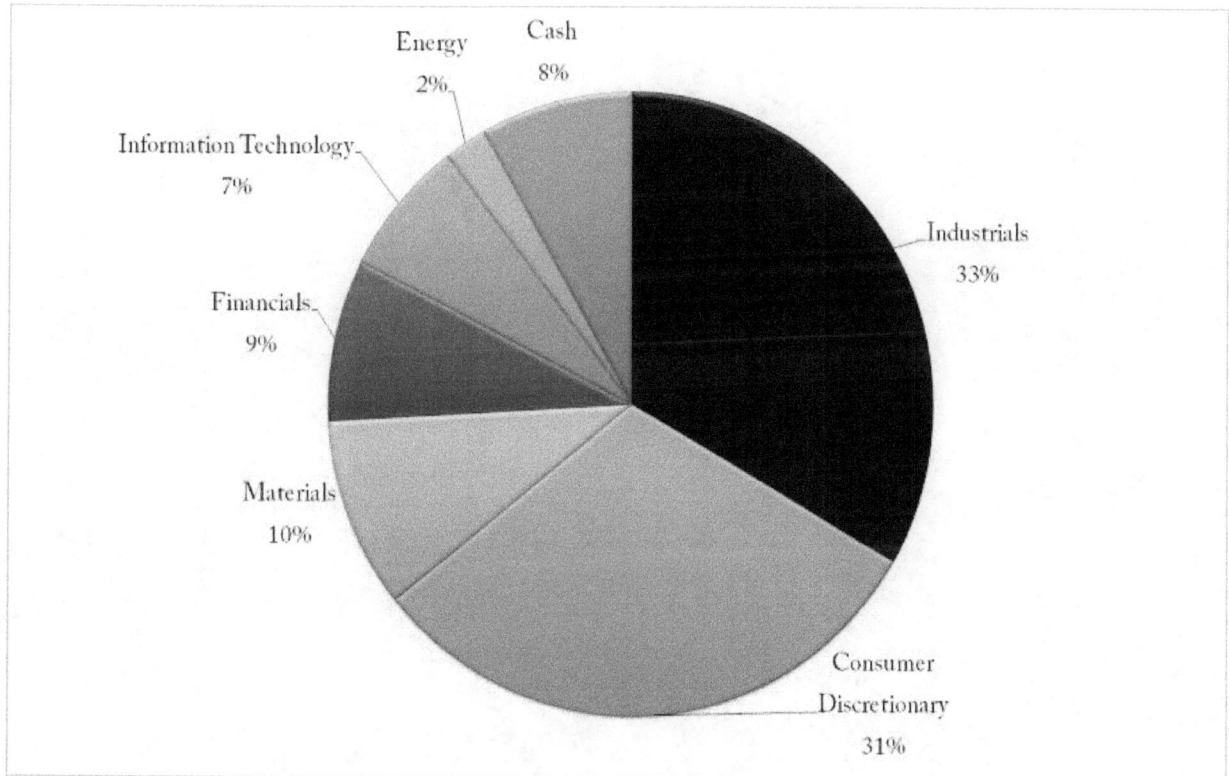

Graphe 13.12 Allocation par secteur, Mars 2002[6]

---

[6] *Consumer Staples* = Consommation de base, *Consumer Discretionary* = Consommation discrétionnaire, *Health Care* = Santé, *Materials* = Matériaux, *Financials* = Financières, *Utilities* = Services aux collectivités, *Information Technology* = Technologies de l'Information, *Industrials* = Industries, *Telecommunication Services* = Services Télécom, *Energy* = Energies

Ce nouveau portefeuille ne fit pas long feu. L'indice ne resta pas au-dessus de sa moyenne mobile. Après seulement quelques semaines, les deux se firent leurs adieux et ne se reverraient pas jusqu'à la fin de l'année.

Ainsi, notre portefeuille réduisait doucement ses positions aux fils des rééquilibrages. Les premières victimes venaient du secteur des technologies même si elles résistèrent vaillamment. Nous continuions à vendre les actions qui passaient en dessous leurs moyennes mobiles ou qui ne remplissaient plus les autres critères. Fin juillet, nous étions de retour à la case 100 % liquide.

La performance sur l'année n'est pas très impressionnante en dépit du fait que nous avions un portefeuille rempli d'actions en plein milieu d'un marché baissier. Au final, nous perdions à peu près 3 % alors que l'indice lui perd 22 %.

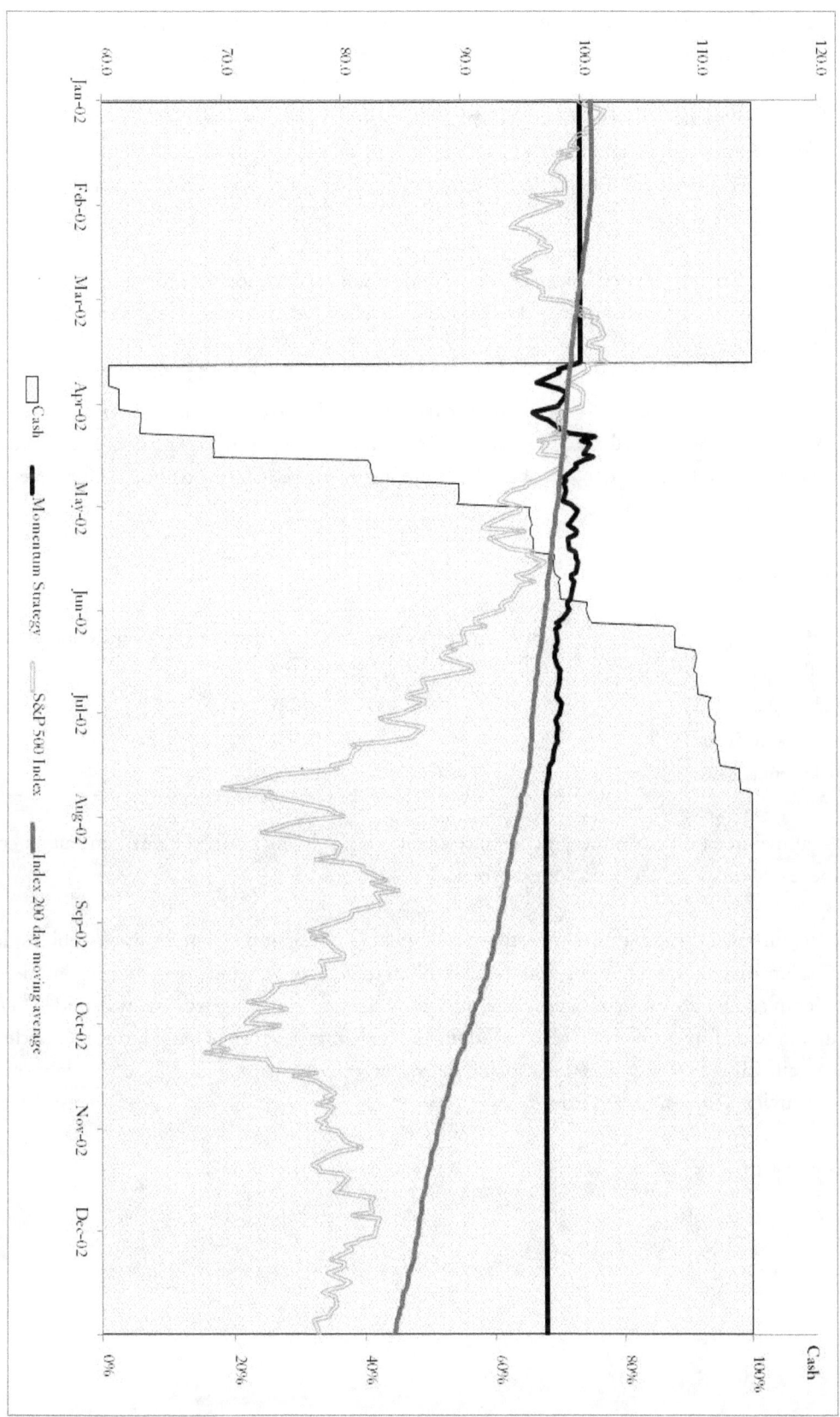

Graphe 13.13 Performance, 2002

Une autre année donc passée à rester assis sur ses deux mains, mais rappelez-vous que par rapport à la plupart des gens, notre performance fut assez bonne. Nous n'avons pas à rougir des quelques points perdus alors que les marchés sont en détresse.

Le graphe 13.14 représente plus ou moins ce qui c'est passé avec toutes les actions achetées en 2002. Le marché baissier commençait à s'améliorer et l'indice, qui se déplaçait latéralement depuis un certain temps, passa au-dessus de sa moyenne mobile à long terme, nous donnant le feu vert pour acheter des actions, ce que nous fîmes.

Les actions, comme Boeing, s'étaient bien rétablies. Nous prenions une position sur cette action en mars, que nous liquidions mi-avril. La phase suivante de liquidation arriva rapidement et pas forcement au bon moment. On ne peut pas toujours gagner.

Après quatre ans, nous avons une courbe de performance assez bizarre, comme vous pouvez le voir dans le graphe 13.15. Tout semble normal au début, en générant rapidement de solides profits et en battant l'indice. Mais une fois que le marché entre dans sa phase baissière, nous liquidons nos positions pour rester en espèces pour pratiquement le reste de l'année.

Tableau 13.8 Résultats 2002

	Stratégie Momentum	Indice S&P 500 Rendement Total
Rendement 2002	-3.0%	-22.1%
Perte Maximale 2002	-4.2%	-33.0%
Rendement Annualisé depuis1999	10.4%	-6.8%
Perte Maximale depuis 1999	-15.4%	-47.4%

Nous avons eu maintenant deux années pendant lesquelles nous avons pratiquement rien fait, si ce n'est que d'être en espèces. Mais quelle est donc cette stratégie ?

Je sais que c'est difficile. La plupart des investisseurs cherchent de l'action et ont les doigts qui les démangent. Vous regardez un marché qui chute et vous voulez plonger soit en achetant des "bonnes affaires", soit en vendant à découvert. Faites-moi confiance quand je vous dis que c'est une très mauvaise idée. Très peu de gens arrivent à faire de l'argent dans de telles conditions. Évidemment, avec le temps tout le monde sait ce qui aurait dû être fait. En réalité, si vous étiez capable de préserver votre capital alors que tout le monde perdait, vous vous retrouviez loin devant la horde.

Ce n'est pas le moment de prendre des risques. Rester assis et soyez tranquille.

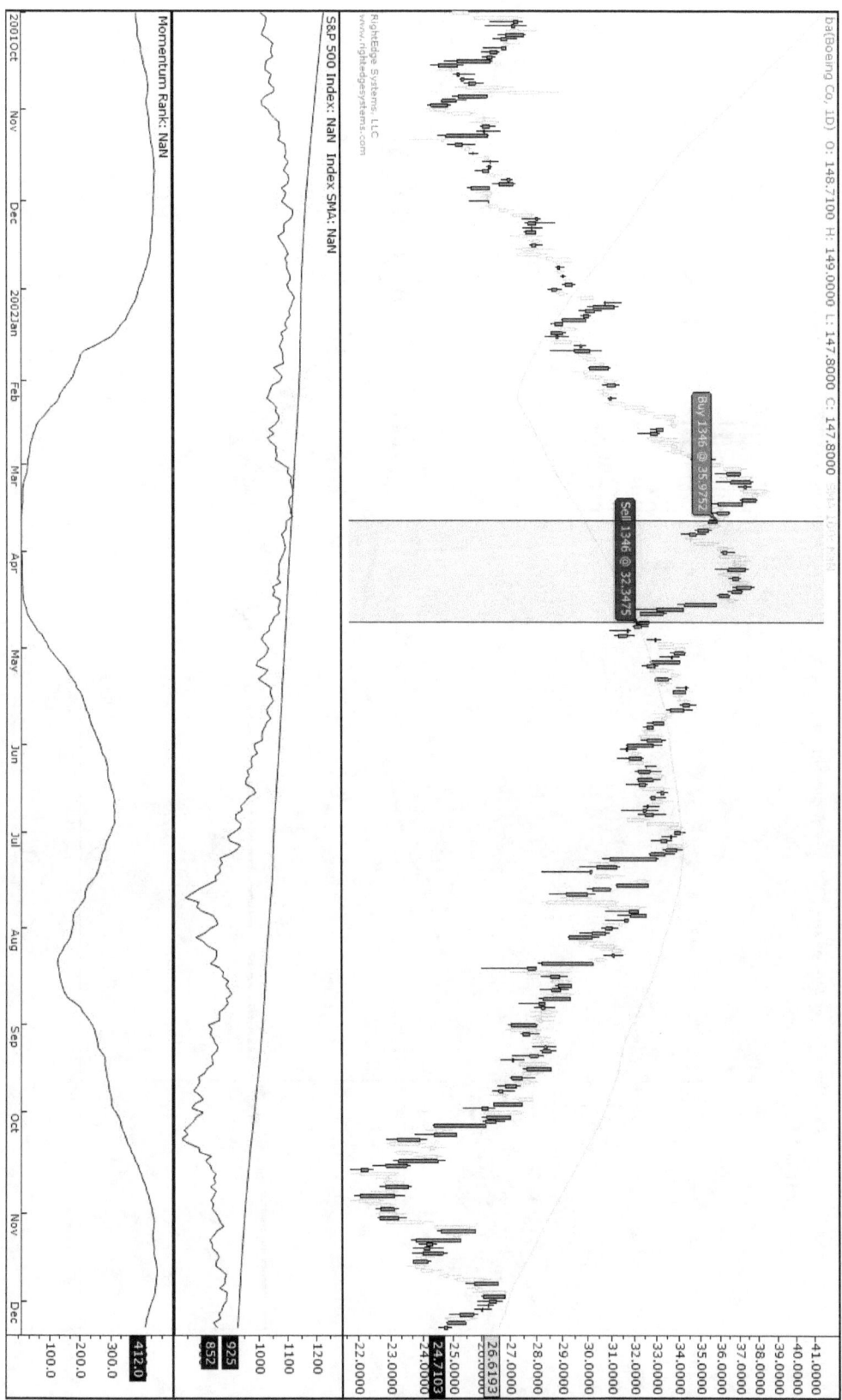

Graphe 13.14 Boeing (*Buy* = Achat, *Sell* = Vente, *Rank* = Classement)

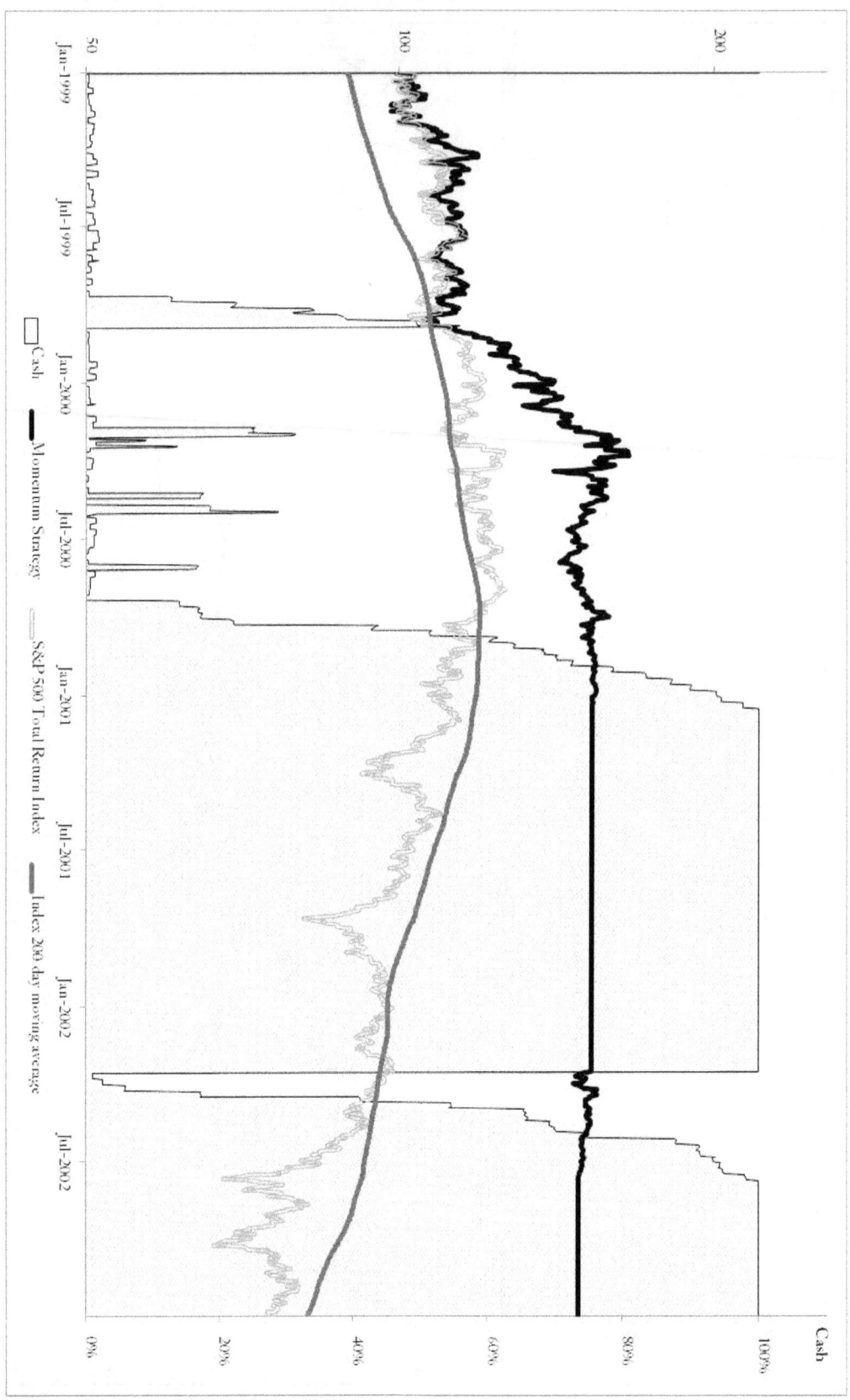

Graphe 13.15 Performance 1999-2002

13.5   2003

Après deux années difficiles comme celles que nous venons de passer, la plupart des investisseurs qui utiliseraient cette stratégie momentum auraient déjà jeter l'éponge. Au mieux, cette stratégie ne nous a pas fait perdre de l'argent, comparé à la plupart des autres. Il existe une autre stratégie qui aurait généré une performance équivalente et qui s'appelle "Restez à l'écart". Pour que nous puissions continuer à utiliser notre stratégie, il serait bon qu'elle génère des profits rapidement. Battre l'indice dans un marché baissier est simple. Nous avons besoin de savoir comment cette stratégie se comporte lorsque les choses s'améliorent.

Au début de 2003, la composition de notre portefeuille ressemble à celle du début de l'année 2002, c'est-à-dire entièrement liquide. Pendant les deux premiers mois, cela semblait idéal. Le marché chutait en effet de 10 % au début du mois de mars. Il se retourna toutefois soudainement pour commencer à générer des profits sans nous. Pas besoin de s'inquiéter, regardons le prix se rapprocher rapidement de sa moyenne mobile. Finalement en avril, l'indice nous donne le feu vert pour commencer à reconstruire notre portefeuille.

Le portefeuille dans le tableau 13.9 montre quelles actions nous avons acheté. C'est globalement un portefeuille assez équilibré avec cependant une surpondération du secteur santé. Bien que sa composition changera au cours de l'année, sa performance sera très intéressante.

Tableau 13.9 Avril 2003 Portefeuille

Nom	Poids	Secteur
Adobe Systems Inc	2.6%	Technologie de l'information
Aetna Inc	3.8%	Santé
Allergan Inc	4.6%	Santé
Amgen Inc	4.6%	Santé
Apollo Education Group Inc	3.8%	Consommation Discrétionnaire
Best Buy Co Inc	2.4%	Consommation Discrétionnaire
Becton Dickinson and Co	4.0%	Santé
Brown-Forman Corp	6.4%	Consommation de Base
Avis Budget Group Inc	3.0%	Industries
eBay Inc	4.6%	Technologie de l'information
Fluor Corp	3.2%	Industries
Guidant LLC	3.2%	Santé
Hasbro Inc	4.2%	Consommation Discrétionnaire
Mattel Inc	4.0%	Consommation Discrétionnaire
Medimmune LLC	2.9%	Santé
Marathon Oil Corp	5.0%	Energie
Nike Inc	3.9%	Consommation Discrétionnaire
Public Service Enterprise Group Inc	5.3%	Services aux collectivités
Progressive Corp	4.7%	Financières
Pall Corp	3.8%	Industries
Reebok International Ltd	4.5%	Consommation Discrétionnaire

Starbucks Corp	3.4% Consommation Discrétionnaire
St. Jude Medical Inc	4.6% Santé
Yahoo! Inc	2.6% Technologie de l'information
Zimmer Holdings Inc	3.7% Santé

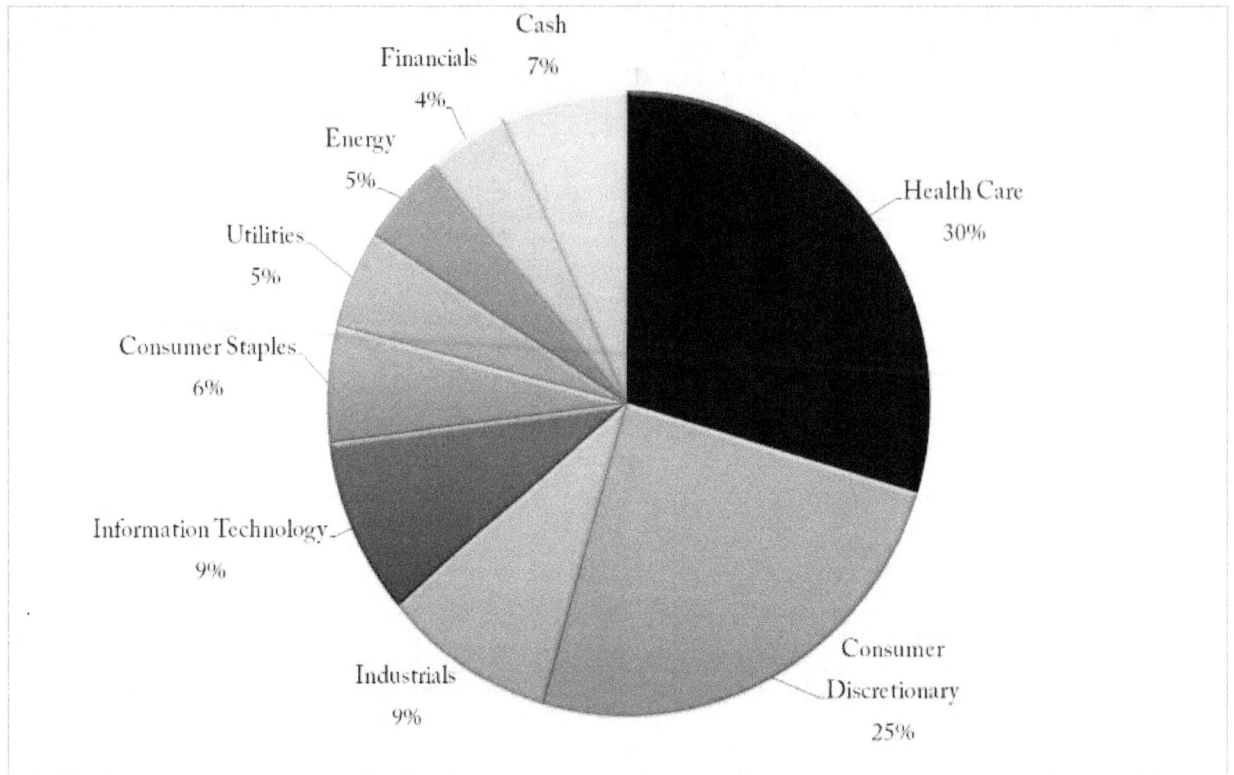

Graphe 13.16 Allocation par secteurs, Avril 2003[7]

À l'inverse de l'année dernière, cette fois l'indice passe au-dessus de sa moyenne mobile pour continuer sur sa lancée. Le croisement se fait à la mi-avril et après ça l'indice ne cesse de voir la différence entre son prix et sa moyenne mobile augmenter. Notre stratégie momentum se comporte assez bien. Au début, elle suit gentiment la performance de l'indice, ce qui n'est pas une mauvaise chose lorsque ce dernier grimpe.

À la fin de l'été, nos actions commencent à accélérer. À ce moment précis, nous avions déjà généré un profit de 20 % sur l'année mais il restait encore de la marge. Un vent d'optimisme enfin soufflait après plusieurs années. Les gens achetèrent des actions jusqu'à épuisement. C'est exactement dans ce type d'environnement que la stratégie momentum excelle.

Notre stratégie générait une performance impressionnante de 42 %, laissant loin derrière l'indice avec un honorable 28 %. Pas mal du tout. Sauf, bien sûr, si vous avez abandonné la stratégie deux ans plus tôt suite à ses médiocres performances.

---

[7] *Consumer Staples* = Consommation de base, *Consumer Discretionary* = Consommation discrétionnaire, *Health Care* = Santé, *Materials* = Matériaux, *Financials* = Financières, *Utilities* = Services aux collectivités, *Information Technology* = Technologies de l'Information, *Industrials* = Industries, *Telecommunication Services* = Services Télécom, *Energy* = Energies

Nous avons finalement marqué des points cette année. Le graphe 13.8 montre ce qui s'est passé après avoir acheté Sanmina en Juin 2003. Elle a alors plus que doublé après avoir été vendue début 2004. Remarquez aussi toutes les transactions en cours de route. Vous devriez avoir l'habitude maintenant. Toutes ces transactions correspondent aux rééquilibrages dus aux changements de volatilité. Ces transactions ont pour objet de maintenir le risque constant au fil de l'eau.

C'est exactement ce genre de transactions que vous voulez voir avec une stratégie momentum. Dans une bonne année, vous en verrez plusieurs d'entre elles.

Fin 2002, notre stratégie momentum ressemblait plus à une stratégie 100 % liquide. Nous avons eu deux années avec une performance pratiquement plate. Après cette année, il apparaît clairement que dans le long terme cette stratégie fonctionne. Sans un ensemble de règles strictes, vous risquez de perdre non seulement dans les marchés baissiers mais aussi dans les périodes de reprises.

Tableau 13.10 Résultats 2003

	Stratégie Momentum	Indice S&P 500 Rendement Total
Rendement 2003	41.8%	28.7%
Perte Maximale 2003	-7.2%	-13.8%
Rendement Annualisé depuis1999	16.1%	-0.6%
Perte Maximale depuis 1999	-15.4%	-47.4%

Nous avons commencé notre stratégie à un très bon moment et nous sommes maintenant dans les bons secteurs, avec les bonnes actions, au début de cette reprise des marchés. Après maintenant cinq ans, nous pouvons montrer une surperformance substantielle par rapport au marché ainsi qu'une performance absolue robuste.

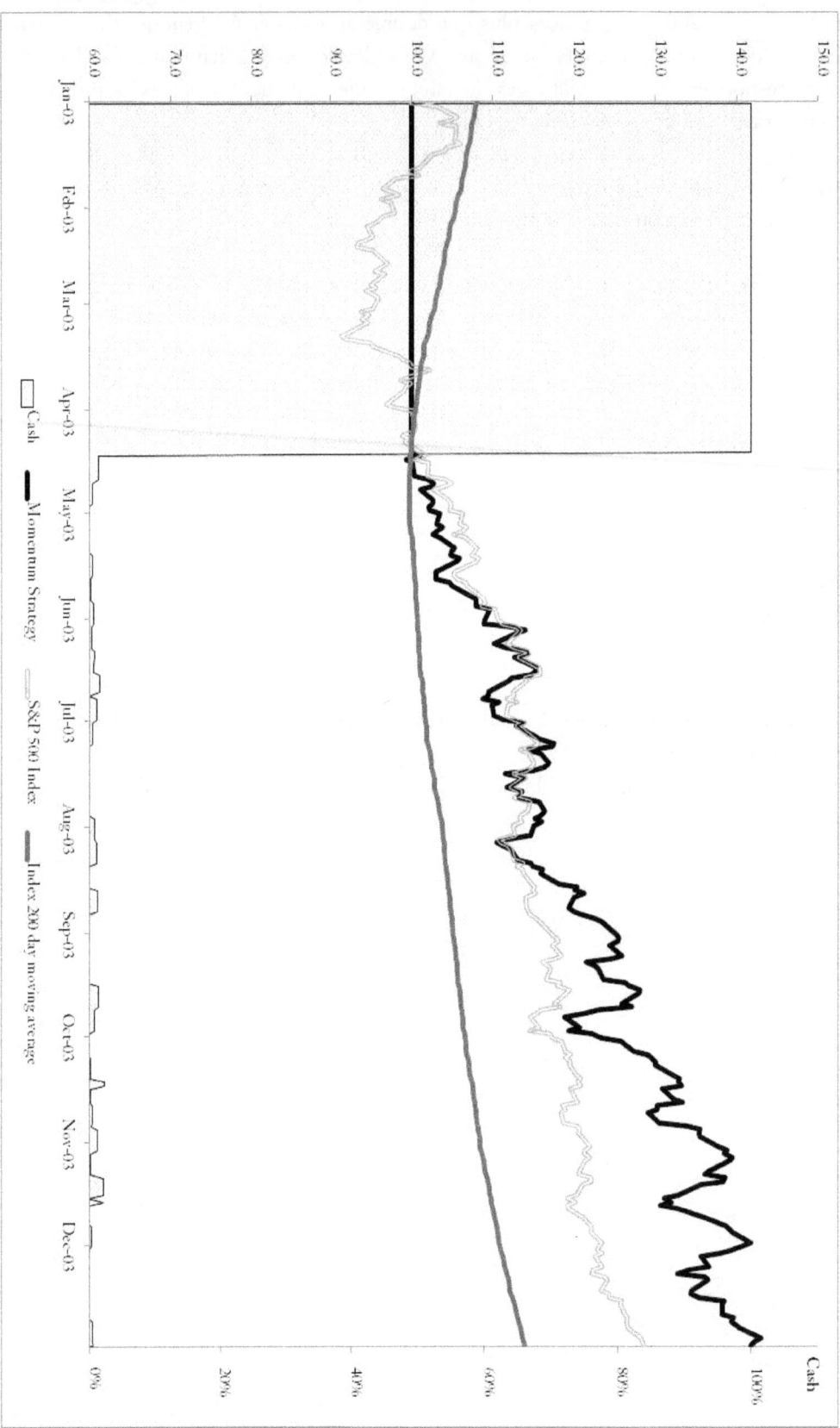

Graphe 13.17 Performance, 2003

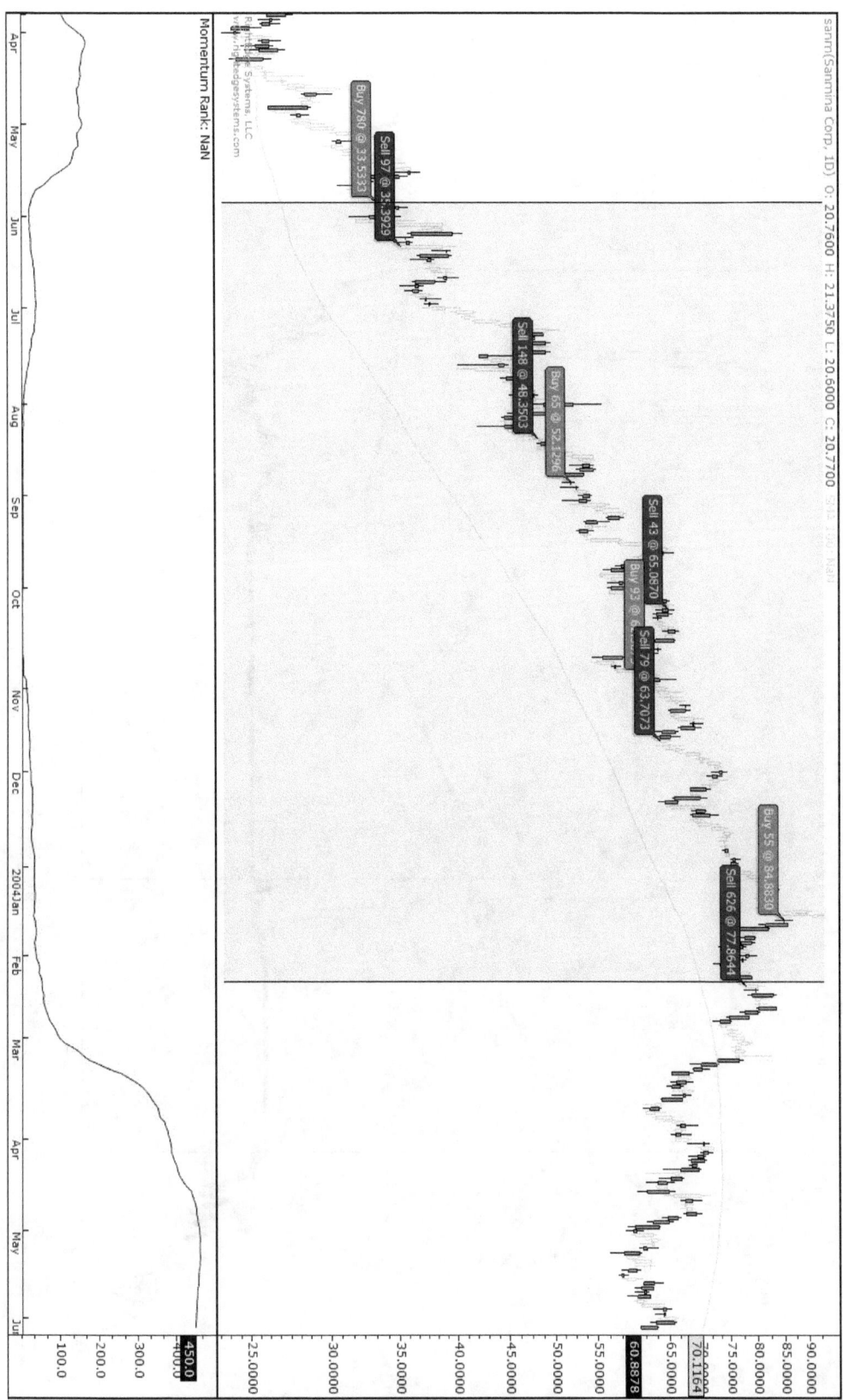

Graphe 13.18 Sanmina Corp (*Buy* = Achat, *Sell* = Vente, *Rank* = Classement)

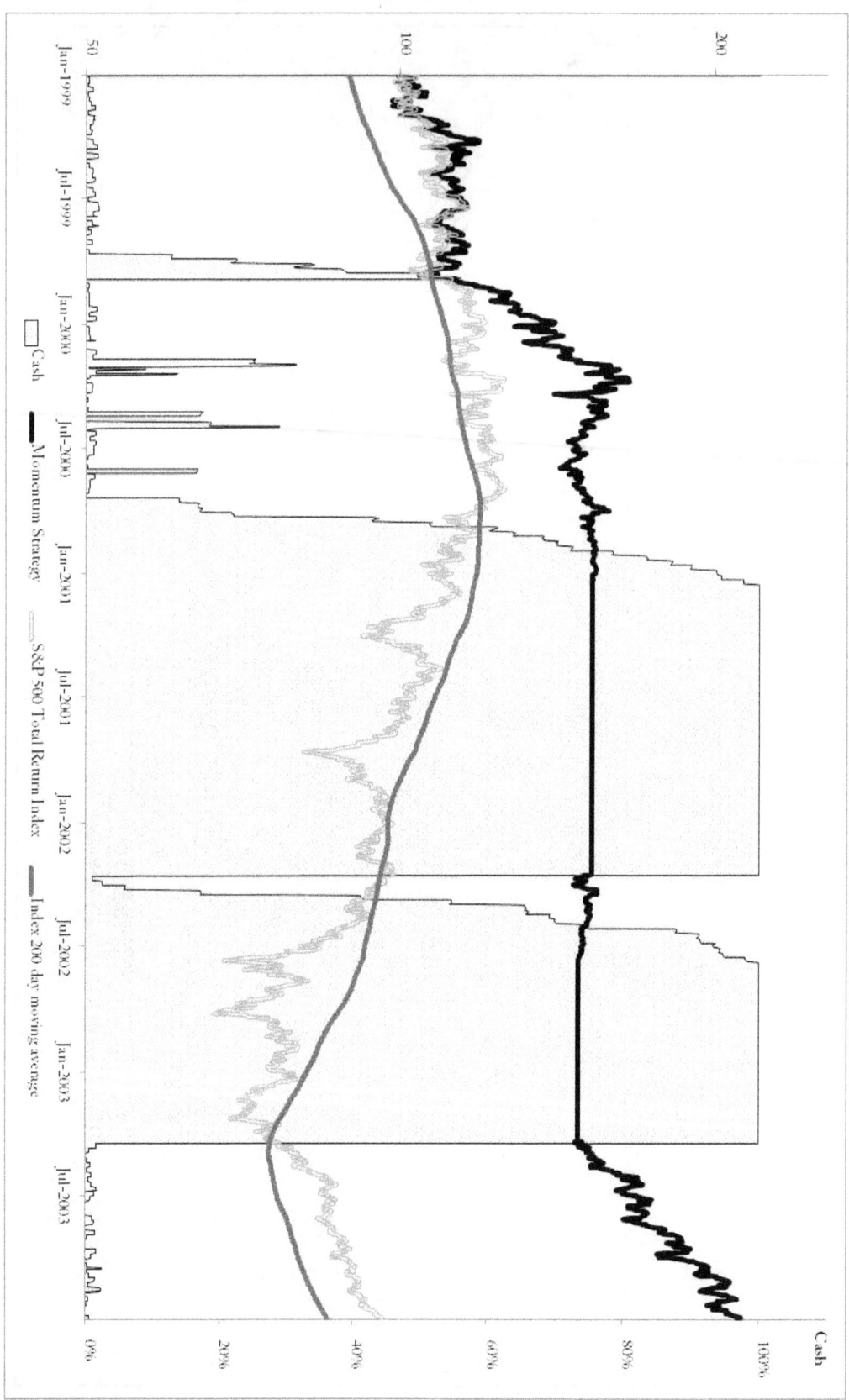

Graphe 13.19 Performance, 1999-2003

13.6   2004

Nous avons enfin un début d'année qui ressemble davantage à la normale. En janvier 2004. le crash Dotcom est une histoire du passé et le rebond du marché continue. Nous venons d'assister à deux années et demi d'excellentes performances et les marchés ne semblent pas vouloir s'arrêter. Au début de cette année, nous avons un portefeuille très diversifié de 27 actions qui couvre tous les secteurs sauf celui de la finance. Nous avons même une allocation de 28 % sur le secteur des technologies. Nous avons fini l'année dernière avec d'excellents rendements et nous sommes dans la joie et la bonne humeur pour commencer cette nouvelle année avec un portefeuille rempli.

Tableau 13.11 Portefeuille initial, 2004

Nom	Poids	Secteur
Sanmina Corp	2.2%	Technologie de l'information
Humana Inc	4.0%	Santé
Freeport-McMoRan Inc	2.7%	Matériaux
Louisiana-Pacific Corp	3.6%	Matériaux
Georgia-Pacific LLC	4.7%	Matériaux
Advanced Micro Devices Inc	2.3%	Technologie de l'information
Nordstrom Inc	4.3%	Consommation Discrétionnaire
Motorola Solutions Inc	3.2%	Technologie de l'information
Freeport-Mcmoran Corp	4.2%	Matériaux
Texas Instruments Inc	3.1%	Technologie de l'information
Alcatel-Lucent USA Inc	2.3%	Services Télécommunications
Yahoo! Inc	3.1%	Technologie de l'information
PMC-Sierra Inc	2.1%	Technologie de l'information
United States Steel Corp	4.3%	Matériaux
PulteGroup Inc	4.0%	Consommation Discrétionnaire
Broadcom Corp	2.3%	Technologie de l'information
Reynolds American Inc	4.7%	Consommation de Base
Siebel Systems Inc	3.0%	Technologie de l'information
AES Corp	3.0%	Services aux collectivités
Teradyne Inc	2.6%	Technologie de l'information
International Game Technology	4.6%	Consommation Discrétionnaire
Nextel Communications Inc	3.7%	Services Télécommunications
Autodesk Inc	3.7%	Technologie de l'information
Altria Group Inc	7.3%	Consommation de Base
Zimmer Holdings Inc	5.6%	Santé
Schneider Electric IT Corp	3.3%	Energie
Rockwell Automation Inc	5.3%	Industries

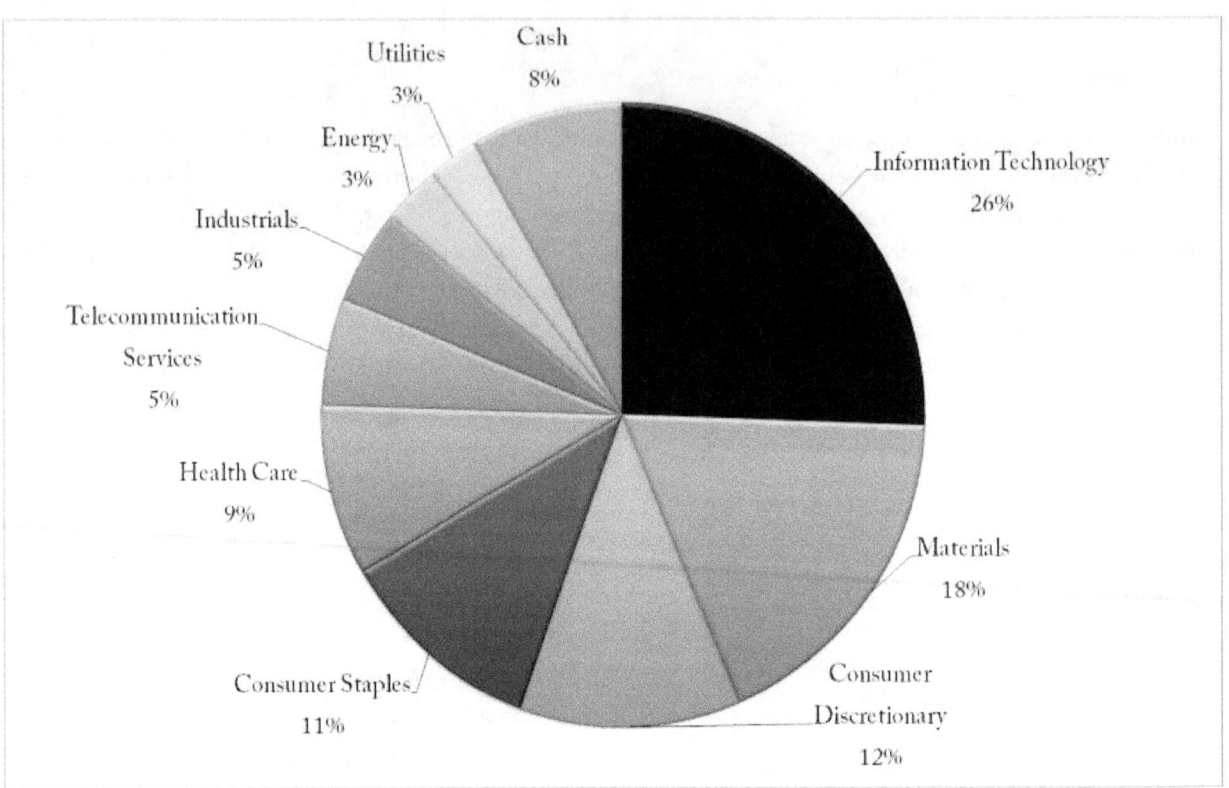

Graphe 13.20 Allocation par secteurs, 2004[8]

La plupart de 2004 est bien plus divertissante que l'année dernière. Nous avons en effet un portefeuille très volatile, avec des fluctuations de 7 %, sur plusieurs mois. Puis en août, le marché commence à rechuter et nous voici derrière l'indice.

Le marché passe en dessous sa moyenne mobile à la fin de l'été, signalant ainsi l'arrêt de nouveaux achats. Notre portefeuille chute davantage et nous commençons à réduire nos positions lors des rééquilibrages. Au pire moment, nous enregistrons une perte de 9 % en août, de la même magnitude que celle du marché. C'est dur à encaisser. C'est encore un de ces moments où notre confiance est testée. Nous continuons malgré tout notre travail dans ces conditions difficiles.

Il est important de se rappeler que l'investissement momentum est une approche à long terme. C'est une façon de battre les marchés avec toutefois des années de vaches maigres. Au fil du temps cependant, cette stratégie s'est toujours révélée meilleure que les marchés boursiers, en produisant de meilleurs rendements. Soyons donc patients et continuons à appliquer cette stratégie.

Cette perte de 9 % au mois d'août était en fait le point bas de l'année. Nous assistions alors un rebond très fort et notre portefeuille décolla comme une fusée. Après que l'indice repassait au-dessus de sa moyenne mobile, nous achetions des actions qui s'avérèrent êtres excellentes.

---

[8] *Consumer Staples* = Consommation de base, *Consumer Discretionary* = Consommation discrétionnaire, *Health Care* = Santé, *Materials* = Matériaux, *Financials* = Financières, *Utilities* = Services aux collectivités, *Information Technology* = Technologies de l'Information, *Industrials* = Industries, *Telecommunication Services* = Services Télécom, *Energy* = Energies

À partir de ce moment, le rebond se prolonge jusqu'à la fin de l'année. En décembre, nous enregistrons un gain de 14 %, non seulement battant l'indice mais générant un fort rendement absolu. Certains pourraient penser que 14 % est un rendement horrible. C'est une réflexion que l'on entend souvent sur les forums boursiers où tout le monde prétend générer des centaines voire des milliers de pourcents par an. Ces chiffres s'apparentent plus à des conversations de comptoirs car en réalité, très peu de gens génèrent 14 % de croissance composée sur de longues périodes.

La position Autodesk dans le graphe 13.22 est un exemple de transaction à long terme. Cette position était initialisée en décembre 2003 et nous l'avons maintenu l'intégralité de 2004 pour la vendre qu'à la fin janvier 2005. Durant cette période, le prix a triplé, contribuant grandement à la performance de notre portefeuille sur cette période.

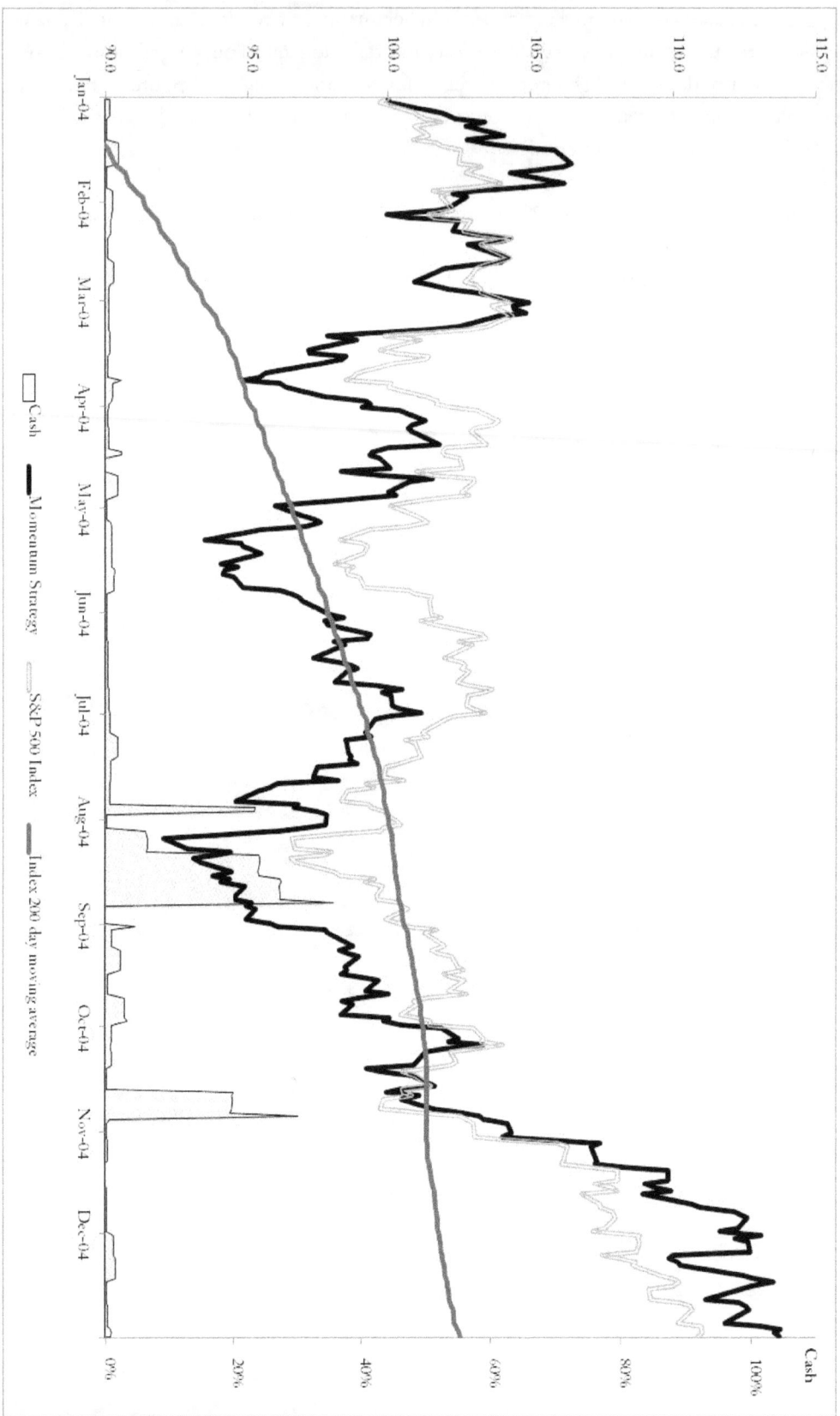

Graphe 13.21 Performance, 2004

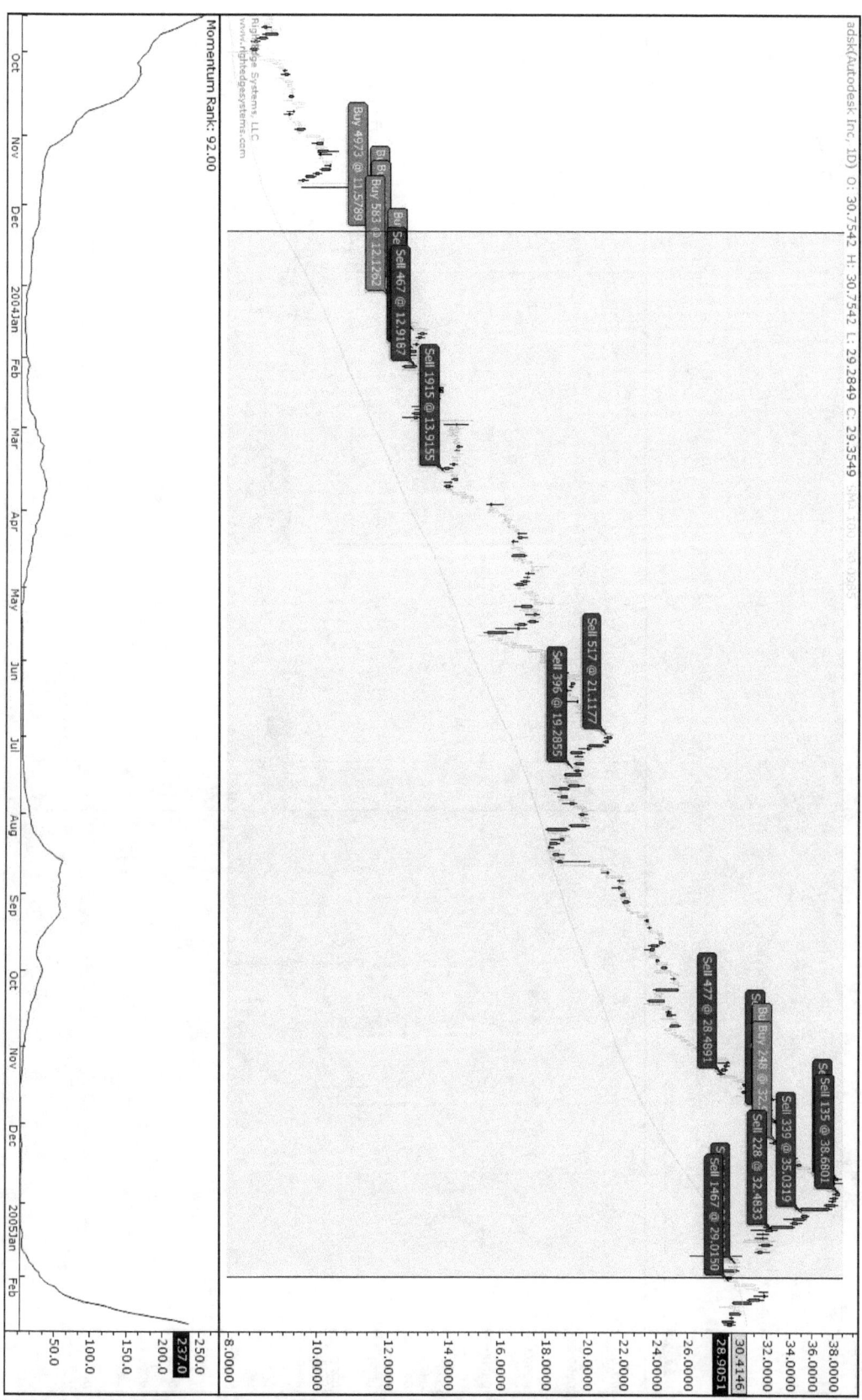

Graphe 13.22 Autodesk (*Buy* = Achat, *Sell* = Vente, *Rank* = Classement)

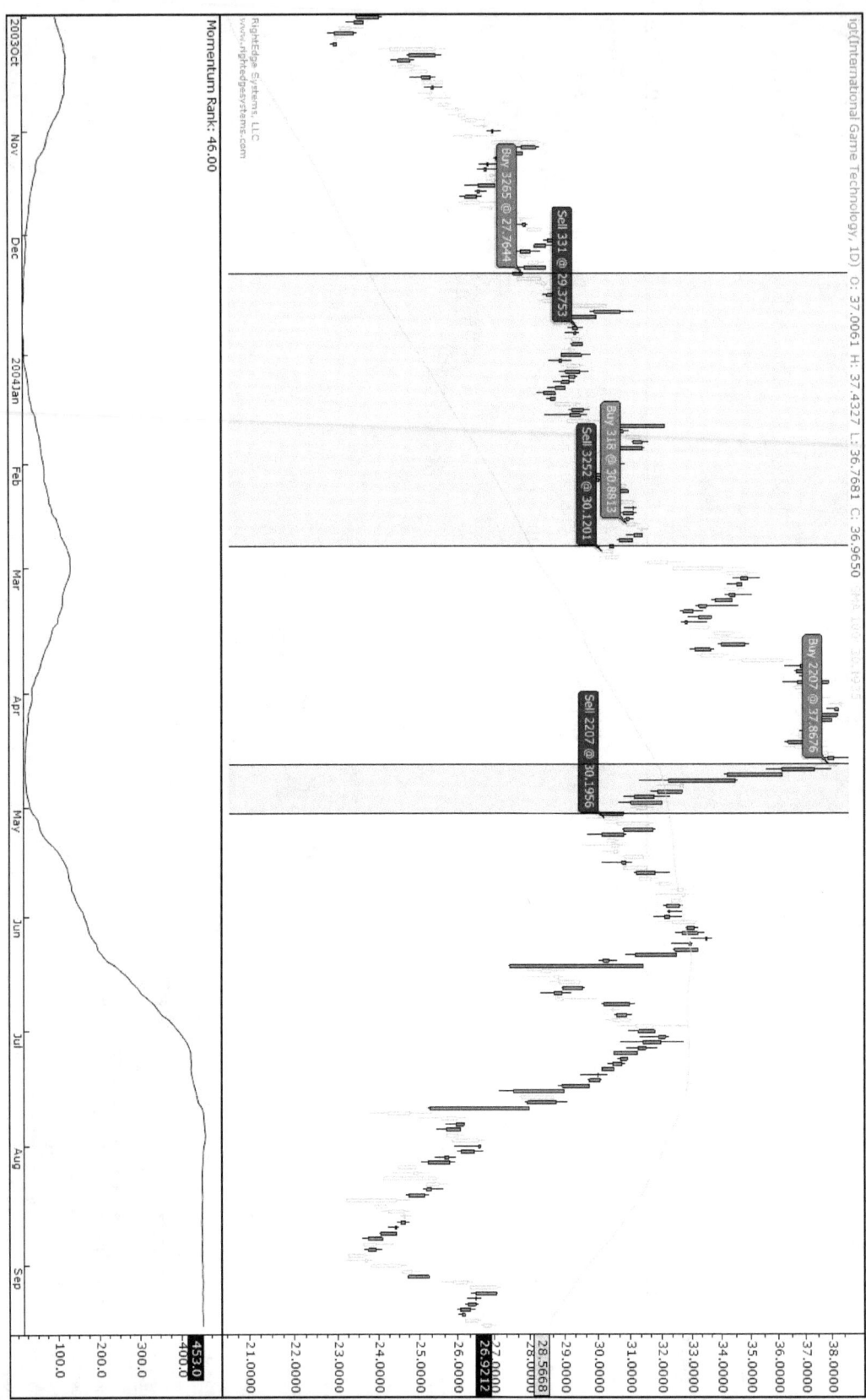

Graphe 13.23 International Game Technology (*Buy* = Achat, *Sell* = Vente, *Rank* = Classement)

Toutes les transactions ne sont cependant pas aussi amusantes que l'exemple Autodesk. Même pendant les bonnes années, il y a plein de mauvaises transactions. Voici pour exemple la transaction IGT, montrée dans le graphe 13.23. Nous avions auparavant transigé cette action au début 2003, générant des résultats marginalement positifs. En avril 2004, IGT était classée parmi les meilleures actions momentum et nous la rachetions donc. L'action tomba d'un coup, passa à travers sa moyenne mobile pour être au final liquidée au prochain rééquilibrage, enregistrant ainsi une perte.

Ce genre de situation arrive tout le temps et rien ne sert de s'inquiéter. Cela fait parti des frais. C'était une action qui remplissait tous les critères mais au final, qui a généré une perte. Nous avons quand même bien fini l'année.

Maintenant que nous sommes en avance sur l'indice et que notre stratégie momentum a fait ses preuves, vous devriez commencer à voir la tendance à long terme : surperformant dans les marchés haussiers et défensif dans les marchés baissiers.

Si vous aviez investi $100 dans un tracker de l'indice au début 1999, vous auriez maintenant $106. D'un autre côté, si vous aviez investi la même somme dans cette approche momentum, vous auriez maintenant plus que doublé votre portefeuille.

Tableau 13.12 Résultats 2004

	Stratégie Momentum	Indice S&P 500 Rendement Total
Rendement 2004	13.7%	10.9%
Perte Maximale 2004	-13.5%	-7.4%
Rendement Annualisé depuis1999	15.7%	1.3%
Perte Maximale depuis 1999	-15.4%	-47.4%

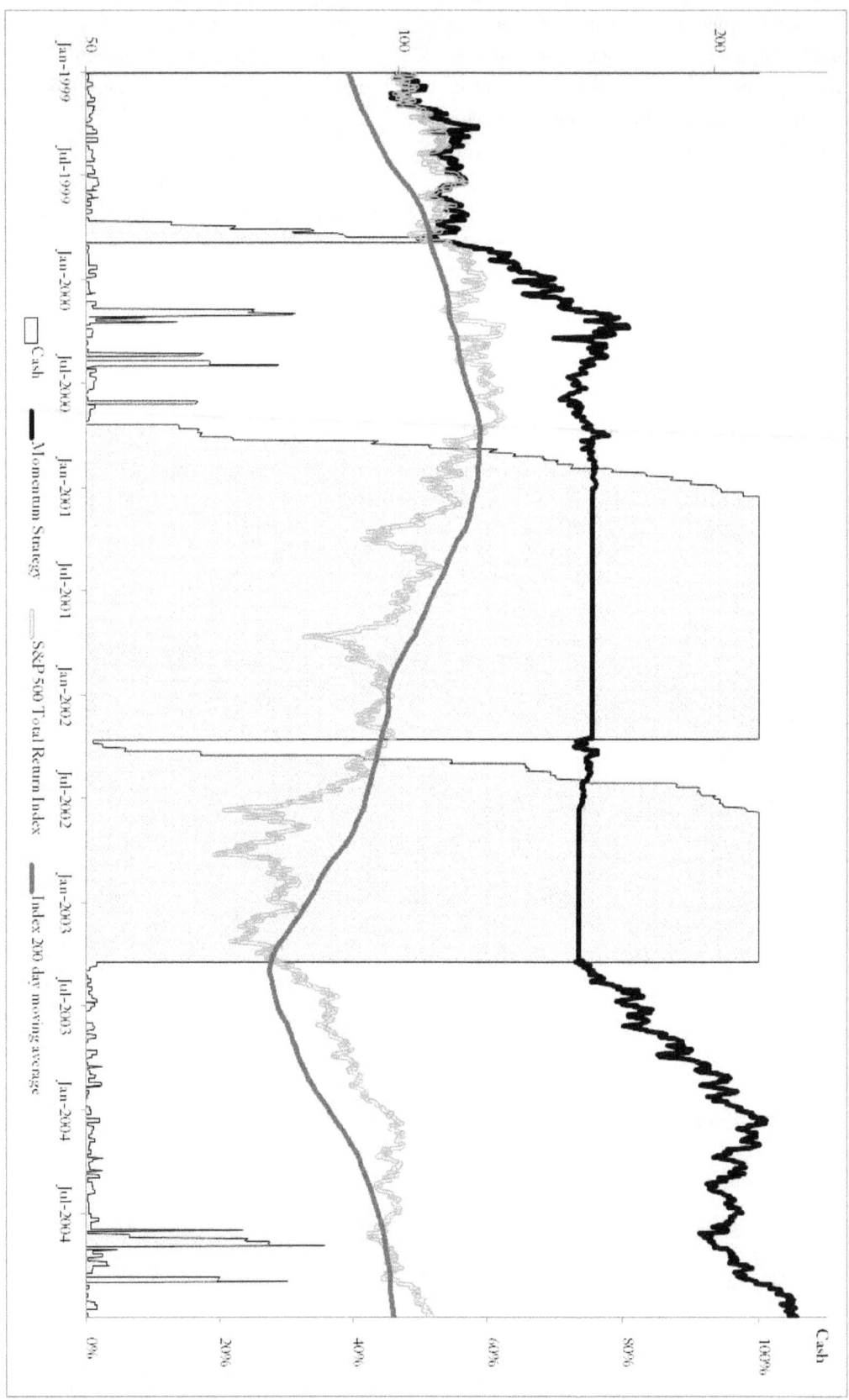

Graphe 13.24 Performance 1999-2004

13.7   2005

En 2005, les actions technologiques sont à nouveau en vogue et pas qu'un peu. En fait, elles représentent la moitié de notre portefeuille initial en ce début d'année. Cette surpondération dans ce secteur envoie un message clair. Celui d'une tendance majeure qui est en train de se développer et sur laquelle nous sommes positionnés. Les actions du secteur des technologies sont passées de la phase paria à celle de superstar. Viennent ensuite les secteurs des industriels, consommation de base et des énergies.

Tableau 13.13 Portefeuille initial, 2005

Nom	Poids	Secteur
Autodesk Inc	3.9%	Technologie de l'information
Apple Inc	3.1%	Technologie de l'information
Energy Future Holdings Corp	5.2%	Energie
Norfolk Southern Corp	5.5%	Industries
Black & Decker Corp	6.5%	Consommation Discrétionnaire
PACCAR Inc	4.6%	Industries
Transocean Ltd	3.8%	Energie
KB Home	3.5%	Consommation Discrétionnaire
Brunswick Corp	4.8%	Consommation Discrétionnaire
Adobe Systems Inc	4.2%	Technologie de l'information
FClassementlin Resources Inc	6.6%	Financières
Gateway Inc	2.3%	Technologie de l'information
Citrix Systems Inc	3.4%	Technologie de l'information
Advanced Micro Devices Inc	2.7%	Technologie de l'information
eBay Inc	4.6%	Technologie de l'information
Comverse Technology Inc	2.8%	Technologie de l'information
Monster Worldwide Inc	4.1%	Technologie de l'information
QLogic Corp	3.2%	Technologie de l'information
Andrew LLC	3.1%	Technologie de l'information
Oracle America Inc	2.8%	Technologie de l'information
Parker Hannifin Corp	5.7%	Industries
NVIDIA Corp	2.8%	Technologie de l'information
Compuware Corp	2.4%	Technologie de l'information
NCR Corp	4.8%	Technologie de l'information
Williams Companies Inc	3.6%	Energie

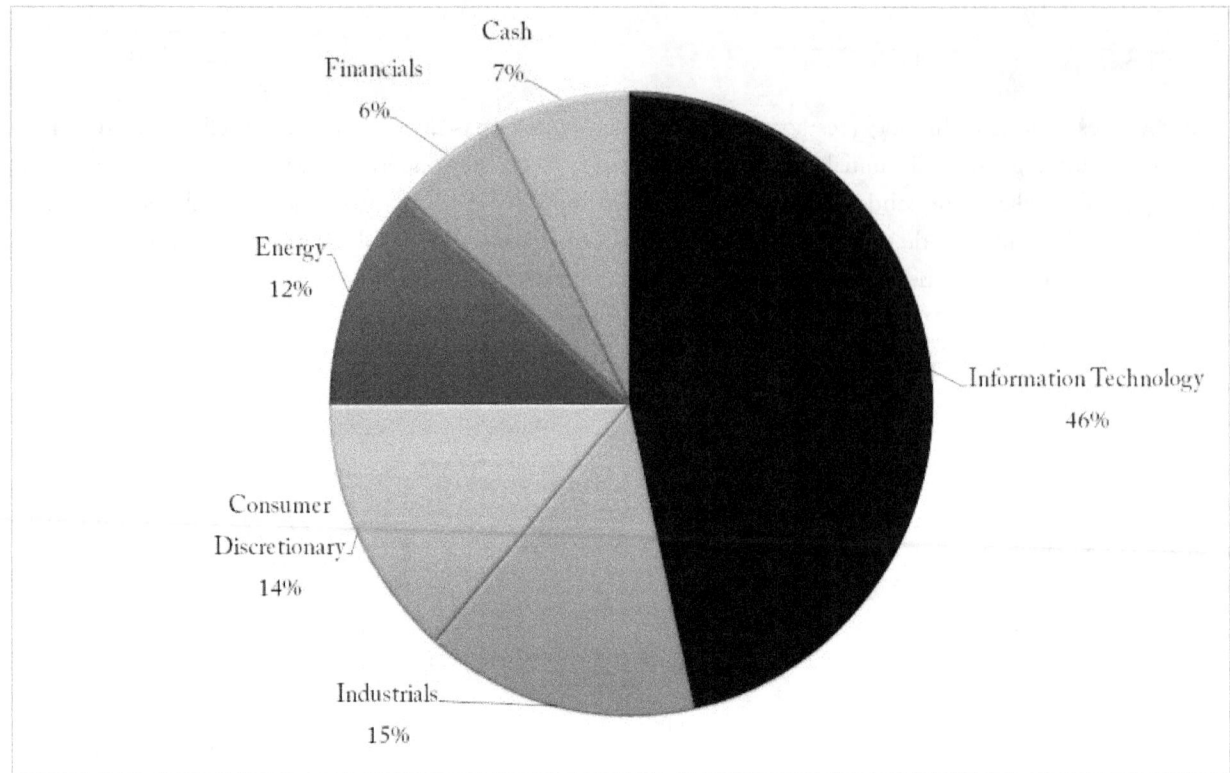

Graphe 13.25 Allocation par secteurs, 2005[9]

L'année dernière fut marquée par la fin d'une tendance haussière qui dura plusieurs mois et dont notre portefeuille profita en générant des gains significatifs, entre août et décembre. Comme les derniers mois furent spectaculaires, tout le monde s'attendait à réitérer les mêmes performances en 2005. Le début de cette nouvelle année fut cependant assez difficile. À peine deux jours plus tard dans cette nouvelle année que nous perdions quelques pourcents. Rien de très alarmant même si ce n'est jamais très agréable de corriger de 4 % dès la première semaine. Nous devrions être maintenant mieux rodés à ce genre de situation. Deux semaines plus tard, lorsque le mois de janvier touche à sa fin, nous enregistrons cependant une correction de 6 % et ce n'est vraiment pas agréable. Ces situations, qui peuvent sembler triviales lorsque vous observez un graphe à long terme, se révèlent cependant bien plus difficiles à gérer en réalité. Lorsque c'est votre propre argent et que vous n'avez aucune idée de ce qui vous attend, il est alors tentant de céder à la panique et d'envisager les pires scénarios. Si vous continuez de perdre 6 % chaque mois, vous pourriez perdre alors 50 % en une année. Bien que ce ne soit pas très bon pour la santé de faire de tels calculs, nous les faisons tous.

S'ensuit alors un rebond qui permet à notre portefeuille de recouvrir ses pertes. Alors que le marché se normalise et remonte sur les deux prochains mois, nous actions rebondissent de 7 % pour dépasser le marché. De telles remontée peuvent aussi s'avérer être difficiles à gérer du point de vue psychologique. Si vous aviez un portefeuille initial de $100.000, vous auriez d'abord enregistré une perte de $6.000 dans les deux premières semaines avant de regagner $11.000 deux mois plus tard. Maintenant que vous vous sentez pousser des ailes, vous envisagez les meilleurs scénarios. Vous venez juste de gagner 11 % en 2 mois et si ça continue à ce train-là vous pourriez finir l'année à 87 %. C'est-à-dire $87.000 de profit sur $100.000 investis.

---

[9] *Consumer Staples* = Consommation de base, *Consumer Discretionary* = Consommation discrétionnaire, *Health Care* = Santé, *Materials* = Matériaux, *Financials* = Financières, *Utilities* = Services aux collectivités, *Information Technology* = Technologies de l'Information, *Industrials* = Industries, *Telecommunication Services* = Services Télécom, *Energy* = Energies

Comme vous pouvez le voir, ce n'est jamais une bonne idée que de commencer à spéculer sur le futur. Ça ne se passera jamais comme vous l'avez prévu. Aussi bien les - 40 % du pire scénario que les 87 % du meilleur scénario.

Cette année continue à ressembler à des montagnes russes. Lorsque les marchés reculent un peu au deuxième trimestre, nos actions montrent leur caractère "bêta". Après un point haut à + 7 %, elles retombent de - 6 % au milieu de l'année. Ces fluctuations sont très frustrantes. Vous générez péniblement des profits qui sont ensuite rapidement effacés.

Vous vous efforcez de travailler rigoureusement toute l'année sur ces modèles momentum et vous n'avez que des pertes à montrer.

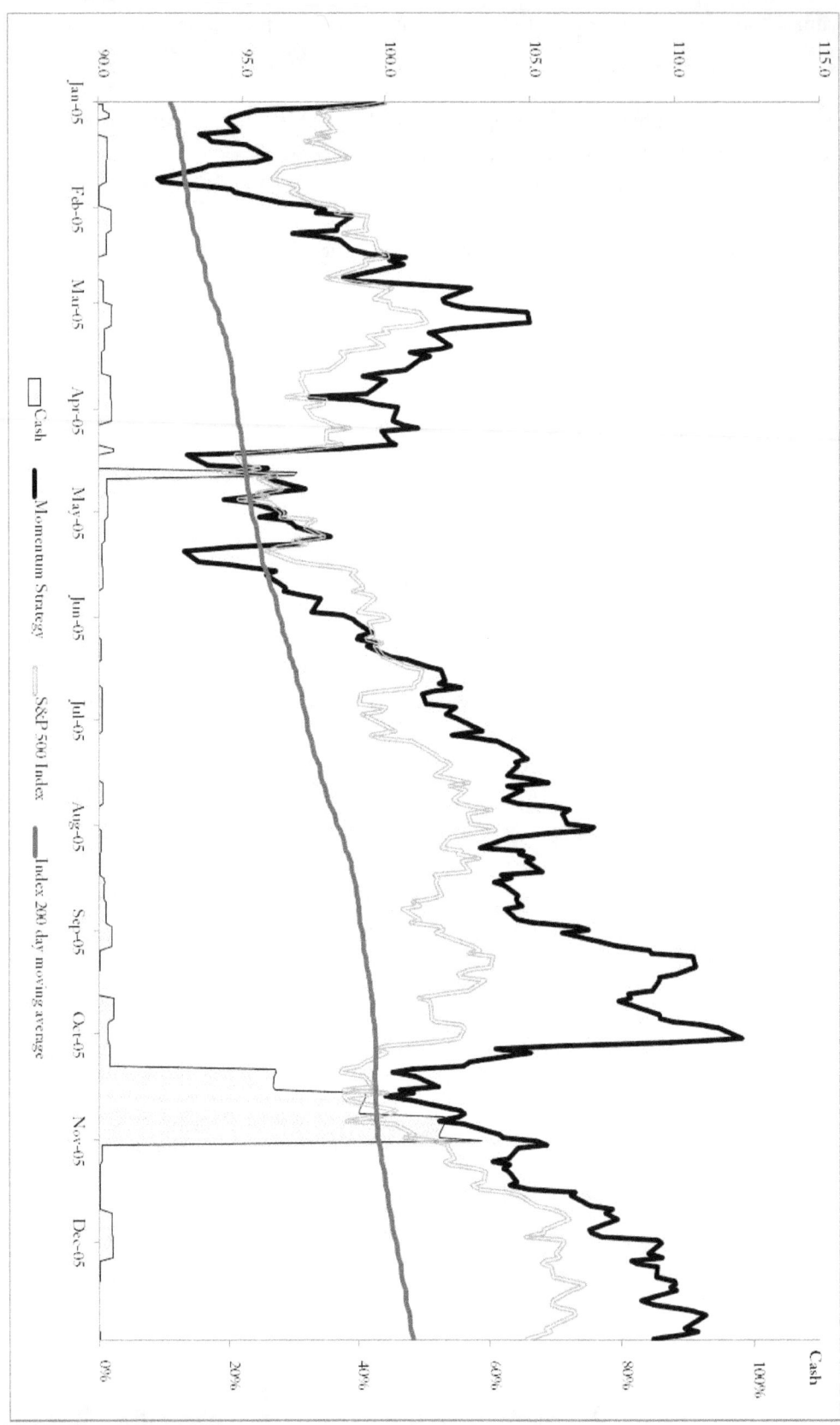

Graphe 13.26 Performance, 2005

Les montagnes russes de 2005 sont loin d'êtres terminées. Une année à se ronger les ongles avec un deuxième rebond de mai à septembre qui voit notre portefeuille passer de - 6% à + 13 %. C'est une remontée de 20 % en quelques mois. Pas mal du tout. Le seul petit problème est que nous enregistrons une grosse perte peu de temps après. Les gains sur l'année passent de 13 % à 0 % en l'espace de quelques semaines. Ce mouvement n'était pas aussi dramatique sur l'indice. Cependant, comme nos actions sont à bêta élevé, les mouvements sont amplifiés aussi bien à la hausse qu'à la baisse, comme dans ce cas précis.

L'indice vient de repasser sous sa moyenne mobile à 200 jours et nous ne pouvons donc plus remplacer les actions que nous vendons. Nos espèces commencent à s'accumuler, représentant 50 % de notre portefeuille au mois de novembre.

Le futur nous dira que c'était le pire moment d'accumuler de l'espèce. C'est toujours facile de s'en rendre compte après les faits. L'indice plongea en dessous de sa moyenne mobile pour rapidement la retraverser à la hausse et d'entamer un rebond, nous laissant bouche bée. Malgré notre position en espèces et notre sous exposition aux actions, notre portefeuille arrive pourtant à suivre le rebond du marché de façon plutôt surprenante.

En observant notre médiocre minutage du mois d'octobre qui réduisait nos positions au pire moment, nous pourrions nous demander s'il serait de bonne augure de changer quelques paramètres. Après tout, si nous avions utilisé une moyenne mobile à 220 jours, cet horrible minutage aurait pu être évité. C'est le piège typique à éviter que de vouloir changer les paramètres suite à une mauvaise performance.

Mon intention avec ce livre est de représenter la réalité. Je veux exposer comment les choses fonctionnent au jour le jour et je refuse de montrer un système qui a été optimisé avec le bénéfice du recul, même si cela me permettrait de vendre davantage de livres. La réalité est que des situations pires arriveront. Avec le recul, il serait facile de changer quelques paramètres pour que la stratégie puisse devenir encore plus profitable et moins volatile, et au final, tromper le lecteur.

Finalement, cette année se termina plutôt bien malgré la volatilité et les rééquilibrages au pire moment, avec 9 % pour notre portefeuille et 5 % pour l'indice. Année après année, notre surperformance s'accumule. La consistance est clé avec cette stratégie.

Tableau 13.14 Résultats, 2005

	Stratégie Momentum	Indice S&P 500 Rendement Total
Rendement 2005	9.3%	4.9%
Perte Maximale 2005	-11.4%	-7.0%
Rendement Annualisé depuis1999	14.8%	1.8%
Perte Maximale depuis 1999	-15.4%	-47.4%

La transaction Anthem dans le graphe 13.27 montre une situation frustrante qui a tendance à apparaître assez souvent avec cette stratégie. Nous achetons cette action après une forte montée comme d'habitude. Remarquez dans le cadran du bas comment cette action continue à grimper dans notre classement. Lorsque nous achetons cette action elle était classé douzième parmi les 500 actions de l'indice. Tout de suite après l'achat, son momentum s'affaissa et le prix stoppa sa progression. Nous liquidions la position quelques mois plus tard avec absolument rien à montrer et la remplacions par un autre titre. Pour ne rien arranger, l'action décida qu'il était temps de reprendre sa progression juste après qu'on l'ait vendue.

Encore une fois, cela représente le coût de gérer une telle stratégie. Vous n'aurez pas que des gagnants. Toujours vous rappelez que prises individuellement, chaque position est insignifiante. Cette stratégie est construite pour gagner dans le long terme, et non à chaque transaction.

Aetna d'un autre coté, fut une transaction encourageante, comme le montre le graphe 13.28. Nous l'achetions plutôt au bon moment, lisez ici achat chanceux, juste avant qu'elle ne décolle.

Globalement, tout va bien jusqu'à maintenant. Nous avons commencé la stratégie il y a 7 ans et nous avons pris une avance conséquente sur l'indice. Pour cette année en particulier, nous avons plus ou moins fini comme le marché mais étant donné notre avance initiale, tout ça se finit plutôt bien.

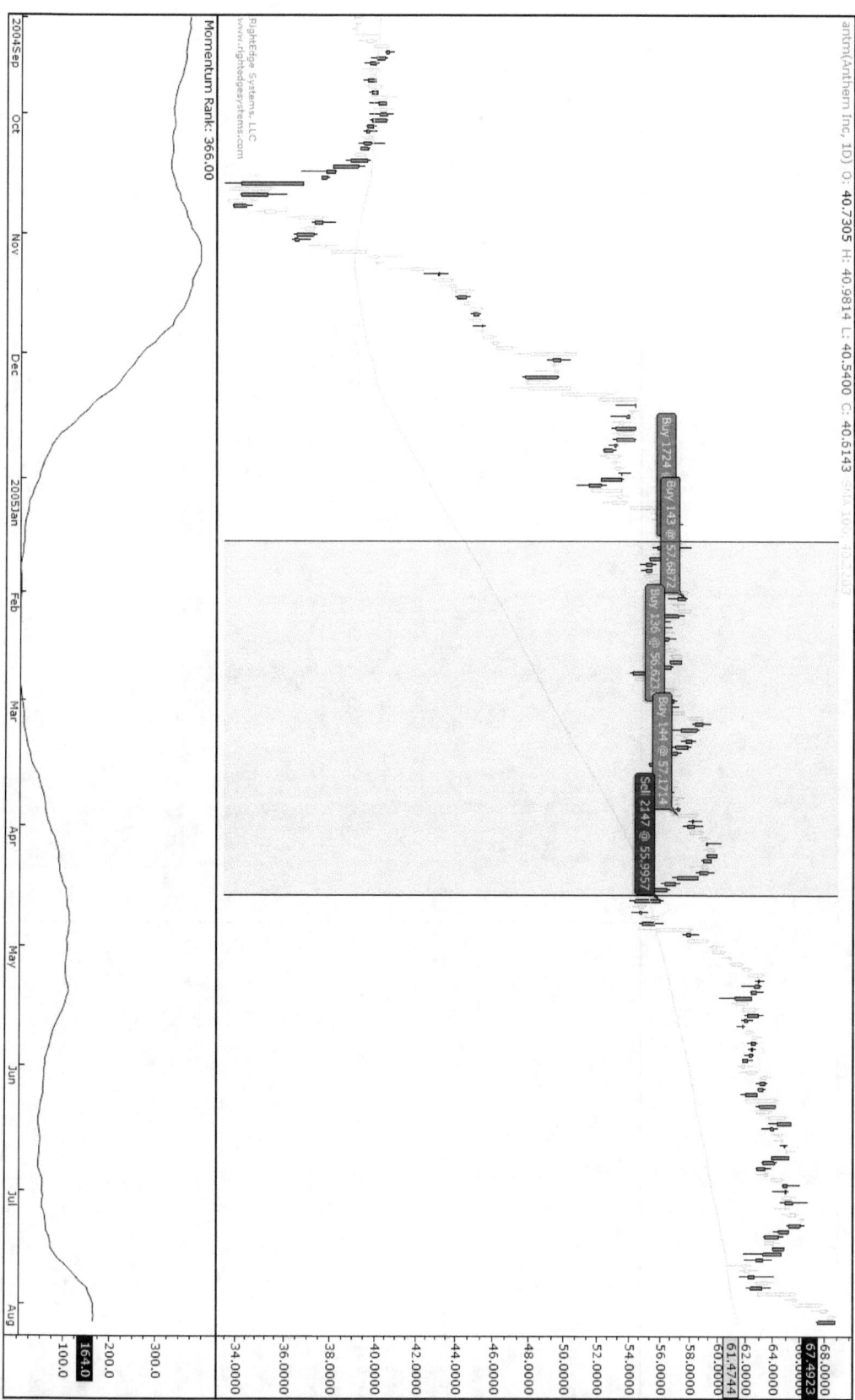

Graphe 13.27 Anthem (*Buy* = Achat, *Sell* = Vente, *Rank* = Classement)

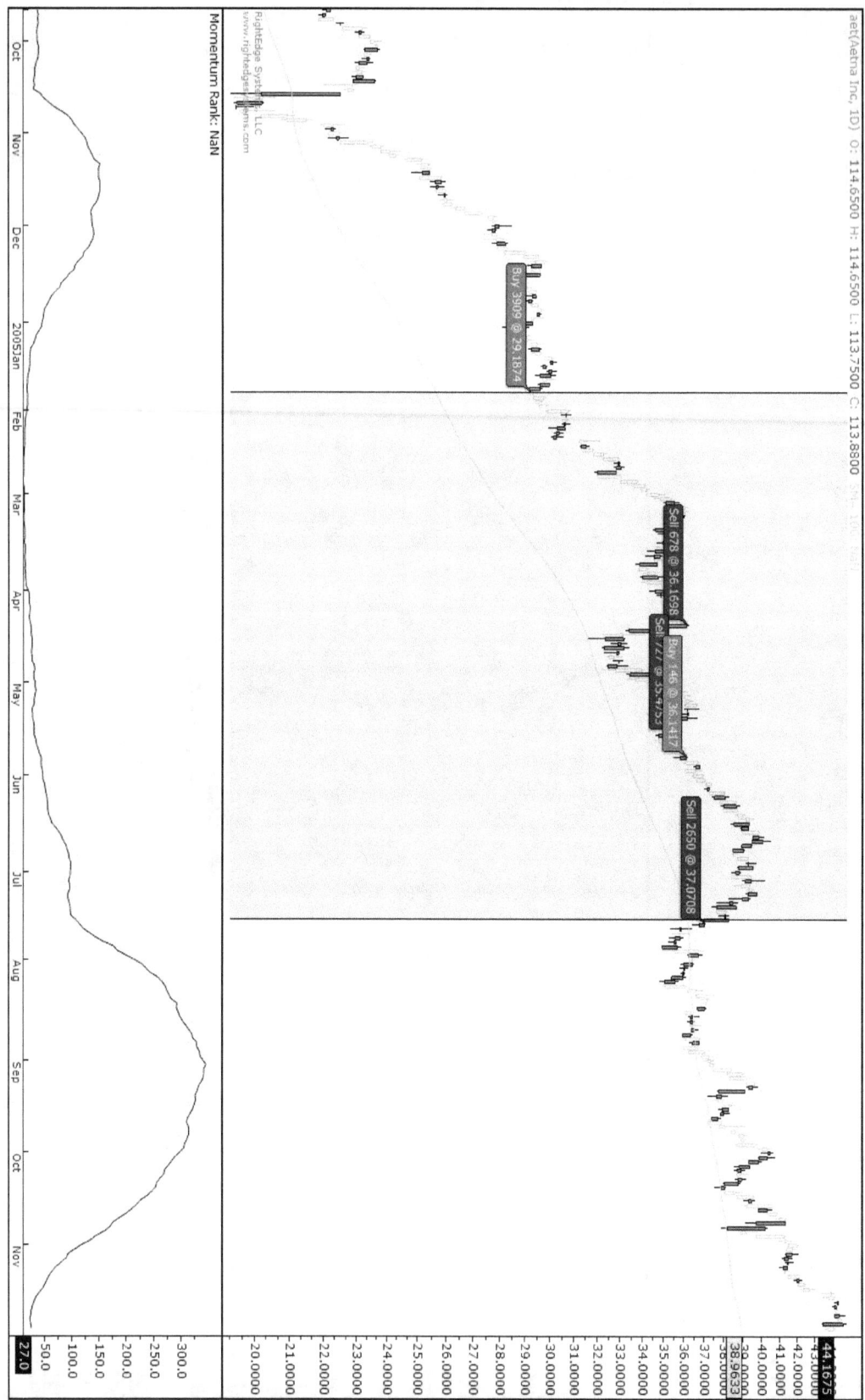

Graphe 13.28 Aetna (*Buy* = Achat, *Sell* = Vente, *Rank* = Classement)

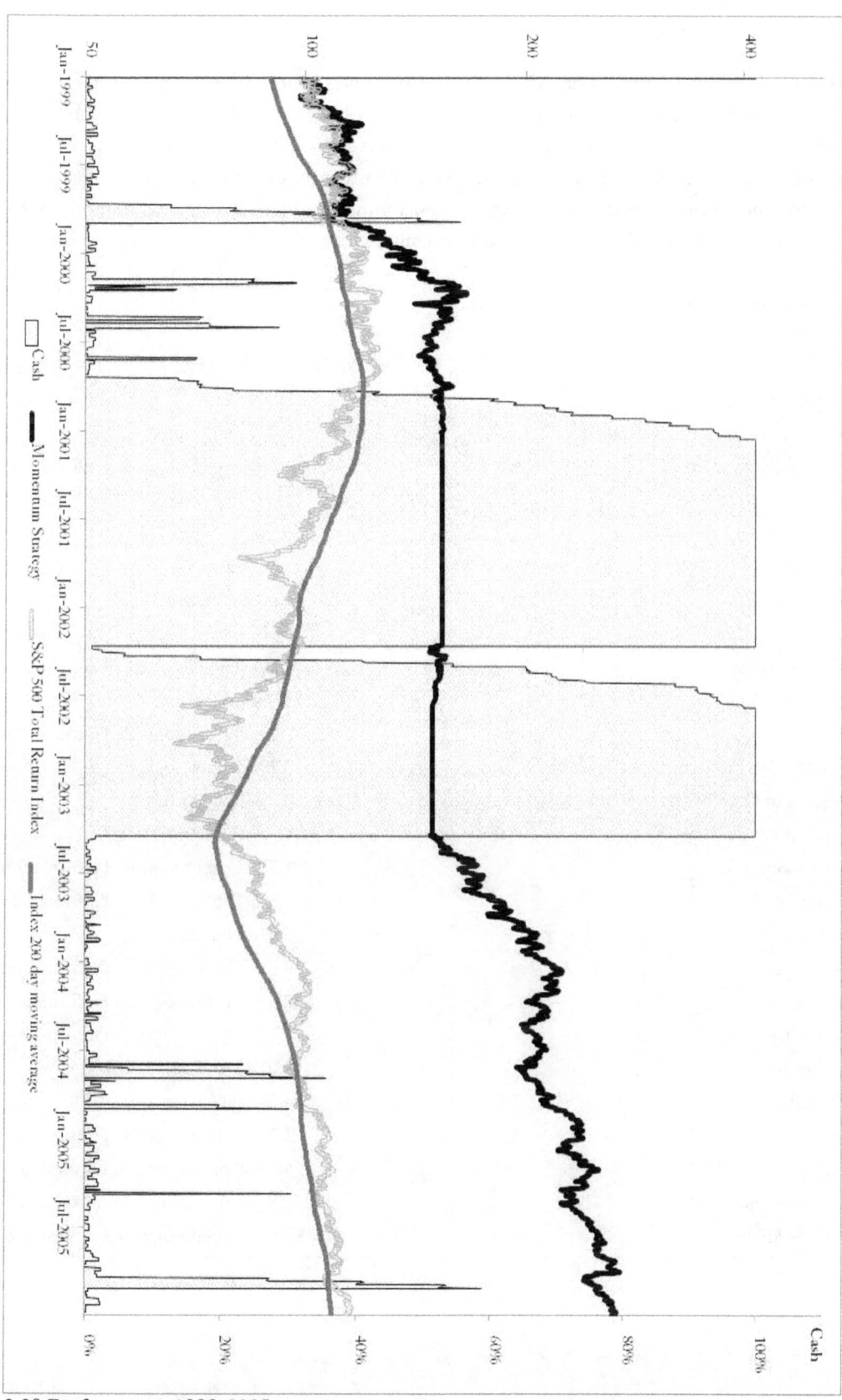

Graphe 13.29 Performance 1999-2005

13.8   2006

Nous laissons derrière nous une année difficile mais néanmoins profitable, avec une progression à deux chiffres. En ce début d'année, nous avons toujours une surponderation dans le secteur technologies tout en étant raisonnablement diversifié, du secteur financier, industriel et santé en passant par la consommation discrétionnaire. Notez la faible représentation des services publics et des télécoms, lesquels en règle générale, ont une contribution limitée dans ces stratégies momentum. Les biens de consommation ne sont pas au rendez-vous non plus même si c'est un secteur qui produit de temps à autre d'excellentes performances.

Tableau 13.15 Portefeuille initial, 2006

Nom	Poids	Secteur
Express Scripts Holding Co	3.6%	Santé
E*TRADE Financial Corp	3.3%	Financières
Advanced Micro Devices Inc	3.2%	Technologie de l'information
Robert Half	4.6%	Industries
BJ Services Company LLC	3.3%	Energie
Medimmune LLC	3.1%	Santé
Norfolk Southern Corp	5.2%	Industries
Aon PLC	5.1%	Financières
Applied Biosystems Inc	4.9%	Santé
Freeport-McMoRan Inc	3.8%	Matériaux
Apple Inc	3.9%	Technologie de l'information
Novell Inc	3.2%	Technologie de l'information
Freeport-Mcmoran Corp	3.2%	Matériaux
Burlington Northern Santa Fe	5.7%	Industries
JDS Uniphase Corp	1.7%	Technologie de l'information
NVIDIA Corp	2.8%	Technologie de l'information
Progressive Corp	5.0%	Financières
Citrix Systems Inc	4.6%	Technologie de l'information
Ciena Corp	2.0%	Technologie de l'information
Adobe Systems Inc	3.1%	Technologie de l'information
Gilead Sciences Inc	3.0%	Santé
Janus Capital Group Inc	4.0%	Financières
NetApp Inc	3.3%	Technologie de l'information
Starbucks Corp	4.2%	Consommation Discrétionnaire
Circuit City Stores Inc	3.8%	Consommation Discrétionnaire
Monster Worldwide Inc	3.9%	Technologie de l'information

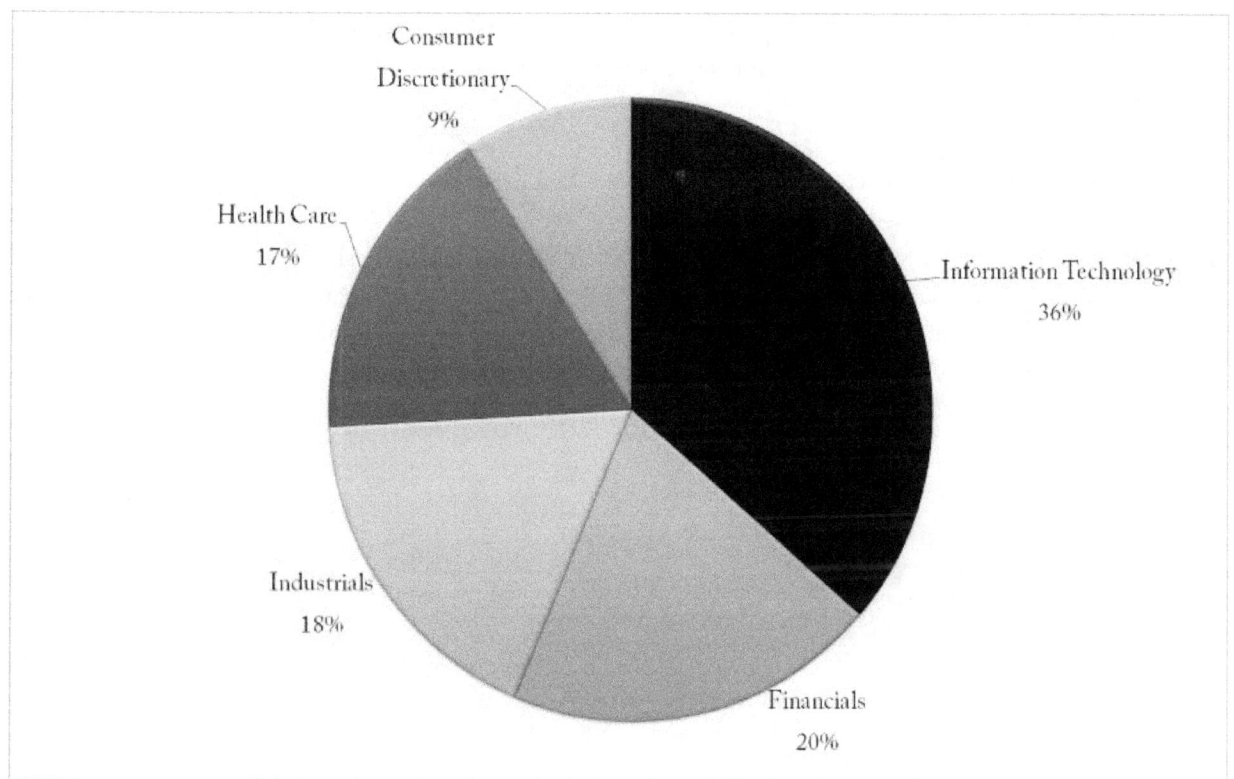

Graphe 13.30 Allocation initiale par secteurs, 2006[10]

Cette année commence très bien. Le portefeuille démarre sur les chapeaux de roue et garde la cadence jusqu'au début du mois de mai. Nous enregistrons alors une performance de 19 %. Tout à l'air de bien aller comme c'est souvent le cas avant que les ennuis ne commencent. Au final, ce sera une année très décevante pour ce type d'investissement momentum. Les secteurs qui se sont bien comportés pendant une année plongent soudainement. La valeur du portefeuille décline rapidement. Pour aggraver les choses, nous avons un manque de chance terrible avec le mauvais minutage de nos liquidations pendant l'été. L'indice passe en dessous sa moyenne mobile en juin et nous réduisons rapidement notre exposition. Beaucoup d'actions sont vendues à chaque rééquilibrage et fin juin, notre position en espèces est de 60 %. S'ensuit alors un rebond dans un marché baissier qui nous fait racheter des positions. À peine nos rachats terminés que le marché repart à la baisse. Étant maintenant fortement exposés, nous enregistrons une perte sévère avant de réduire encore nos positions pendant que l'indice chute en dessous de sa moyenne mobile pour une seconde fois. Et évidemment, alors que nous réduisons de moitié notre exposition, le marché rebondit. Il est difficile de ne pas prendre cela personnellement.

Cette fois ci, notre approche momentum a réellement eu des difficultés. Nous avons passé la deuxième moitié de l'année à se traîner derrière le marché sans jamais le dépasser. Que s'est-il donc passé ? Pourquoi l'approche momentum s'arrête-t-elle soudainement de fonctionner ?

La première phase de déclin est facile à expliquer. Les secteurs momentum ont pris un coup qui s'est répercuté sur notre stratégie à fort bêta. De plus, et ce qui est davantage dérangeant, c'est que nous n'avons

---

[10] *Consumer Staples* = Consommation de base, *Consumer Discretionary* = Consommation discrétionnaire, *Health Care* = Santé, *Materials* = Matériaux, *Financials* = Financières, *Utilities* = Services aux collectivités, *Information Technology* = Technologies de l'Information, *Industrials* = Industries, *Telecommunication Services* = Services Télécom, *Energy* = Energies

pas réussi à se récupérer dans la deuxième moitié de l'année. C'est le genre de correction auquel il faut s'attendre de temps en temps, ce qui est non seulement typique avec les stratégies momentum mais aussi avec toutes les stratégies.

Ne vous attendez pas à avoir une stratégie qui fonctionne tout le temps.

Le graphe 13.32 montre la transaction Office Depot au milieu de l'année. C'est une bonne représentation de ce qui s'est passé avec d'autres actions. Nous achetions l'action en mars et la gardions jusqu'en mai, moment où elle commençait à chuter. Comme pratiquement toutes les autres actions tombaient aussi, le classement de cette action restait haut relativement aux autres, justifiant ainsi le maintien de la position.

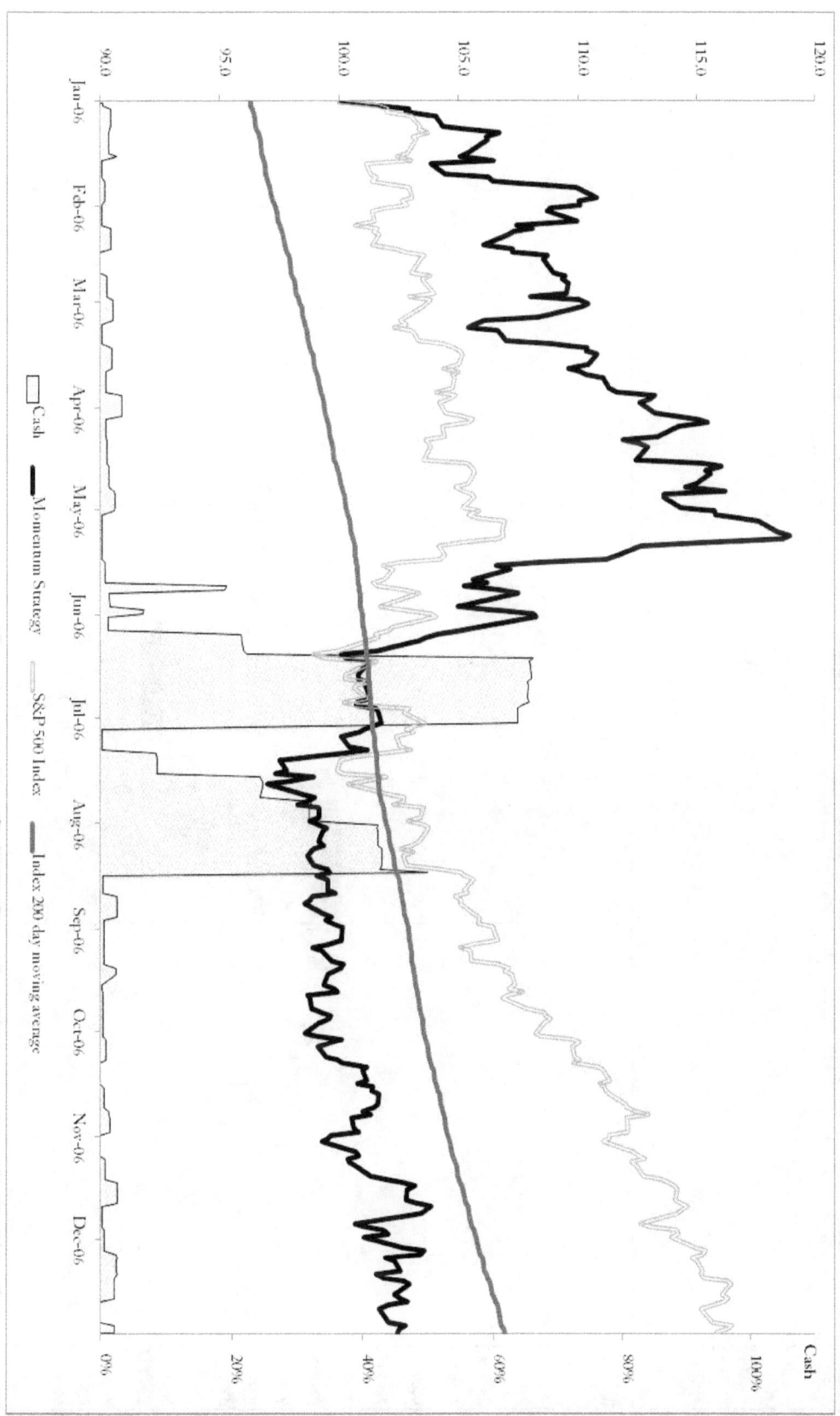

Graphe 13.31 Performance, 2006

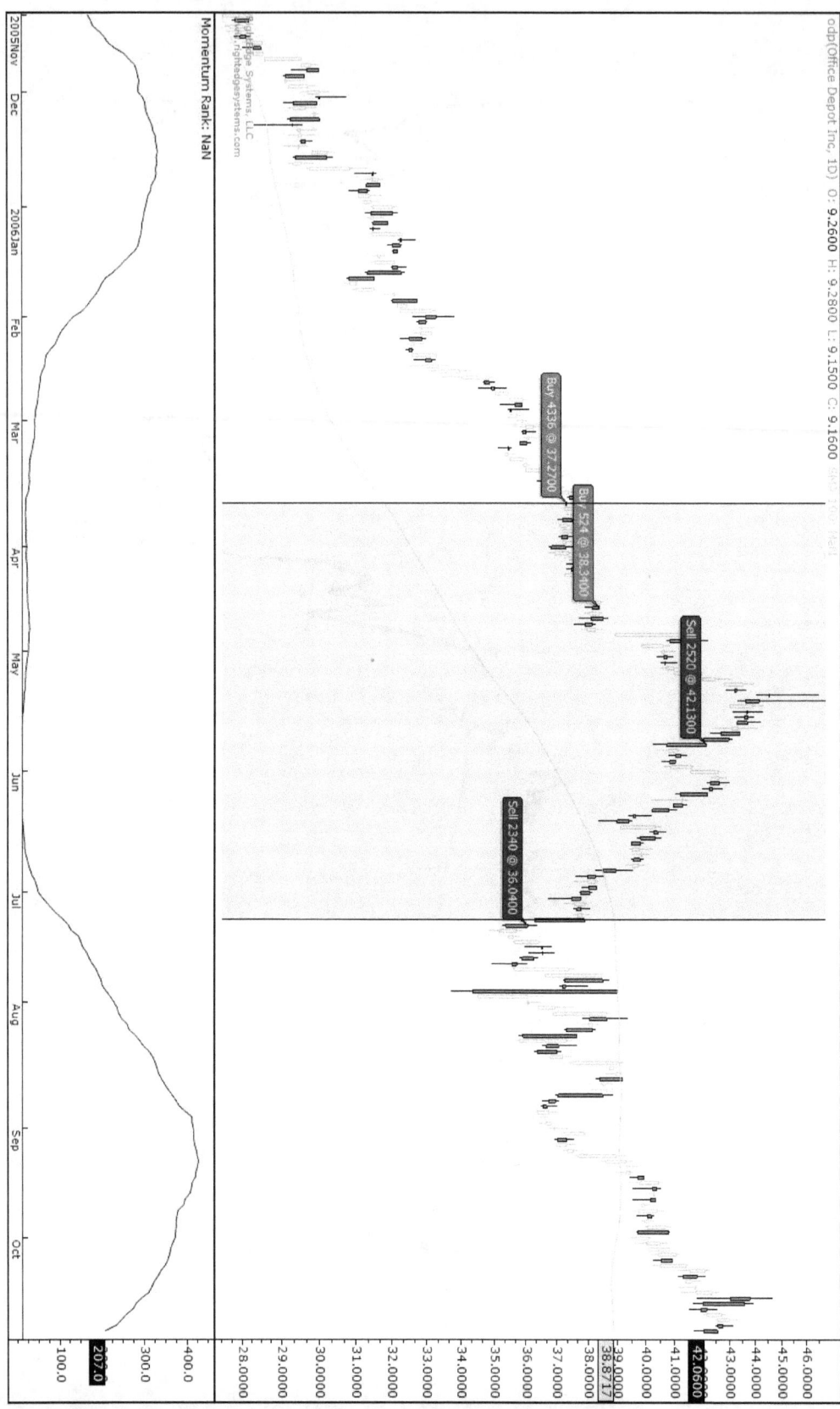

Graphe 13.32 Office Depot (*Buy* = Achat, *Sell* = Vente, *Rank* = Classement)

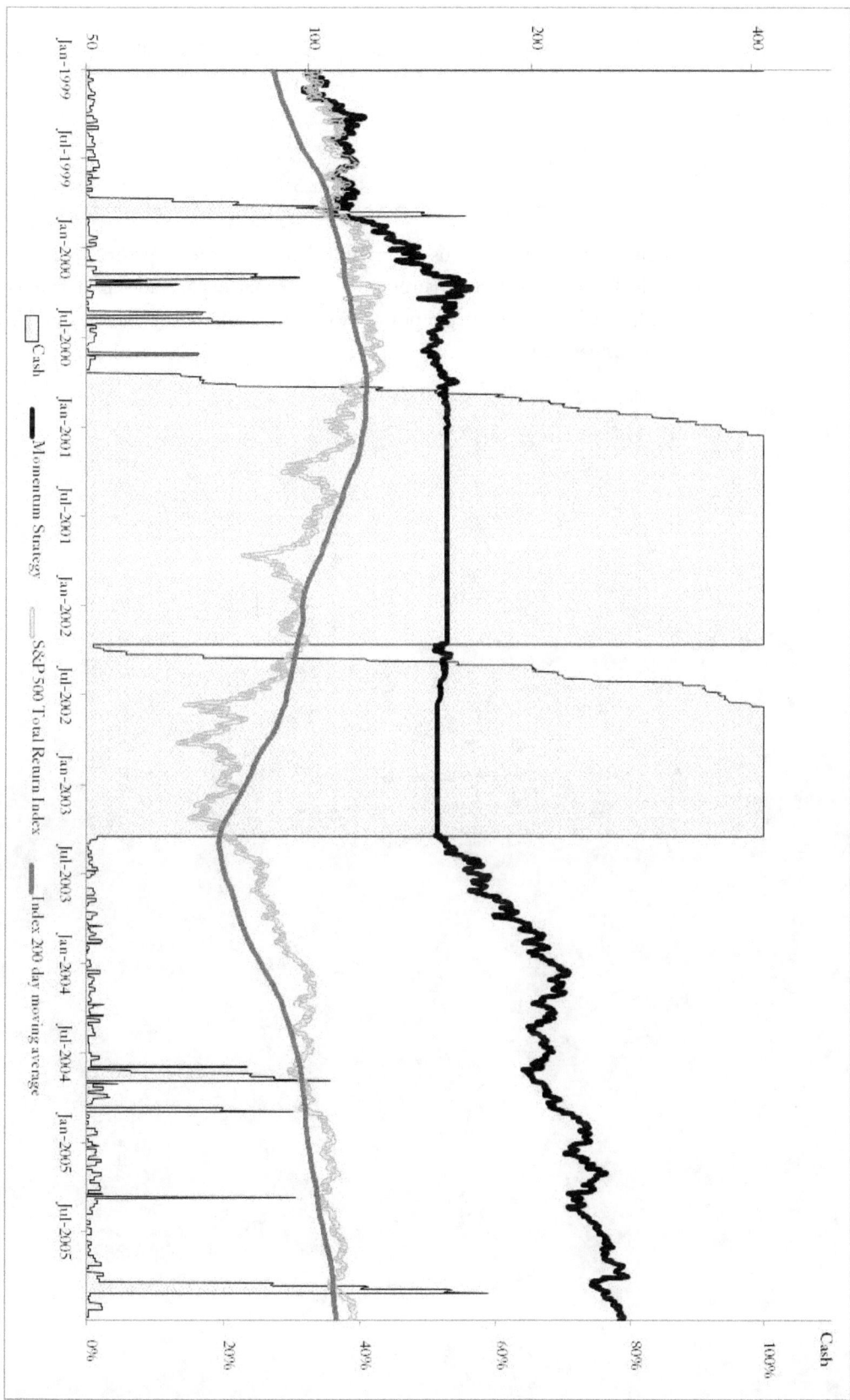

Graphe 13.33 Performance 1999-2006

Tableau 13.16 Résultats 2006

	Stratégie Momentum	Indice S&P 500 Rendement Total
Rendement 2006	2.4%	15.8%
Perte Maximale 2006	-18.5%	-7.5%
Rendement Annualisé depuis1999	13.1%	3.4%
Perte Maximale depuis 1999	-18.5%	-47.4%

Ce ne fut pas une année très plaisante même si nous avons fini dans le territoire positif. Nous avons cédé notre belle avance du début de l'année pour enregistrer une grosse perte par rapport à l'indice. Gardez cependant à l'esprit le graphe 13,33. C'est une stratégie pour le long terme. À tout moment, tout peut arriver. Dans le long terme cependant, nous gagnons.

13.9   2007

Après l'année bancale de 2006, nous avons vraiment besoin de montrer de bons résultats afin de reprendre confiance en cette stratégie. La fin de l'année dernière était embarrassante. Cette année encore nous voyons les actions technologies fortement représentées. En fait, notre portefeuille initial est entièrement dominé par deux secteurs. Les technologies et la consommation de base représentent environ 85 % de notre portefeuille. C'est une répartition assez agressive.

Tableau 13.17 Portefeuille initial 2007

Nom	Poids	Secteur
Apple Inc	3.6%	Technologie de l'information
Adobe Systems Inc	3.7%	Technologie de l'information
Amazon.com Inc	3.7%	Consommation Discrétionnaire
Allegheny Technologies Inc	2.9%	Matériaux
Autozone Inc	6.9%	Consommation Discrétionnaire
Big Lots Inc	2.8%	Consommation Discrétionnaire
BMC Software Inc	5.0%	Technologie de l'information
CBRE Group Inc	3.0%	Financières
Celgene Corp	3.2%	Santé
Coach Inc	4.1%	Consommation Discrétionnaire
Cisco Systems Inc	4.4%	Technologie de l'information
Eastman Kodak Co	4.1%	Technologie de l'information
Goldman Sachs Group Inc	5.0%	Financières
Goodyear Tire & Rubber Co	3.9%	Consommation Discrétionnaire
Hasbro Inc	6.2%	Consommation Discrétionnaire
Interpublic Group of Companies Inc	3.6%	Consommation Discrétionnaire
Juniper Networks Inc	2.8%	Technologie de l'information
Nordstrom Inc	3.7%	Consommation Discrétionnaire
NCR Corp	6.2%	Technologie de l'information
NVIDIA Corp	2.9%	Technologie de l'information
Sabre Holdings Corp	6.8%	Technologie de l'information
Unisys Corp	4.3%	Technologie de l'information
Yum! Brands Inc	5.2%	Consommation Discrétionnaire

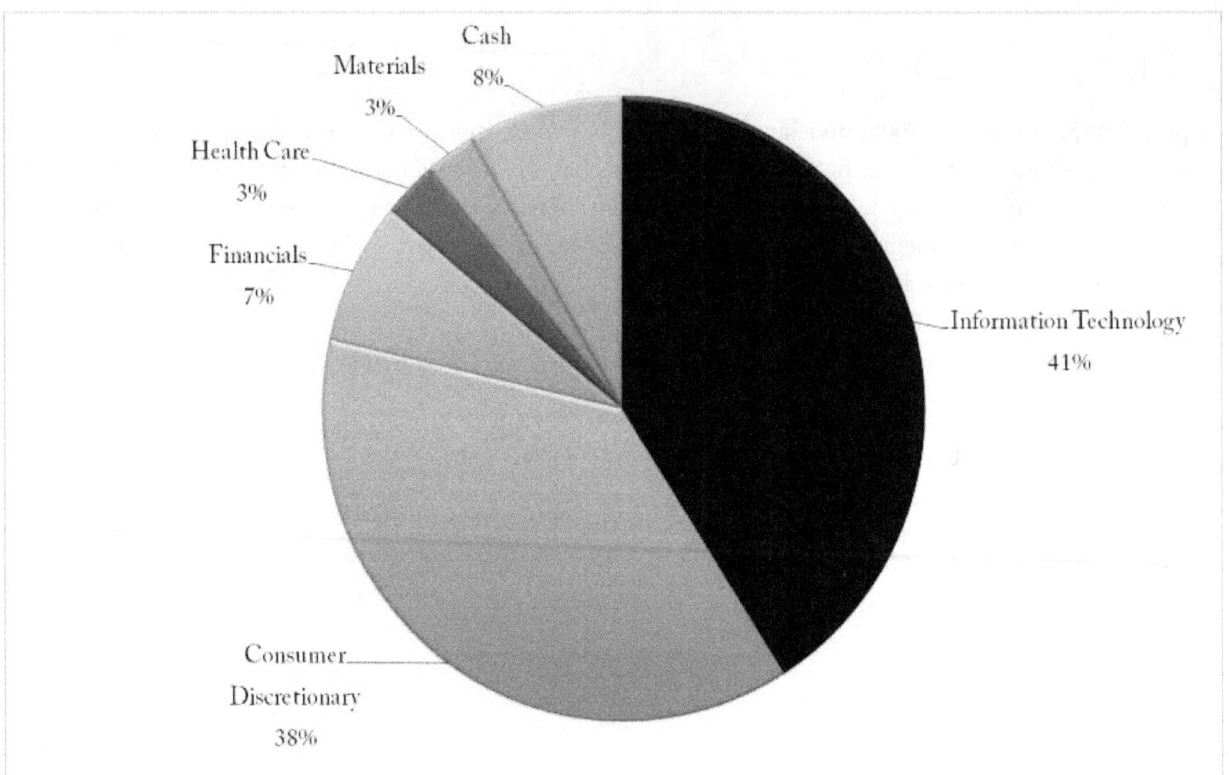

Graphe 13.34 Allocation initiale par secteurs 2007[11]

Nous devrions êtres désormais habitués aux performances capricieuses après ces années on ne peut plus mitigées. Cette année commence assez bien avec une progression de 8 % fin février. Après ça, nous assistons à une chute en dessous de zéro qui ne déclenche cependant pas une réduction de nos positions. Ces choses arrivent, rien de très inquiétant. C'est la vie des marchés. Puis le mouvement à la hausse repart, à la fois rapide et maintenu. Avant la fin de l'été, nous enregistrons une hausse de 17 % sur l'année. C'est une performance plus que respectable, surtout comparée aux 10 % de l'indice.

À partir de là, la volatilité refait surface et nous assistons à de larges fluctuations du portefeuille, lequel redescend brièvement à 3 % avant de remonter à 20 % sur l'année. Le marché oscille aussi mais pas autant que notre portefeuille à fort composant bêta. Il est fort probable que nous ressentions davantage ces fluctuations qu'avec le portefeuille générique dit équilibré.

Comme l'indice se rapproche de sa moyenne mobile nous réduisons notre exposition en conséquence au fil de l'année. De voir un potentiel 2006 se réitérer où nous réduisons nos positions au pire moment peut faire douter certains lecteurs sur la nécessité du filtre sur l'indice. Peut-être faudrait-il le modifier de 200 jours à 300 jours et ainsi éviter les faux signaux. Dans le chapitre 14, vous verrez pourquoi ce n'est pas une bonne idée. Pour le moment, faites-moi confiance.

---

[11] *Consumer Staples* = Consommation de base, *Consumer Discretionary* = Consommation discrétionnaire, *Health Care* = Santé, *Materials* = Matériaux, *Financials* = Financières, *Utilities* = Services aux collectivités, *Information Technology* = Technologies de l'Information, *Industrials* = Industries, *Telecommunication Services* = Services Télécom, *Energy* = Energies

Tableau 13.18 Résultats 2007

	Stratégie Momentum	Indice S&P 500 Rendement Total
Rendement 2007	17.3%	5.5%
Perte Maximale 2007	-12.8%	-9.9%
Rendement Annualisé depuis1999	13.6%	3.7%
Perte Maximale depuis 1999	-18.5%	-47.4%

La réduction de nos positions pendant cette année à certainement nuit à la performance. Nous finissons quand même plutôt bien l'année. L'indice, quant à lui, finit l'année à 5,5 % soit une différence d'environ 12 % avec notre stratégie, prouvant ainsi sa valeur après une année difficile.

Le graphe 13.36 montre une des transactions intéressantes de l'année. Nous achetons US Steel en janvier, la rééquilibrant plusieurs fois pour au final la vendre après un léger repli en juillet. Ce fut une excellente transaction et c'est exactement ce que nous voulons voir plus souvent.

Nous avons donc eu une année plus que décente, avec une performance à deux chiffres qui bat l'indice. Même si nous sommes toujours assez distant de notre plus haut de 2005, nous nous en rapprochons. Plus important encore est le fait que notre performance à long terme est significativement plus attrayante que la stratégie achat et maintien de l'indice.

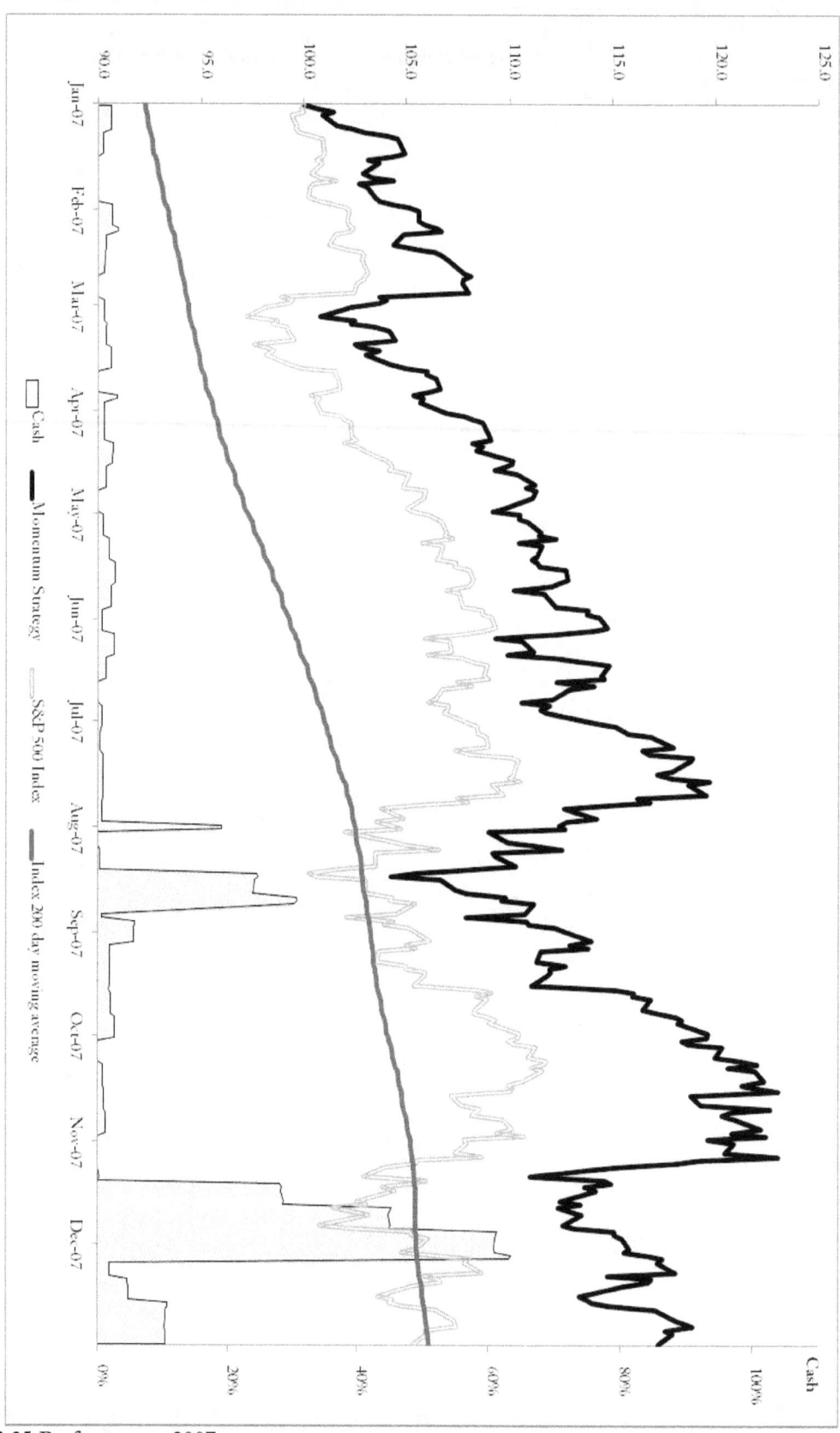

Graphe 13.35 Performance, 2007

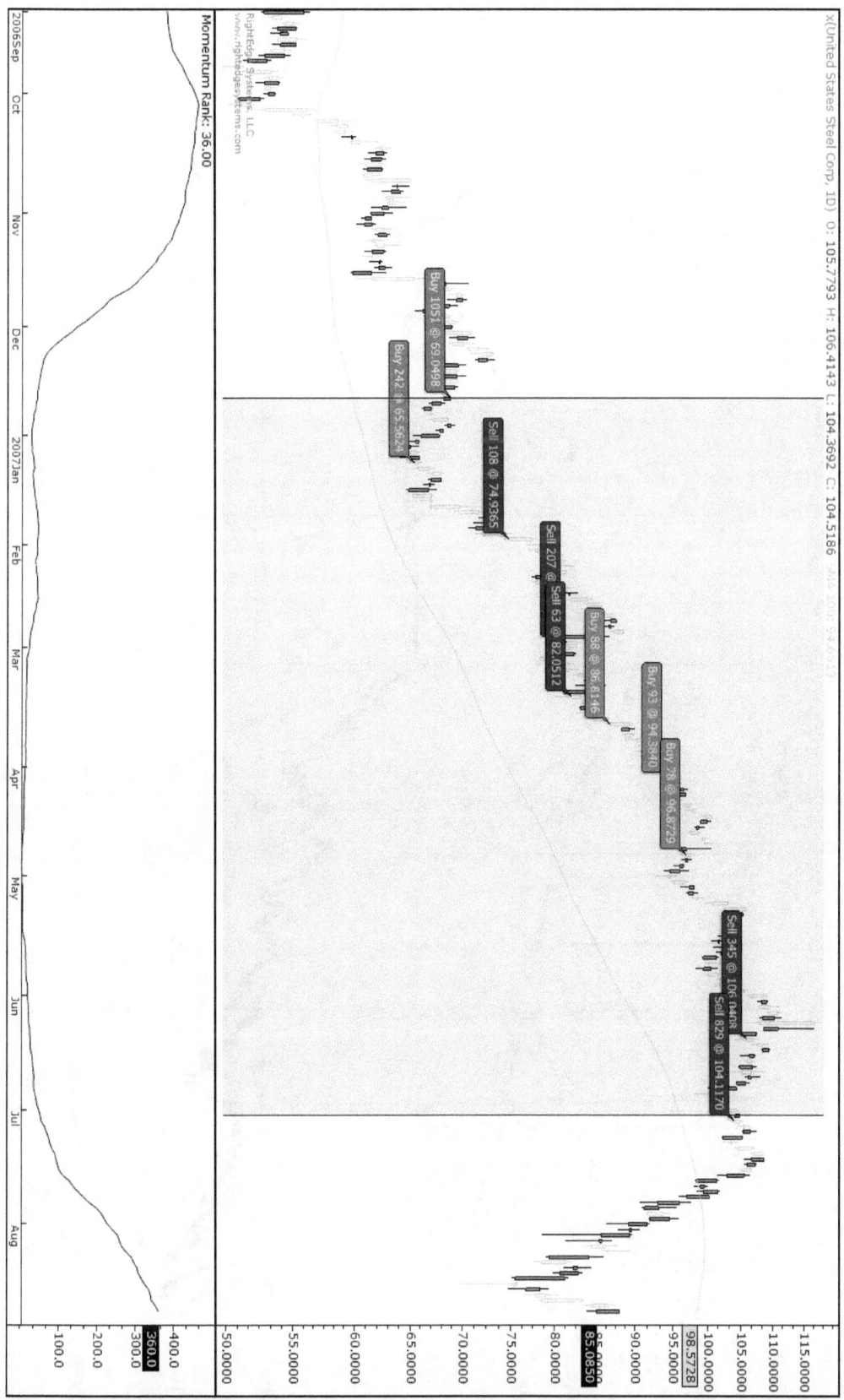

Graphe 13.36 US Steel (*Buy* = Achat, *Sell* = Vente, *Rank* = Classement)

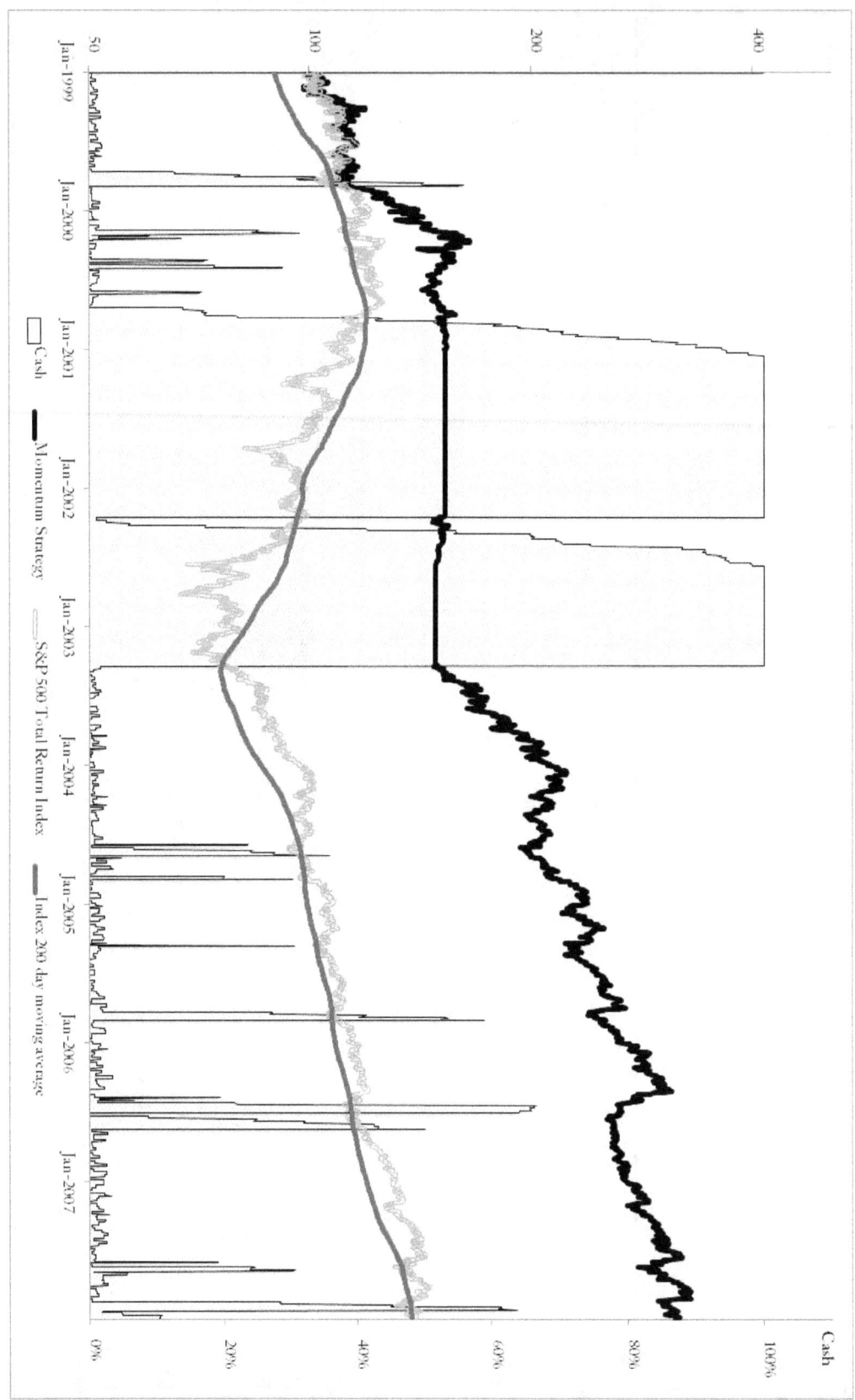

Graphe 13.37 Performance, 1999-2007

13.10   2008

Si le chiffre 2008 ne vous donne pas la chair de poule ou ne déclenche des symptômes de stress post-traumatiques, vous avez eu alors sûrement la chance de ne pas travailler dans la finance à cette époque. Ce fut une année extrêmement stressante. Même ceux qui s'en sont sortis avec une performance positive se rappellent de cette année avec horreur. C'était il n'y a pas si longtemps que ça et il est toujours éprouvant de se rappeler à quel point nous étions proches du précipice.

C'était l'année où le système financier était proche de l'effondrement. N'importe quelle banque pouvait faire banqueroute à chaque instant. La plupart d'entre nous répartissait nos espèces chaque jour entre ces banques afin de réduire le risque pour les prochaines 24 heures. Même si le marché a subi une chute énorme cette année, nous étions chanceux d'avoir notre portefeuille principalement en espèces.

Tableau 13.19 Portefeuille initial, 2008

Nom	Poids	Secteur
Apple Inc	2.7%	Technologie de l'information
Assurant Inc	3.7%	Financières
Apache Corp	3.3%	Energy
Apollo Education Group Inc	2.6%	Consommation Discrétionnaire
Peabody Energy Corp	2.6%	Energie
CONSOL Energy Inc	2.9%	Energie
Deere & Co	3.0%	Industries
EOG Resources Inc	3.8%	Energie
Express Scripts Holding Co	4.0%	Santé
Gilead Sciences Inc	3.3%	Santé
Google Inc	3.2%	Technologie de l'information
Jacobs Engineering Group Inc	2.9%	Industries
McDonald's Corp	4.7%	Consommation Discrétionnaire
Monsanto Co	2.8%	Matériaux
Murphy Oil Corp	3.7%	Energie
Newmont Mining Corp	2.7%	Matériaux
Northern Trust Corp	3.2%	Financières
Occidental Petroleum Corp	3.0%	Energie
The Pepsi Bottling Group Inc	3.8%	Consommation de Base
Procter & Gamble Co	6.1%	Consommation de Base
Transocean Ltd	3.0%	Energie
Charles Schwab Corp	3.0%	Financières
Molson Coors Brewing Co	3.4%	Consommation de Base
Textron Inc	3.9%	Industries
Waters Corp	5.0%	Santé
Yum! Brands Inc	4.2%	Consommation Discrétionnaire

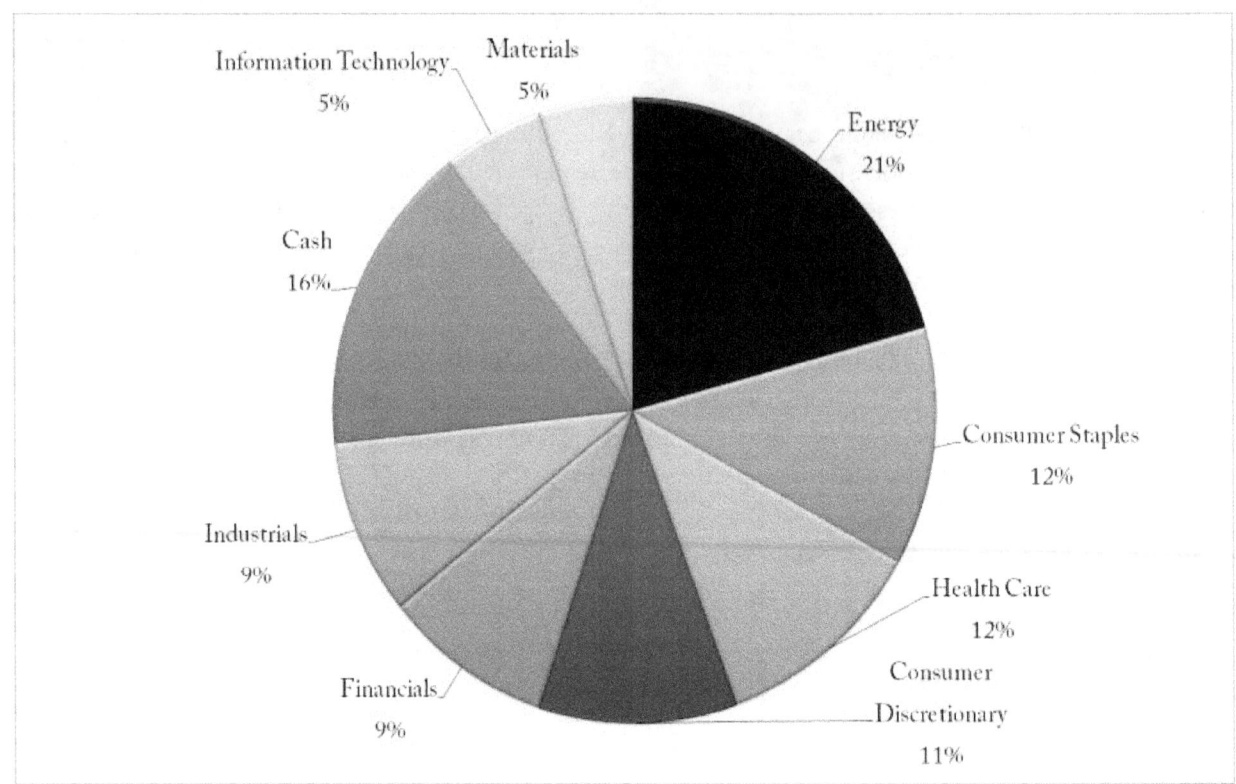

Graphe 13.38 Allocation initiale par secteurs, 2008[12]

Début 2008, l'indice était déjà sous sa moyenne mobile à long terme. Il passa en dessous juste à la fin de l'année d'avant et nous avions déjà commencé à réduire un peu nos positions. Même si notre portefeuille contient 10 % de liquidité en janvier, il suit le marché lorsque celui-ci chute d'environ 10 % dans les deux premières semaines. Chaque semaine, nous vendons quelques actions et, comme l'indice reste en dessous de sa moyenne mobile, nous ne les remplaçons pas. Remarquez comment notre position en espèce augmente chaque semaine dans le graphe 13.39.

Comme nos positions en actions se réduisent au fur et à mesure, nous voyons la volatilité de notre portefeuille diminuer. En fait, à partir de mai, nous avons une exposition nulle au marché boursier. Nous sommes entièrement en espèces.

Comme expliqué auparavant, il est important de se rappeler que dans de telles situations, être en espèces ne signifie pas laisser ses espèces dormir sur un compte bancaire. En cas d'une banqueroute, ces espèces disparaîtraient d'où l'importance de les investir dans les marchés monétaires ou encore des bons du Trésor. Si vous pensez que je suis paranoïaque, c'est que nous vous n'avez probablement pas vécu les événements de 2008. Certaines banques et courtiers prestigieux ont tout simplement disparu, emmenant avec eux les liquidités de leurs clients.

---

[12] *Consumer Staples* = Consommation de base, *Consumer Discretionary* = Consommation discrétionnaire, *Health Care* = Santé, *Materials* = Matériaux, *Financials* = Financières, *Utilities* = Services aux collectivités, *Information Technology* = Technologies de l'Information, *Industrials* = Industries, *Telecommunication Services* = Services Télécom, *Energy* = Energies

Les événements de 2008 ont commencé plutôt doucement. Pendant plusieurs mois, nous assistions à un marché latéral, avec une inclinaison baissière. Les choses s'accélérèrent lorsque la banque Bear Stearns fut rachetée en mars, même si juste après, les marchés semblaient se stabiliser.

Pour l'investisseur qui utilise une approche momentum avec un filtre de tendance sur l'indice, rien de tout ça ne l'importe. Bien sûr, cela reste stressant de voir le développement le tels événements dans le monde, mais au final, notre portefeuille n'est pas impacté.

Fin mai, notre avantage d'être en liquide semblait être remis en cause. Alors que nous étions à -8 %, le marché remontait à 0 %. C'est une situation qui est plus stressante qu'elle n'en a l'air car il est très tentant à ce moment d'outrepasser les règles et de commencer à acheter, de peur d'être laissé derrière.

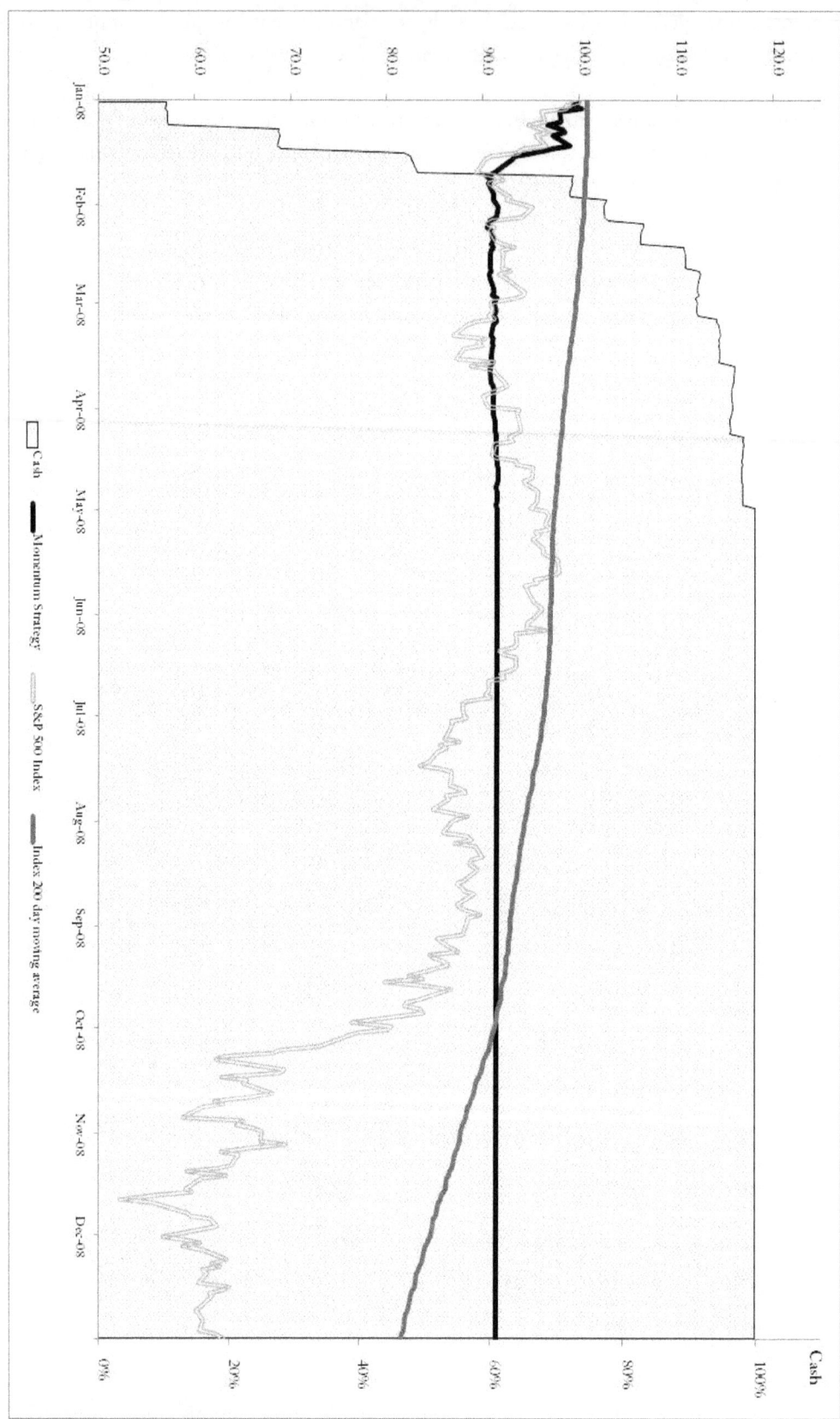

Graphe 13.39 Performance, 2008

Et c'est justement pour cela que nous avons des règles bien précises, afin de garantir un comportement consistant au fil du temps. C'est le seul moyen d'avoir un peu de prévisibilité dans nos rendements.

Deux mois plus tard, l'indice qui repasse en territoire négatif, tombait jusqu'à - 15 %. C'est à ce moment-là que les choses commencèrent vraiment à se gâter.

Pendant l'automne 2008, nous assistions à quelque chose jamais vu auparavant, que j'espère ne plus jamais voir. Le marché était en chute libre. Aucun plancher n'était en vue et les actions tombaient violemment. Au début du mois d'octobre, le S&P 500 enregistrait une perte de 40 % sur l'année. C'est le mois où les banques et les courtiers implosaient de partout. Il n'y avait aucun endroit où se cacher.

En novembre, le S&P 500, indice de référence des grosses capitalisations boursières américaines, perdait 47 % sur l'année. Le marché boursier américain avait perdu la moitié de sa valeur. En une année.

Et notre portefeuille momentum ? Et bien il est toujours ancré à - 8 %, comme en janvier.

Bien sûr, une perte de 8 % n'est pas agréable. Cependant, comparé à la plupart des gens, vous êtes soudainement dans une bien meilleure position, malgré cette perte.

Peabody Energy était une des meilleures actions de 2008, achetée en décembre 2007, qui a survécu dans ce marché baissier. Consol, quant à elle, se maintenait jusqu'à la fin avril, moment où elle fut vendue à cause de son classement qui tomba en dessous des 100 premières actions. C'était la dernière action du portefeuille.

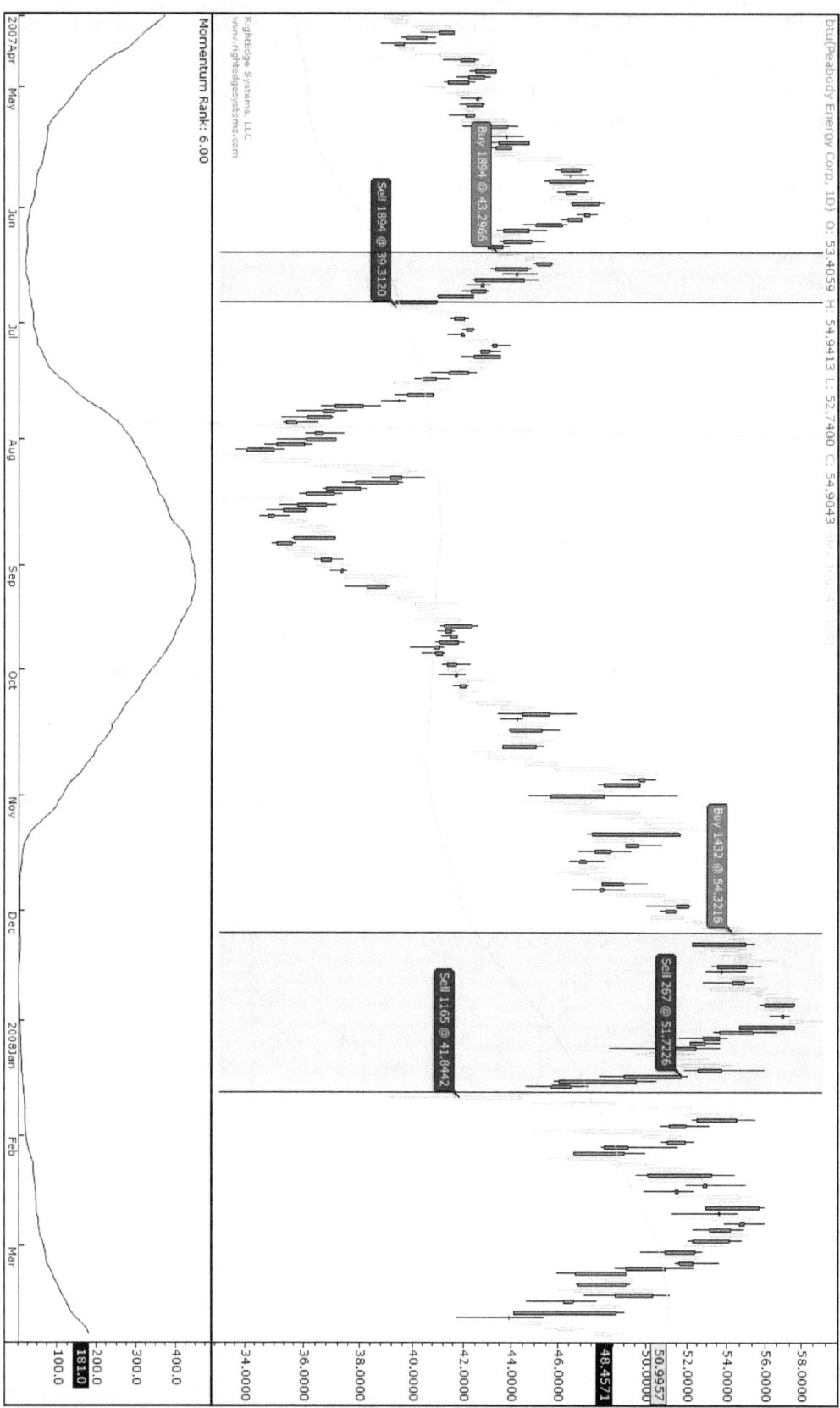

Graphe 13.40 Peabody Energy (*Buy* = Achat, *Sell* = Vente, *Rank* = Classement)

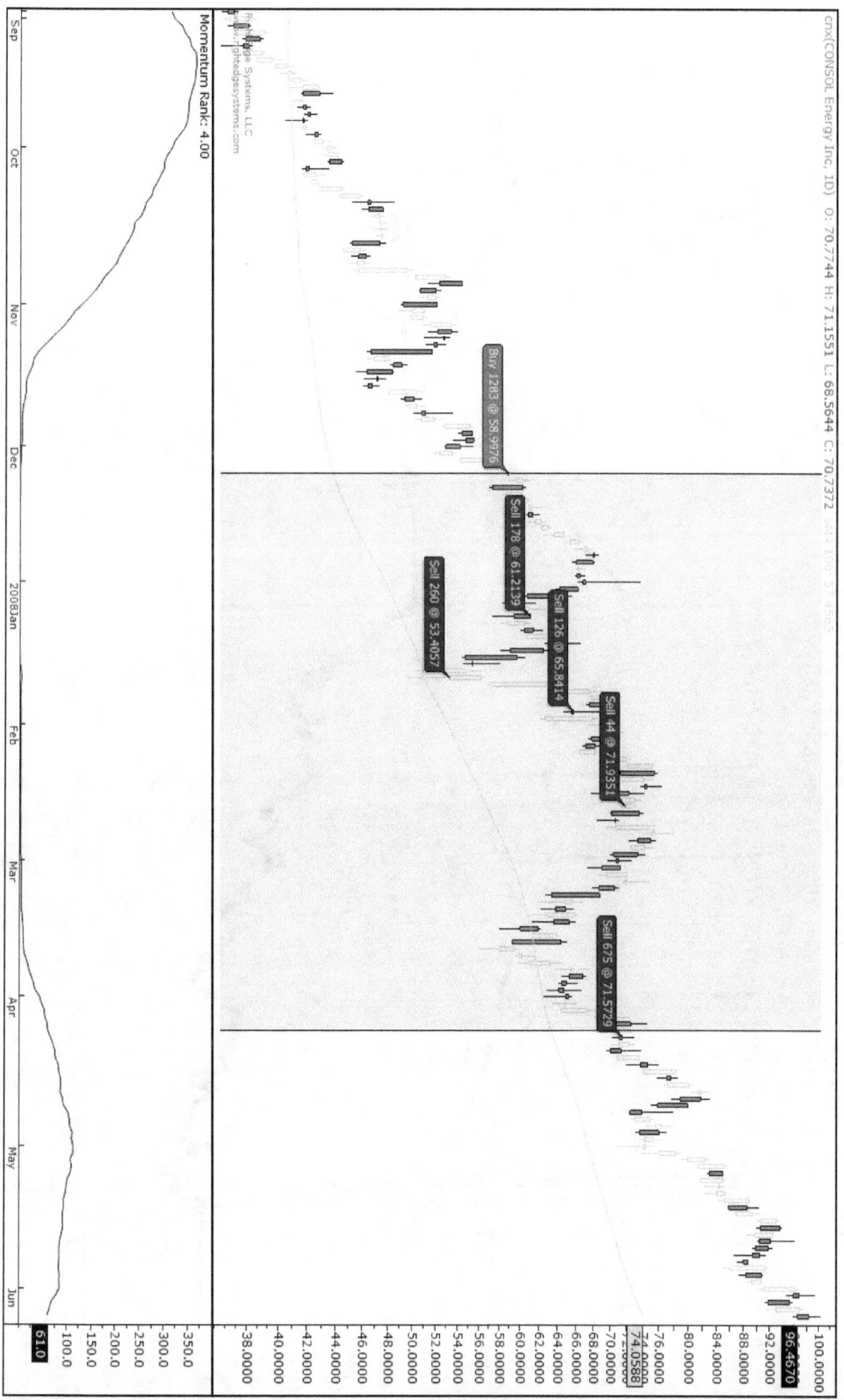

Graphe 13.41 Consol (*Buy* = Achat, *Sell* = Vente, *Rank* = Classement)

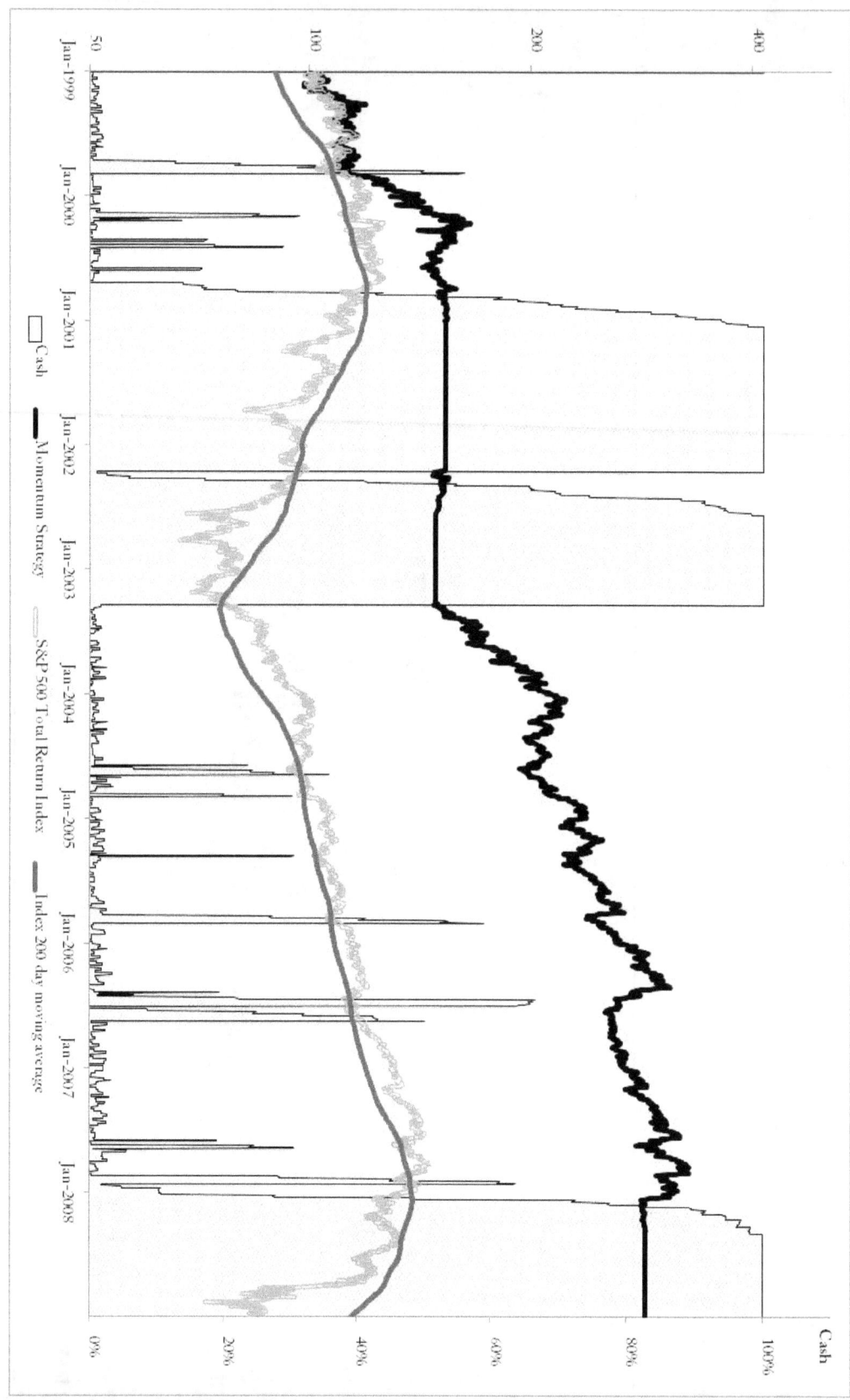

Graphe 13.42 Performance, 1999-2008

Vous vous rappelez de notre position neutre en 2001 ? Nous sommes dans la même situation. Maintenant que nous avons un très bon bilan sur le long terme et que le reste du monde perd de l'argent minutes après minutes, nous sommes rassurés d'être entièrement en espèces.

Tableau 13.20 Résultats, 2008

	Stratégie Momentum	Indice S&P 500 Rendement Total
Rendement 2008	-8.5%	-37.0%
Perte Maximale 2008	-9.8%	-47.7%
Rendement Annualisé depuis1999	11.2%	-1.4%
Perte Maximale depuis 1999	-18.5%	-50.7%

Un investisseur qui aurait acheté $100 de S&P 500 au début de 1999 enregistrerait alors une perte de $15. Sur la même période, le même investissement dans notre stratégie momentum montrerait un profit de $188.

13.11   2009

Nous l'avons vraiment échappé belle, hein ? Alors que le S&P 500 finit à - 40 % l'année dernière, nous limitons les pertes à - 10 %. Ceci veut dire aussi que l'indice est très loin de sa moyenne mobile. Comme prévu, nous commençons donc 2009 sans aucune action, ce qui est un soulagement compte tenu que le S&P 500 continue sa trajectoire négative, enregistrant - 14 % en janvier et finit à - 27 % en mars.

Avec le recul, nous savons aujourd'hui que c'était le meilleur moment pour acheter des actions. Sauf qu'à l'époque, ça n'en avait pas l'air. Au contraire, tout indiquait que la fin du monde était proche. Même si il est tentant de dire que justement c'est lorsque qu'on est proche de la fin du monde qu'il faut acheter des actions, il n'est jamais facile, voire impossible, de déceler le plus bas du marché.

Les marchés se retournèrent brutalement à la hausse en mars. Le graphe 13.43 montre comment l'indice était à des kilomètres de sa moyenne mobile à l'époque. Cette moyenne qui continuait à piquer du nez, allait bientôt rencontrer l'indice qui grimpait comme une fusée. En juin, les deux étaient réunis après bientôt un an de séparation.

L'indice qui traverse sa moyenne mobile nous donne enfin le feu vert pour acheter des actions. Néanmoins, nous sommes capables de remplir que la moitié du portefeuille. Et savez-vous pourquoi ?
Vous vous rappelez qu'un de nos critères d'achat stipule qu'une action doit se trouver au-dessus de sa moyenne mobile à 100 jours ? Ce critère disqualifie la majorité des actions qui constitue le S&P 500 à cette époque.

Les actions qui remplissaient tous les critères étaient achetées à partir du haut du classement. D'habitude, nous achetons tant qu'il nous reste des espèces. Cette fois-ci cependant, nos achats s'arrêtèrent au moment où nous n'avons plus d'actions qui se trouvent au-dessus de leurs moyennes mobiles à 100 jours. C'est une situation assez rare mais qui peut arriver.

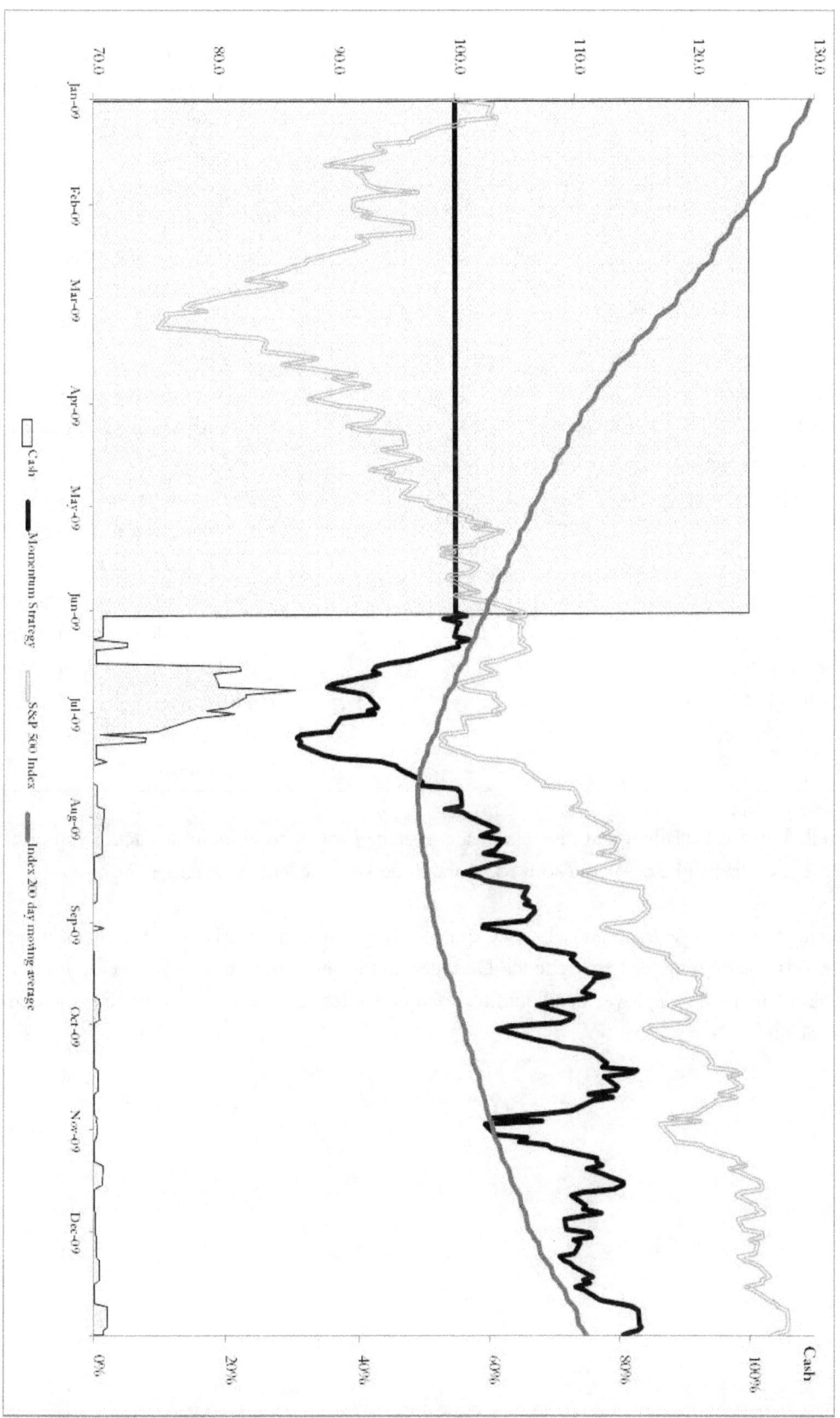

Graphe 13.43 Performance, 2009

Tableau 13.21 Portefeuille, Juin 2009

Nom	Poids	Secteur
Advanced Micro Devices Inc	1.4%	Technologie de l'information
AutoNation Inc	1.8%	Consommation Discrétionnaire
Allegheny Technologies Inc	1.7%	Matériaux
Big Lots Inc	1.8%	Consommation Discrétionnaire
CF Industries Holdings Inc	2.5%	Matériaux
Ciena Corp	1.6%	Technologie de l'information
CME Group Inc	2.1%	Financières
Coach Inc	1.9%	Consommation Discrétionnaire
Goldman Sachs Group Inc	2.5%	Financières
Goodyear Tire & Rubber Co	1.2%	Consommation Discrétionnaire
Starwood Hotels & Resorts Worldwide Inc	1.7%	Consommation Discrétionnaire
Intercontinental Exchange Inc	2.3%	Financières
Interpublic Group of Companies Inc	1.7%	Consommation Discrétionnaire
Johnson Controls Inc	2.0%	Consommation Discrétionnaire
J C Penney Company Inc	1.6%	Consommation Discrétionnaire
Meredith Corp	2.4%	Consommation Discrétionnaire
Motorola Solutions Inc	2.0%	Technologie de l'information
Monster Worldwide Inc	1.6%	Technologie de l'information
Nabors Industries Ltd	1.7%	Energie
Pioneer Natural Resources Co	1.6%	Energie
Sealed Air Corp	2.5%	Matériaux

Le portefeuille initial est relativement diversifié, sans secteur prononcé. Il inclut les actions qui ont rebondi le plus rapidement et disqualifie celles qui sont toujours en dessous de leurs moyennes mobiles.

Le portefeuille était assez volatile au début, ce qui n'est pas surprenant à la sortie d'un tel marché baissier. Nous n'essayons pas de minuter le marché ici. De telles méthodes sont vouées à l'échec de toute façon. Nous cherchons simplement à redéployer des liquidités lorsque toutes les conditions sont réunies, comme définie par notre stratégie.

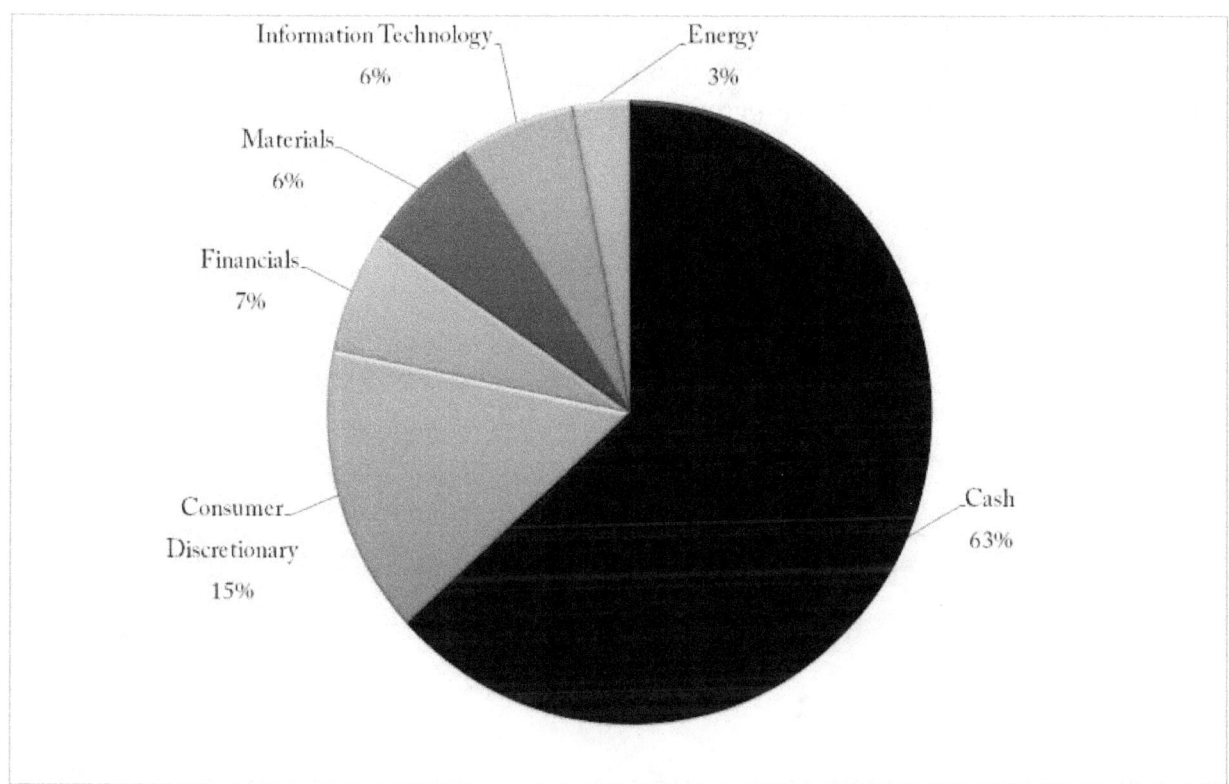

Graphe 13.44 Allocation par secteurs 2009[13]

Dans les deux premiers mois, notre portefeuille subit une perte de 7 % soit un peu plus que l'indice. Les choses s'améliorent cependant pour le restant de l'année. Comme notre portefeuille a une grosse portion de liquidité, nous ne participons pas entièrement au rebond du marché. Il faudra attendre septembre pour que notre portefeuille soit entièrement investi en actions. Nous finissons l'année à + 14 % et le marché à + 26 %.

La transaction FClassementlin dans le graphe 13.45 participa au bon rendement de cette année. Elle progressa rapidement juste après son achat. Il fallut cependant la rééquilibrer à plusieurs reprises suite à une forte volatilité. Nous la liquidions finalement en décembre pour enregistrer un bon profit.

Tableau 13.22 Résultats 2009

	Stratégie Momentum	Indice S&P 500 Rendement Total
Rendement 2009	14.0%	26.5%
Perte Maximale 2009	-14.1%	-27.2%
Rendement Annualisé depuis1999	11.4%	0.9%
Perte Maximale depuis 1999	-24.3%	-55.3%

---

[13] *Consumer Staples* = Consommation de base, *Consumer Discretionary* = Consommation discrétionnaire, *Health Care* = Santé, *Materials* = Matériaux, *Financials* = Financières, *Utilities* = Services aux collectivités, *Information Technology* = Technologies de l'Information, *Industrials* = Industries, *Telecommunication Services* = Services Télécom, *Energy* = Energies

Après avoir étés absents des marchés boursiers, nous sommes finalement de retour. Bien que nous n'ayons pas participé entièrement au rebond du marché, notre stratégie à bien su gérer ce marché baissier et notre surperformance depuis le début est conséquente.

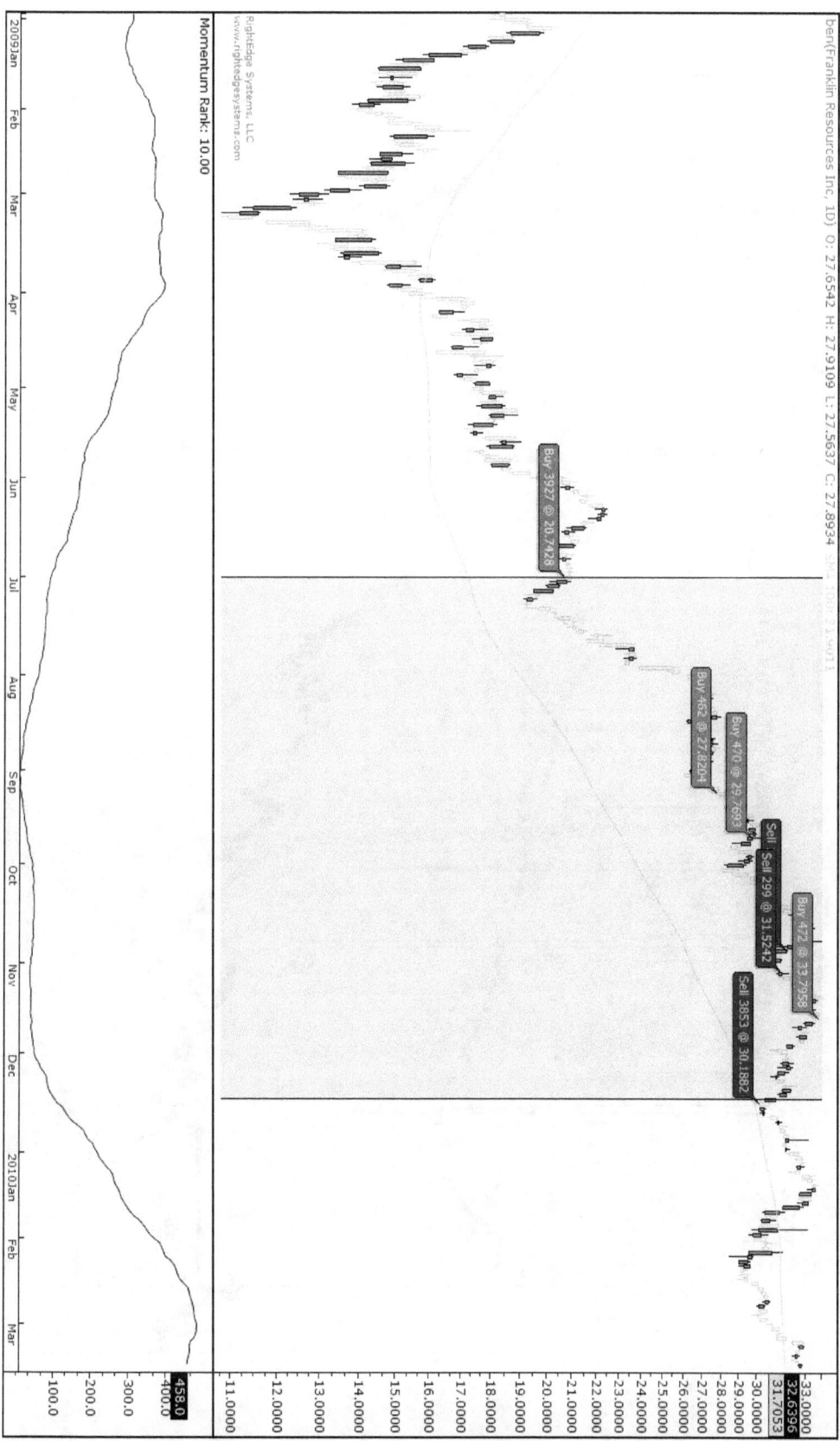

Graphe 13.45 Franklin Resources (*Buy* = Achat, *Sell* = Vente, *Rank* = Classement)

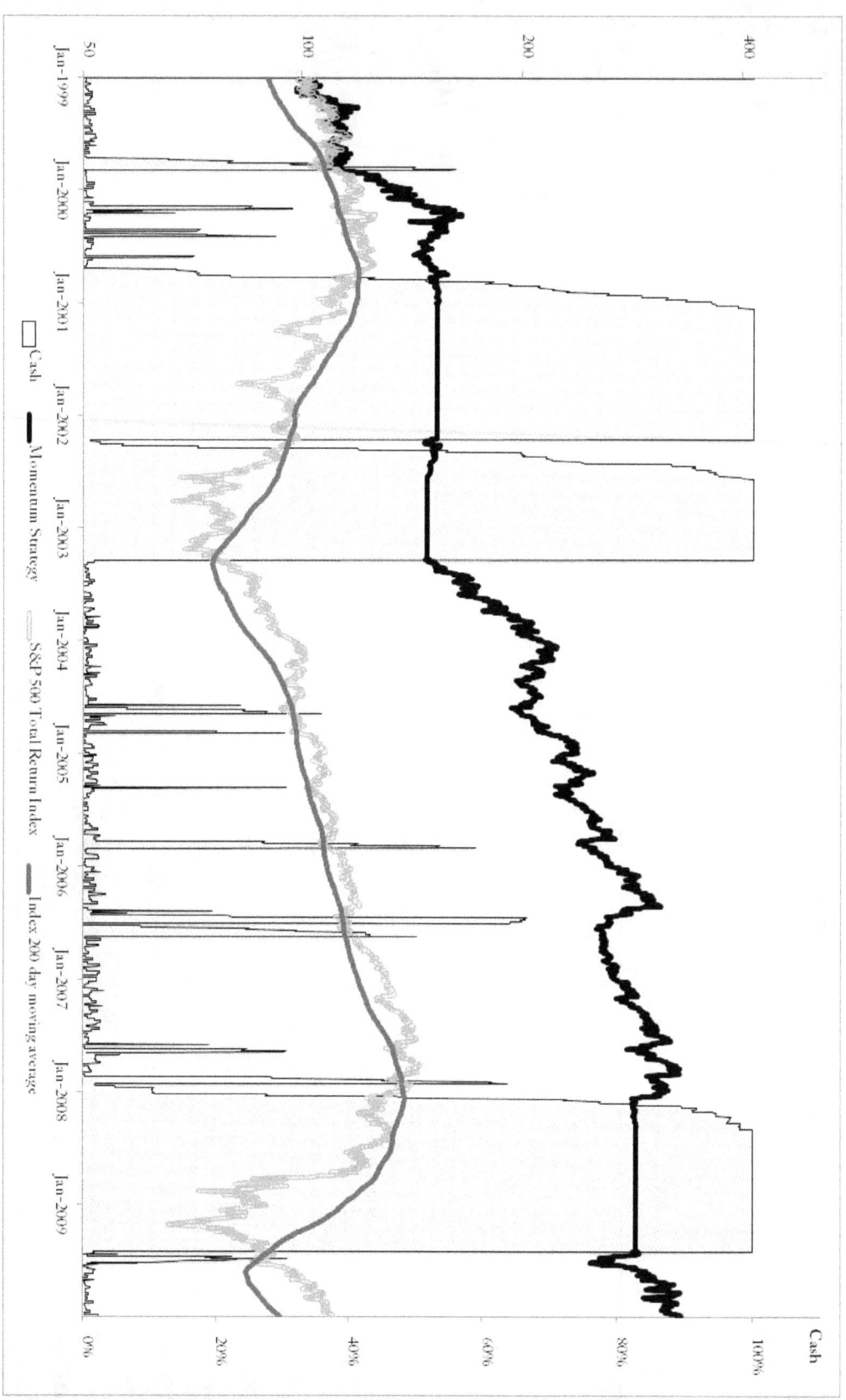

Graphe 13.46 Performance 1999-2009

13.12   2010

Ce dont nous avons vraiment besoin maintenant est un marché haussier. Hélas, ce ne sera pas pour 2010.

Nous entamons cette année avec un portefeuille qui a une forte tendance en technologies et discrétionnaire, suivi par la santé et les matériaux. Vous avez sûrement remarqué que ces portefeuille momentum ont la tendance d'être surreprésentés en technologie et discrétionnaire. Ce n'est pas dû à un défaut de construction mais simplement au fait que, dans la dernière décennie, ces secteurs ont eu un momentum plus élevé.

Tableau 13.23 Portefeuille initial, 2010

Nom	Poids	Secteur
Akamai Technologies Inc	2.9%	Technologie de l'information
Ameriprise Financial Inc	3.4%	Financières
Cardinal Health Inc	6.2%	Santé
Caterpillar Inc	3.4%	Industries
Cliffs Natural Resources Inc	2.6%	Matériaux
Salesforce.com Inc	3.4%	Technologie de l'information
Cognizant Technology Solutions Corp	4.6%	Technologie de l'information
Estee Lauder Companies Inc	4.0%	Consommation de Base
Freeport-McMoRan Inc	3.1%	Matériaux
FLIR Systems Inc	4.3%	Technologie de l'information
Google Inc	7.9%	Technologie de l'information
Harman International Industries Inc	2.5%	Consommation Discrétionnaire
Harris Corp	5.1%	Technologie de l'information
Jabil Circuit Inc	2.8%	Technologie de l'information
Nordstrom Inc	3.5%	Consommation Discrétionnaire
Lexmark International Inc	3.3%	Technologie de l'information
Alpha Appalachia Holdings Inc	2.7%	Energie
MeadWestvaco Corp	3.7%	Matériaux
Mylan Inc	4.4%	Santé
NetApp Inc	3.9%	Technologie de l'information
PNC Financial Services Group Inc	3.2%	Financières
Pioneer Natural Resources Co	3.0%	Energie
RadioShack Corp	3.2%	Consommation Discrétionnaire
Tiffany & Co	3.1%	Consommation Discrétionnaire
Whirlpool Corp	3.8%	Consommation Discrétionnaire
Wyndham Worldwide Corp	3.1%	Consommation Discrétionnaire

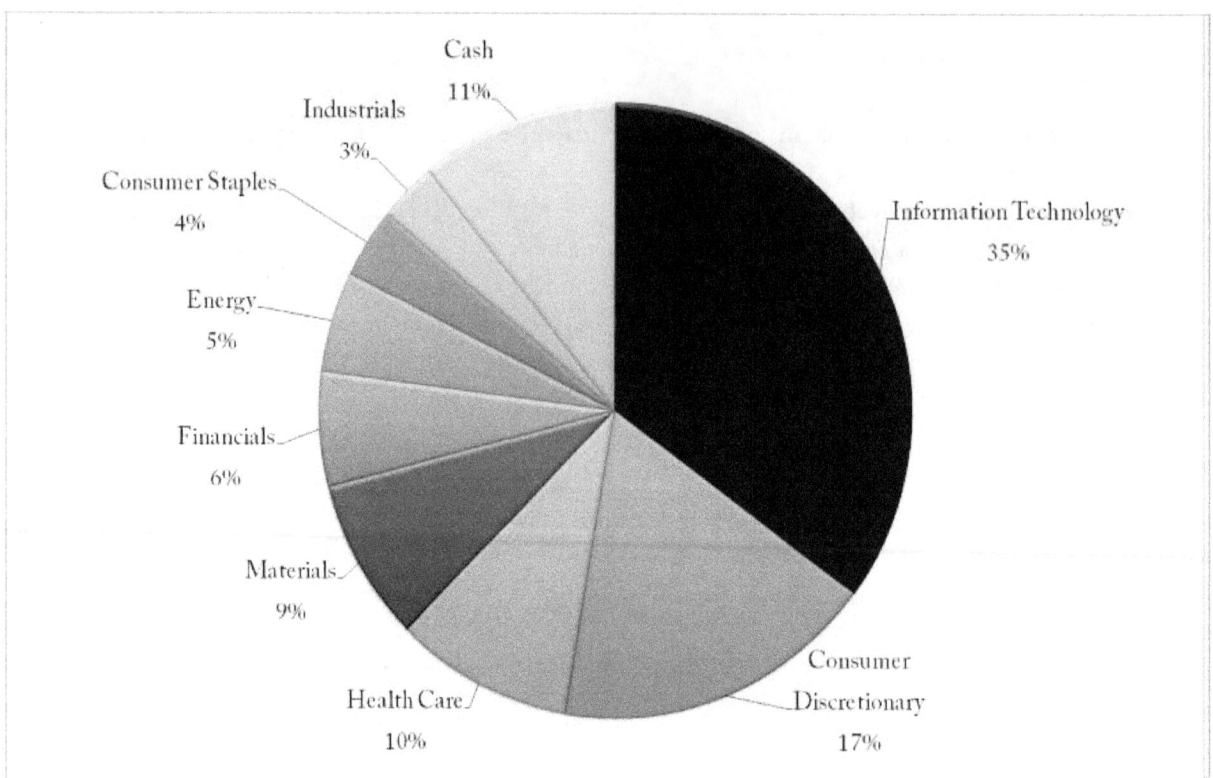

Graphe 13.47 Allocation par secteurs, 2010[14]

La valeur du portefeuille diminua en début d'année suivant ainsi le mouvement de l'indice et ce, jusqu'au début mars. Notre portefeuille dépassa alors l'indice pour enregistrer un gain de 19 % soit environ 10 % de plus que l'indice sur l'année.

Ce fut alors notre point haut de l'année, laquelle se révéla plutôt turbulente. Alors que nous perdions tous nos gains, l'indice lui aussi tomba mais encore plus bas. Nous touchions le plus bas au mois d'août à - 7 % depuis le début de l'année, au même niveau que l'indice.

L'indice passait la plupart de l'été sous sa moyenne, nous signifiant alors la nécessité de réduire nos positions. Lorsque l'indice passe sous sa moyenne mobile, un des deux scenario suivants se présente : soit le marché passe en mode baissier et il nous laisse le temps de réduire nos positions, soit l'indice rebondit et alors nous avons de la difficulté à le rattraper. Le dernier scénario est le plus commun et nous devons accepter ce prix à payer afin de nous protéger contre des corrections potentiellement plus sévères.

Et c'est exactement ce qui se passe dans ce cas. Le marché rebondit et comme nous avons une faible exposition aux actions, nous perdons de la distance. Bien que notre portefeuille progresse honorablement, nous n'arriverons pas à rattraper l'indice avant la fin décembre. Nous terminerons cependant à environ 12 % sur l'année, ce qui n'est pas si mal. C'est une stratégie à long terme qui a fait ses preuves jusqu'à maintenant en nous donnant une très bonne avance par rapport à l'indice de référence.

---

[14] *Consumer Staples* = Consommation de base, *Consumer Discretionary* = Consommation discrétionnaire, *Health Care* = Santé, *Materials* = Matériaux, *Financials* = Financières, *Utilities* = Services aux collectivités, *Information Technology* = Technologies de l'Information, *Industrials* = Industries, *Telecommunication Services* = Services Télécom, *Energy* = Energies

La transaction Sandisk fut très bonne même si nous la liquidions lorsqu'elle tomba. Le graphe 13.49 montre comment l'action se maintenait pendant pratiquement toute l'année. Biogen dans le graphe 13.50 était quant à elle plus difficile. Ce fut l'une de ses actions qui chuta au début de l'année, endommageant ainsi notre performance alors que le marché tombait.

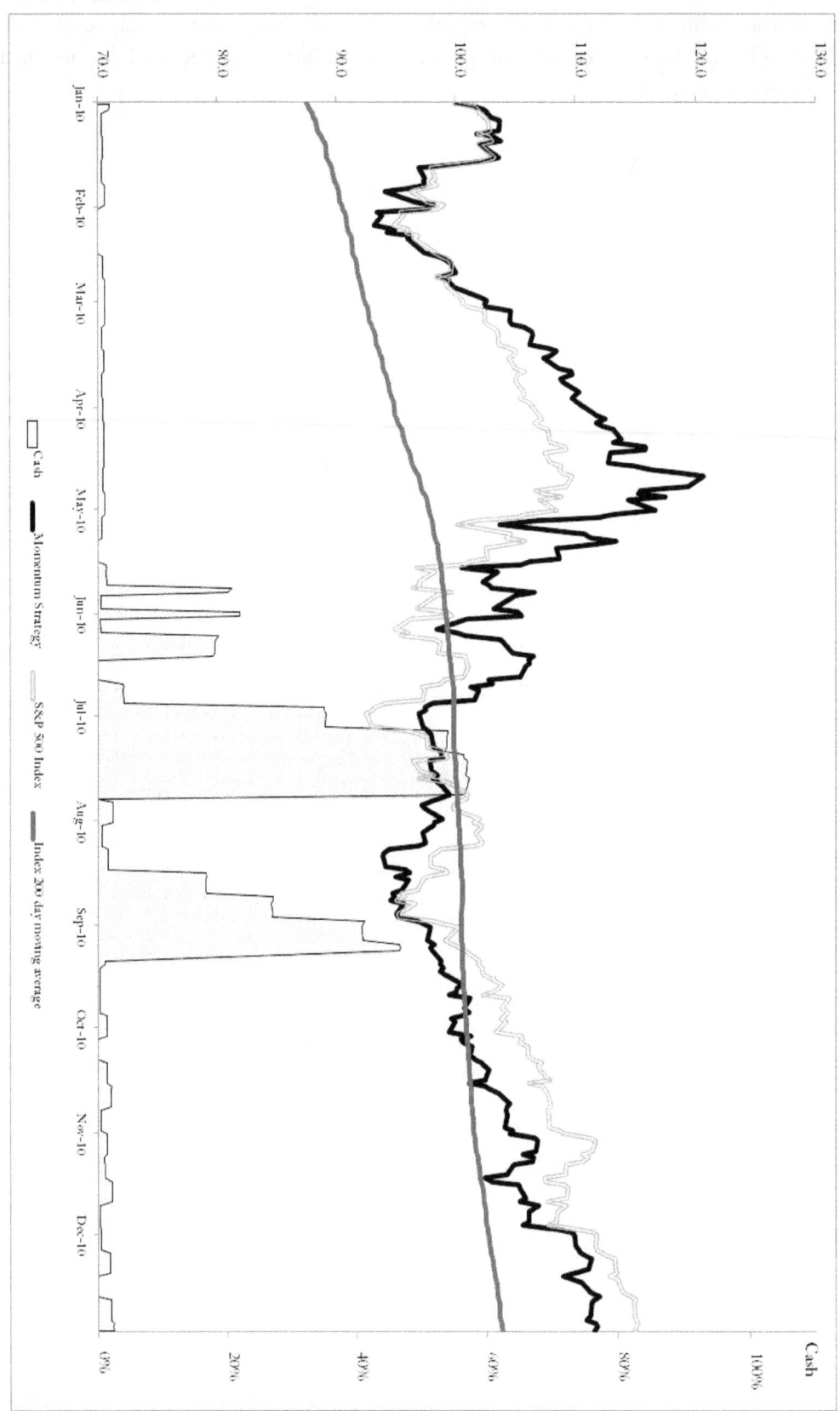

Graphe 13.48 Performance, 2010

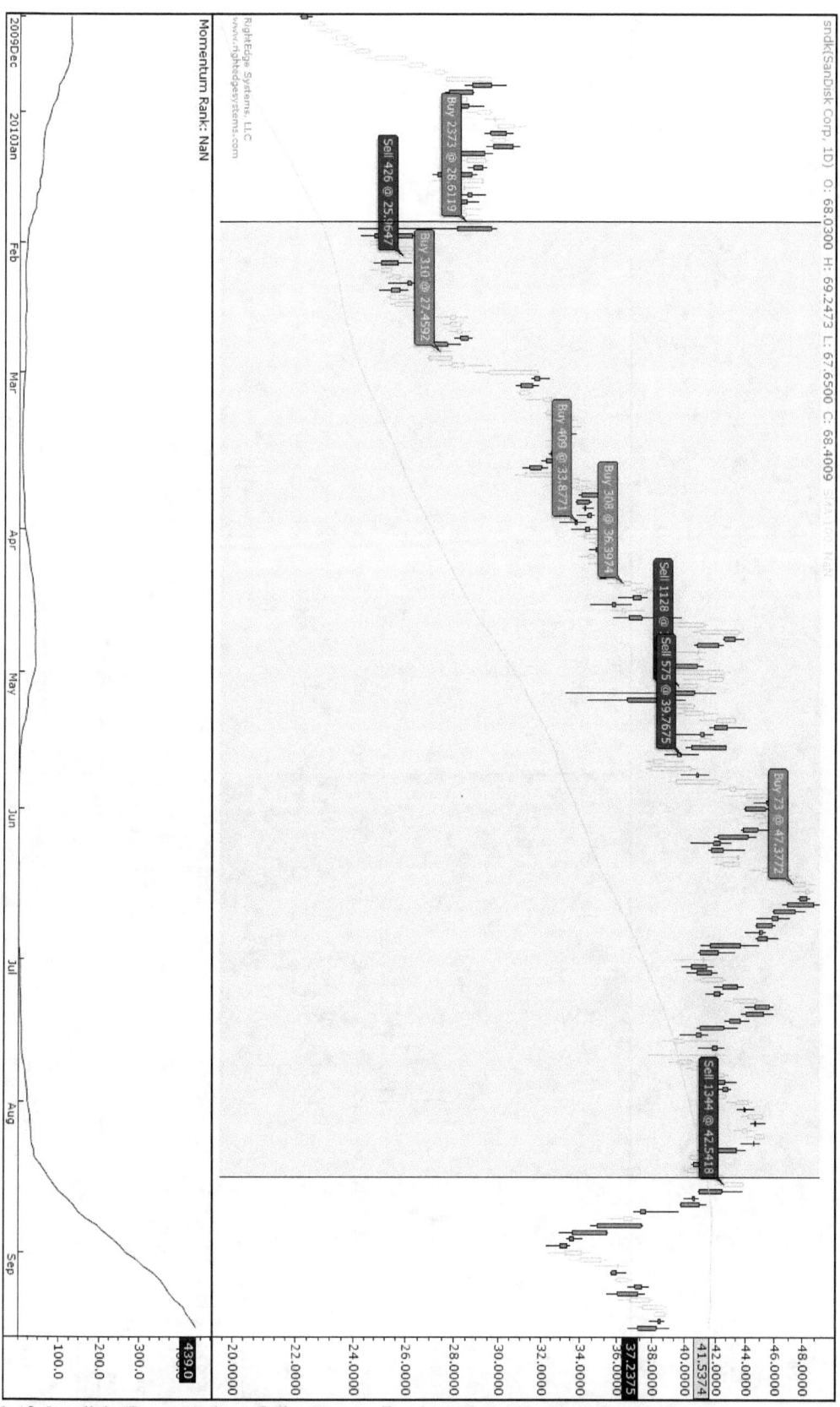

Graphe 13.49 Sandisk (*Buy* = Achat, *Sell* = Vente, *Rank* = Classement)

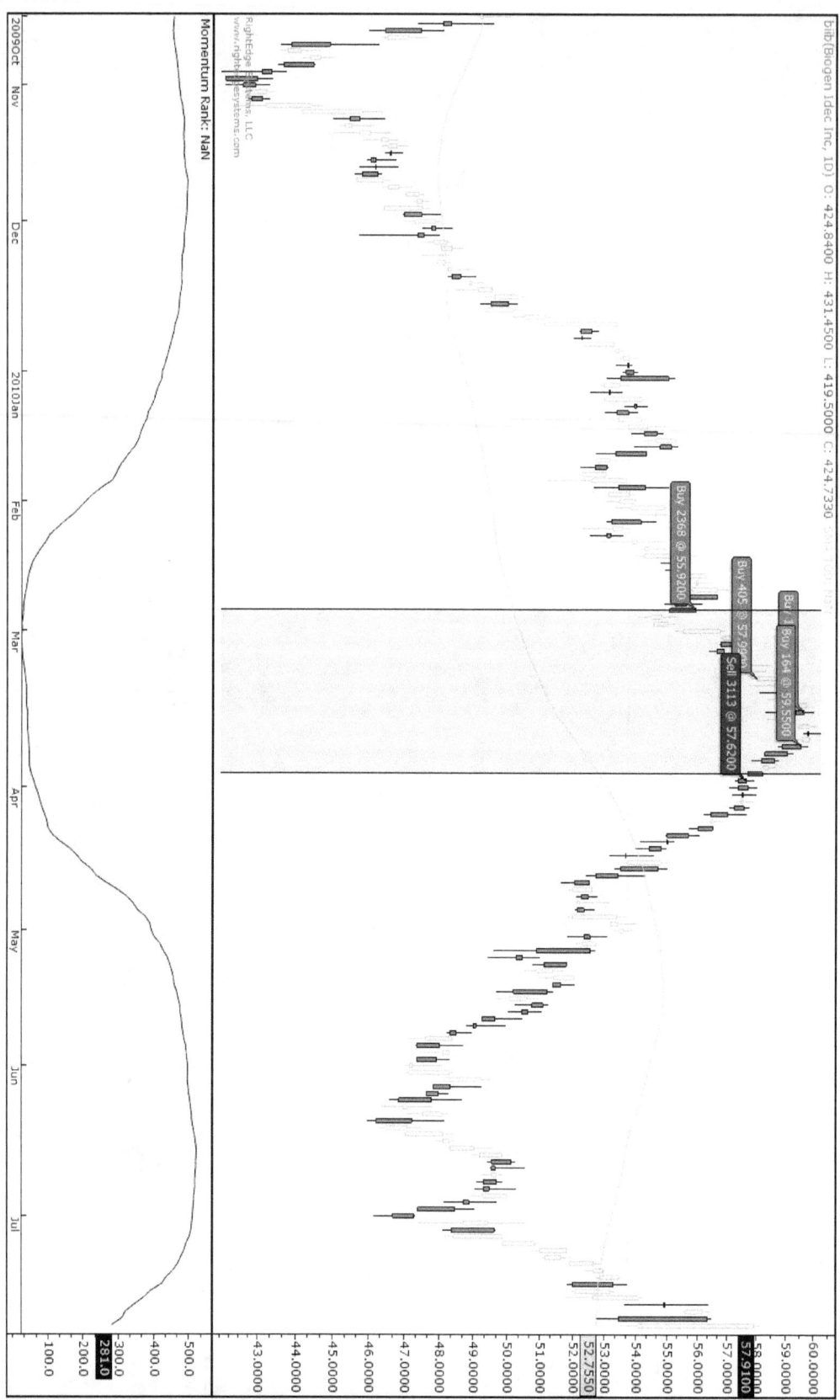

Graphe 13.50 Biogen Idec (*Buy* = Achat, *Sell* = Vente, *Rank* = Classement)

Tableau 13.24 Résultats 2010

	Stratégie Momentum	Indice S&P 500 Rendement Total
Rendement 2010	11.7%	15.1%
Perte Maximale 2010	-22.1%	-15.6%
Rendement Annualisé depuis1999	11.4%	2.0%
Perte Maximale depuis 1999	-24.3%	-55.3%

Nous atteignons à nouveau un plus haut avant de rechuter. C'est le genre de chose à laquelle il faut s'attendre. Malheureusement, ce n'est pas facile de minuter ces mouvements. La consistance, et non le minutage, nous fera gagner dans le long terme.

Le graphe 13.51 montre la distance qui nous sépare du marché et ainsi, notre avance conséquente. Ce qui peut apparaître comme une petite performance annuelle contribuera en fait à notre avance. Les joueurs équilibrés durent longtemps.

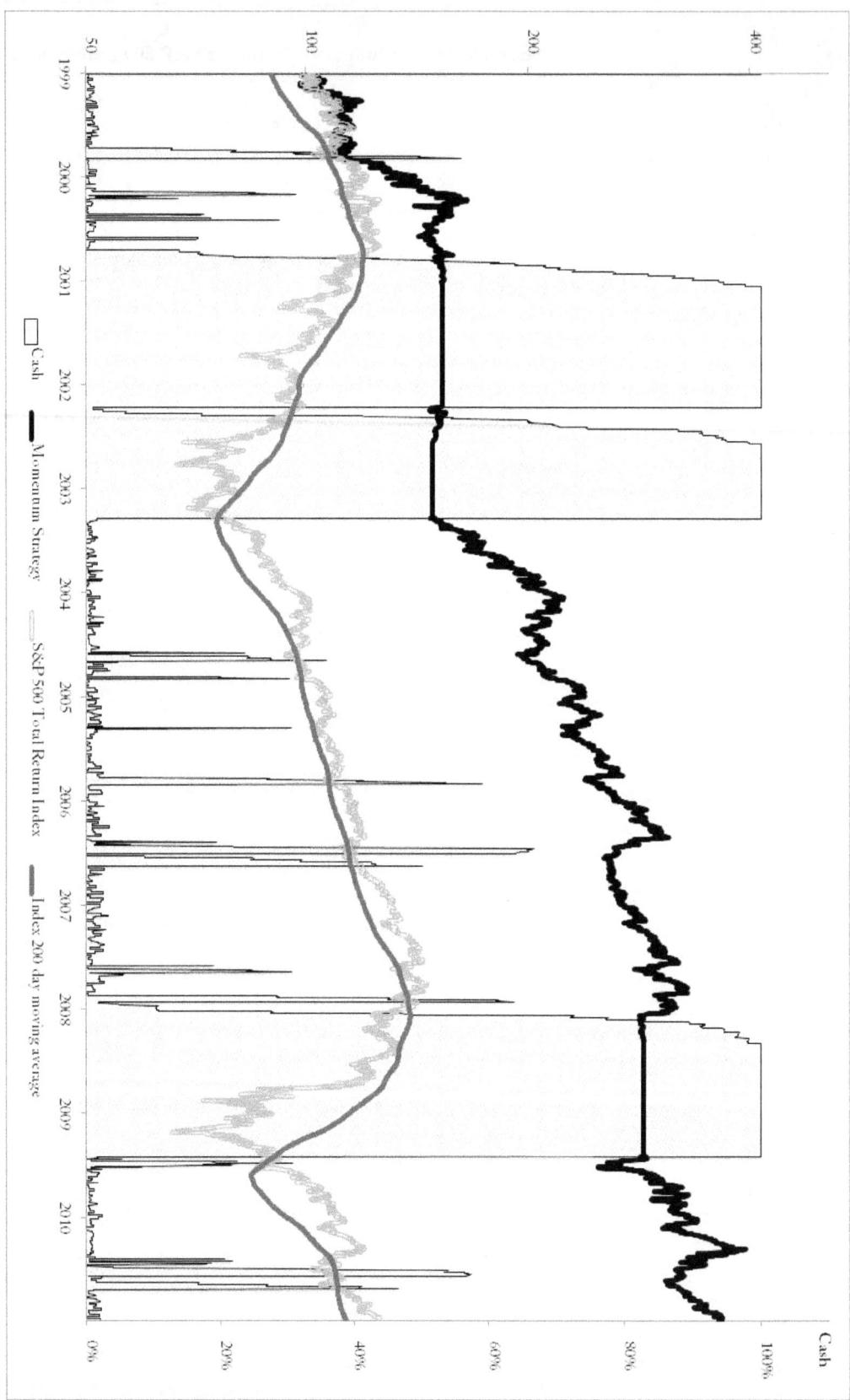

Graphe 13.51 Performance 1999-2010

13.13   2011

Vous rendez-vous compte que nous n'avons pas eu vraiment une mauvaise année jusqu'à maintenant ? On a perdu un peu d'argent en 2008 bien sûr mais remise dans son contexte, cette perte n'avait rien de comparable à celle de l'indice. Nous n'avons jamais eu jusqu'à maintenant une perte conséquente et en même temps une sous-performance par rapport à l'indice. Et bien, c'est sur le point de changer.

Nous entamons l'année 2011 avec un portefeuille à forte connotation discrétionnaire, énergie et technologie. Alors que le marché semble parfaitement stable, nous approchons des zones de turbulences sans le savoir. Bouclez votre ceinture et accrochez-vous.

Tableau 13.25 Portefeuille initial, 2011

Nom	Poids	Secteur
Amazon.com Inc	4.3%	Consommation Discrétionnaire
Abercrombie & Fitch Co	3.5%	Consommation Discrétionnaire
Anadarko Petroleum Corp	4.2%	Energie
Beam Suntory Inc	4.6%	Consommation de Base
CF Industries Holdings Inc	3.0%	Matériaux
Coach Inc	4.4%	Consommation Discrétionnaire
Compuware Corp	4.1%	Technologie de l'information
Freeport-McMoRan Inc	3.5%	Matériaux
Harman International Industries Inc	3.9%	Consommation Discrétionnaire
Hess Corp	4.4%	Energie
Johnson Controls Inc	4.6%	Consommation Discrétionnaire
J C Penney Company Inc	3.3%	Consommation Discrétionnaire
Juniper Networks Inc	4.1%	Technologie de l'information
Carmax Inc	3.2%	Consommation Discrétionnaire
L Brands Inc	3.9%	Consommation Discrétionnaire
LSI Corp	3.6%	Technologie de l'information
Alpha Appalachia Holdings Inc	3.4%	Energie
National Oilwell Varco Inc	3.6%	Energie
NVIDIA Corp	3.4%	Technologie de l'information
Pioneer Natural Resources Co	4.6%	Energie
Red Hat Inc	3.7%	Technologie de l'information
Schlumberger NV	4.6%	Energie
Tiffany & Co	4.5%	Consommation Discrétionnaire
T-Mobile US Inc	3.7%	Services Télécommunications
Western Digital Corp	3.8%	Technologie de l'information

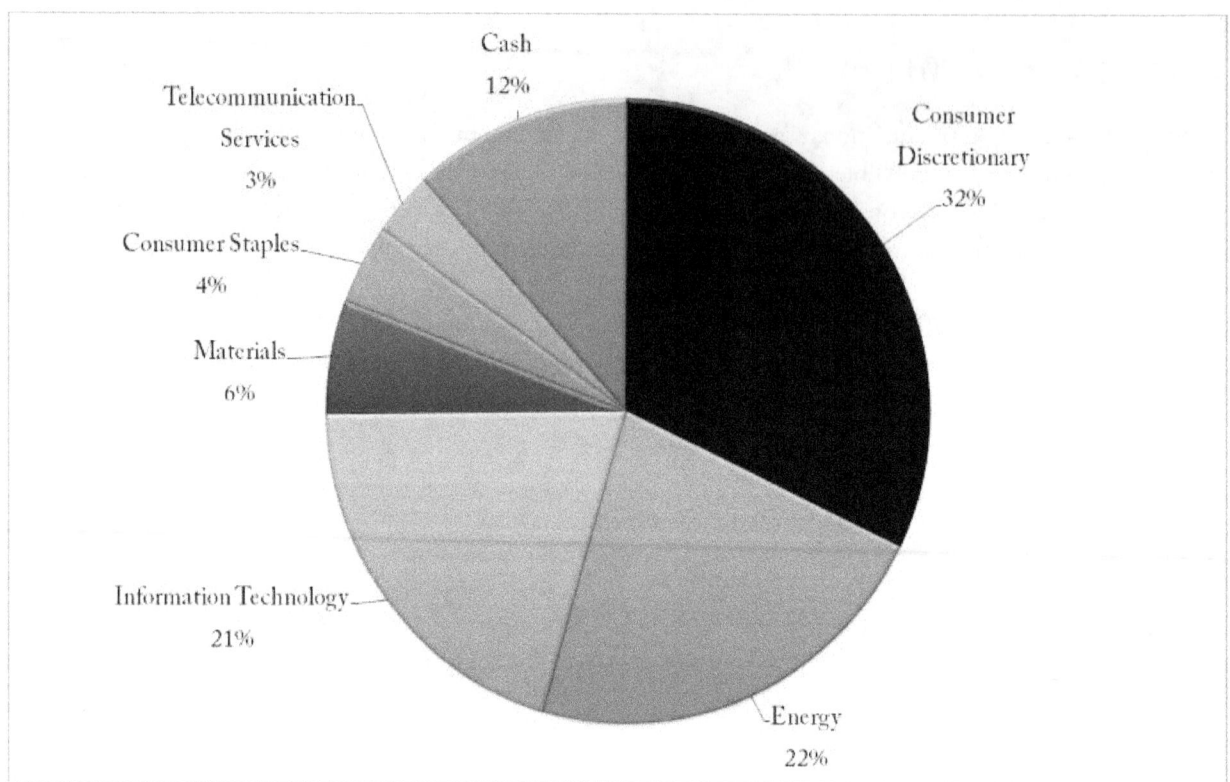

Graphe 13.52 Allocation par secteurs, 2011[15]

La performance est volatile et c'est sur le point de s'empirer. Dans la première partie de l'année, notre portefeuille fait le yo-yo, enregistrant des variations entre 5 % et 6 %. Pendant cette période, l'indice se traîne et se rapproche de plus en plus de sa moyenne mobile. Puis en août, nous assistons à quelque chose d'énorme.

La combinaison de la crise en Europe sur la dette gouvernementale et de la dégradation du crédit américain affectent les marchés boursiers. Le coup de grâce arrive en août lorsque le S&P 500 perd pratiquement 20 % en deux semaines. C'est un mouvement spectaculaire auquel personne ne s'attendait. Il n'y avait pas de signes a priori de ralentissement qui laissait présager un tel événement. Nous étions dans un marché latéral avant que tout cela n'arrive.

Dans ce genre de situation, les joueurs momentum sont les premières victimes. Ayant un portefeuille rempli d'action à fort bêta n'arrange rien lorsque le marché plonge soudainement. À notre surprise, la stratégie enregistre les mêmes pertes que l'indice, voire même un peu moins, dans la première phase du mouvement.

Avant cet événement le portefeuille fluctuait entre + 8 % et - 3 %. Après le début de la correction, il était de retour à zéro sur l'année. En l'espace de 2 semaines, nous nous retrouvions cependant à - 12 % et continuions à liquider nos positions. À chaque rééquilibrage, comme l'indice était en dessous de sa moyenne mobile, nous ne pouvions remplacer les actions que nous vendions. Notre position en espèces augmentait semaine après semaine jusqu'au moment où nous n'avions plus d'action.

---

[15] *Consumer Staples* = Consommation de base, *Consumer Discretionary* = Consommation discrétionnaire, *Health Care* = Santé, *Materials* = Matériaux, *Financials* = Financières, *Utilities* = Services aux collectivités, *Information Technology* = Technologies de l'Information, *Industrials* = Industries, *Telecommunication Services* = Services Télécom, *Energy* = Energies

Ce qui se passa ensuite était frustrant au plus haut point. C'est cependant le prix à payer lorsqu'on utilise des filtres de tendances. Au moment où nous étions 100 % en espèces, le marché rebondissait. Nous faisions face encore une fois à un très mauvais minutage.

Tableau 13.26 Résultats 2011

	Stratégie Momentum	Indice S&P 500 Rendement Total
Rendement 2011	-9.3%	2.1%
Perte Maximale 2011	-21.1%	-18.6%
Rendement Annualisé depuis1999	9.7%	2.0%
Perte Maximale depuis 1999	-24.3%	-55.3%

Après son rebond, le marché finit l'année en territoire positif alors que notre stratégie resta encrée en territoire négatif, enregistrant une perte de pratiquement 10 %.

Sprint dans le graphe 13.54 est un exemple de mauvaise transaction en 2011. Nous achetions l'action fin juin suite à un fort mouvement. Il se révéla que c'était le pire moment pour acheter cette action. Elle chuta juste après pour ensuite végéter latéralement avant que nous la liquidions. Ce fut une transaction très frustrante mais tout ça fait parti du jeu.

Une situation très similaire est illustrée dans le graphe 13.55 où nous avons eu une (très) mauvaise transaction avec O'Reilly Automotive, qui au final décolla juste après que nous l'avions liquidée.

Au final, notre performance a cédé du terrain. Depuis 1999 cependant, nous continuons de battre l'indice ce qui est une bonne nouvelle. Le filtre de tendance restera en place et une fois que les marchés se stabiliseront, nous devrions récupérer notre petit retard de 2011.

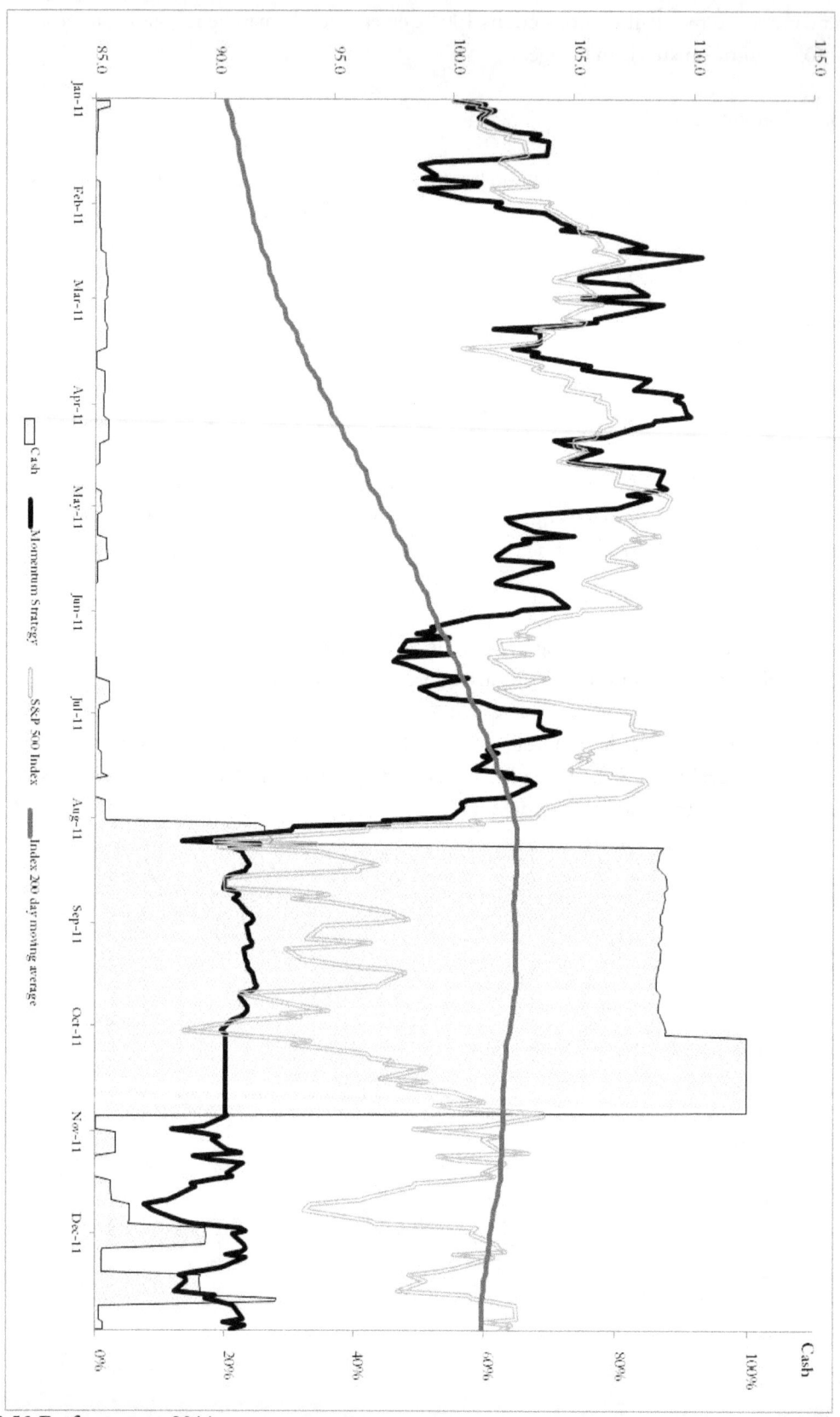

Graphe 13.53 Performance, 2011

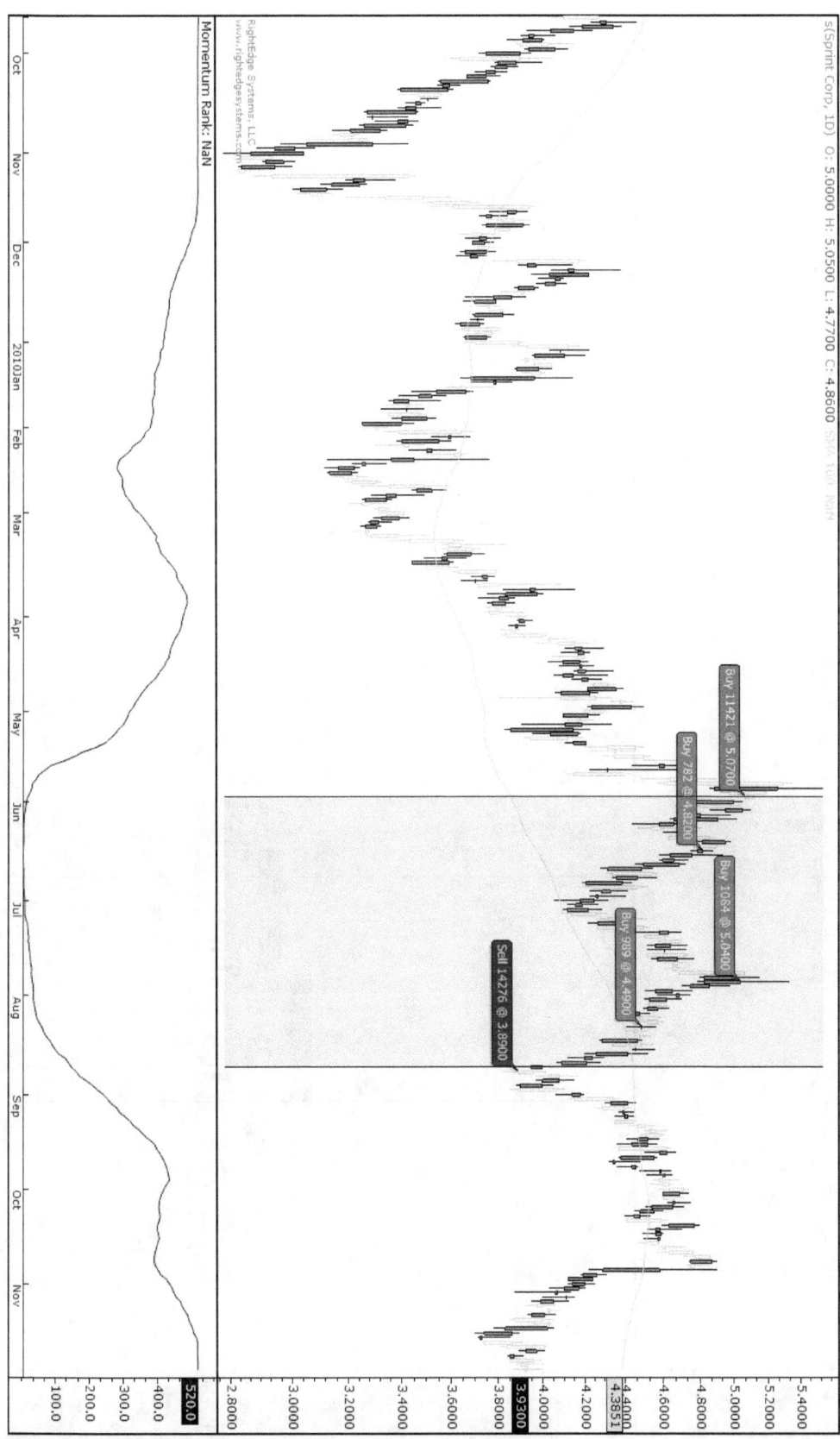

Graphe 13.54 Sprint (*Buy* = Achat, *Sell* = Vente, *Rank* = Classement)

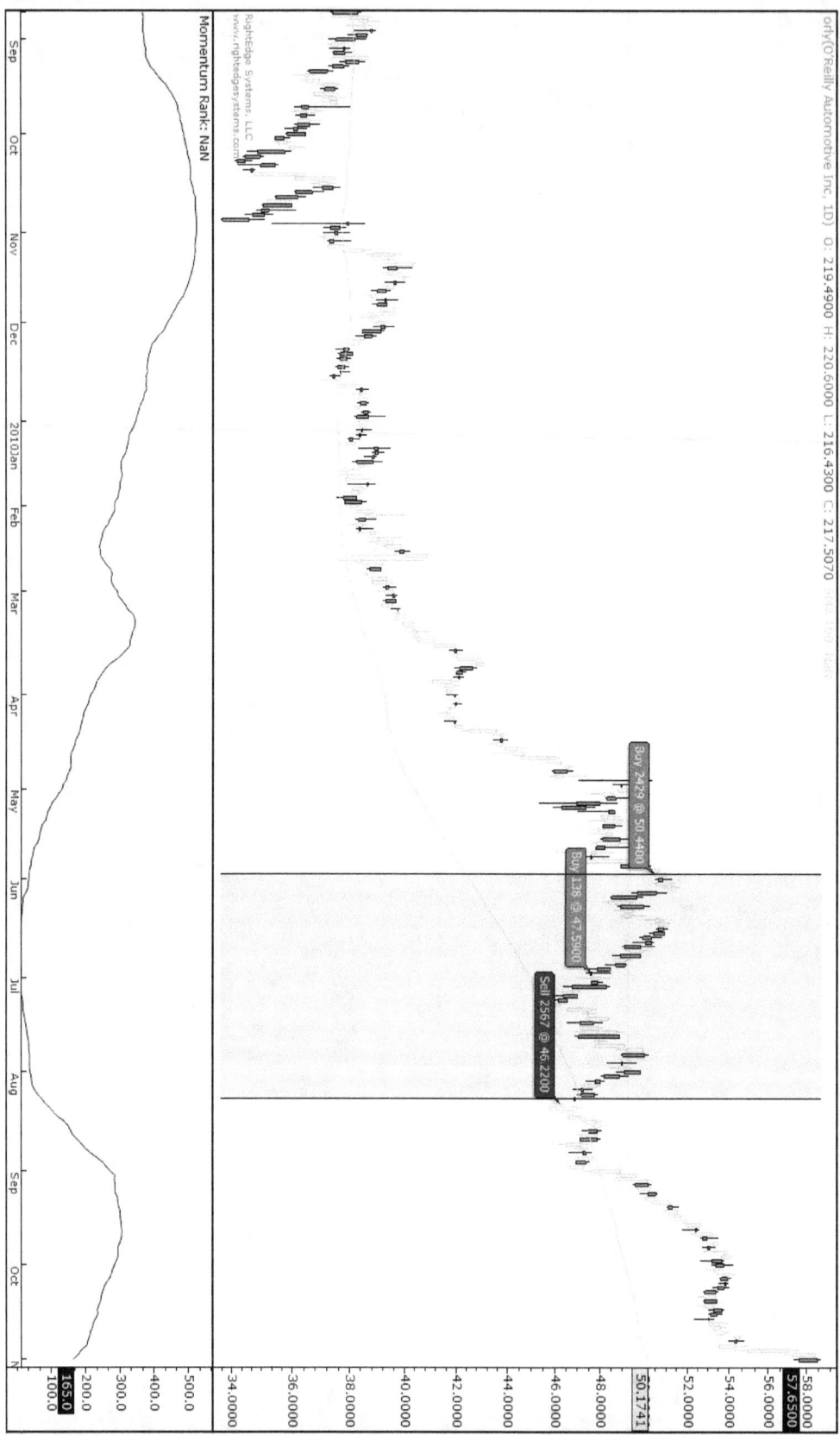

Graphe 13.55 O'Reilly Automotive (*Buy* = Achat, *Sell* = Vente, *Rank* = Classement)

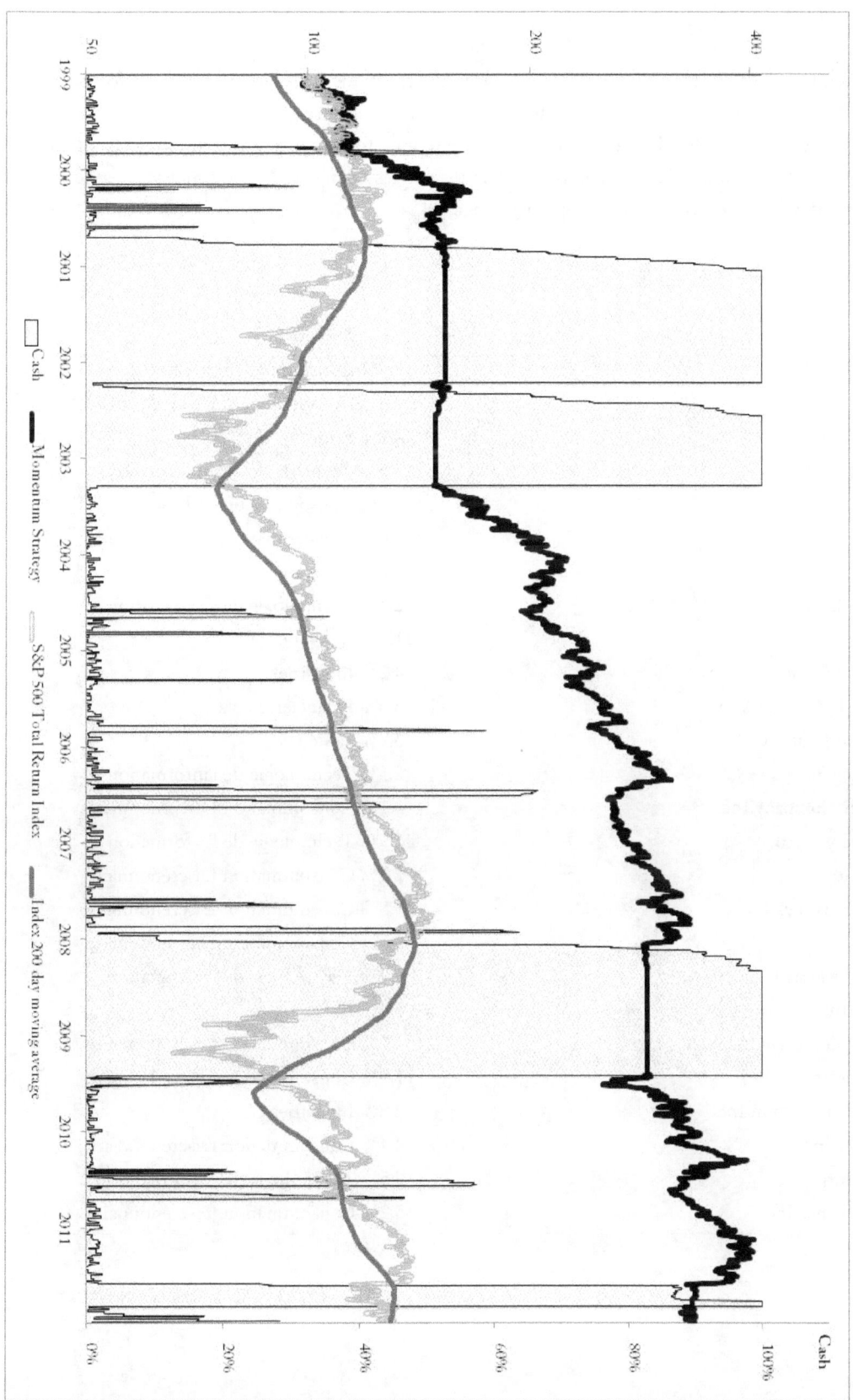

Graphe 13.56 Performance 1999-2011

13.14   2012

Nous entamons 2012 avec un portefeuille rempli d'actions. Nous avons une forte composante de discrétionnaire suivi par les industriels et technologies, ces dernières étant beaucoup moins représentées que dans les années précédentes. La performance des secteurs a tendance à varier au cours des années. Rappelez-vous cependant que nous n'avons pas de contrainte sur les secteurs. Nous achetons les actions du haut du classement, peu importe leur secteur d'appartenance.

Tableau 13.27 Portefeuille initial, 2012

Nom	Poids	Secteur
Beam Suntory Inc	5.0%	Consommation de Base
Big Lots Inc	3.0%	Consommation Discrétionnaire
Biogen Idec Inc	4.2%	Santé
Cisco Systems Inc	3.3%	Technologie de l'information
Dean Foods Co	3.5%	Consommation de Base
D.R. Horton Inc	2.6%	Consommation Discrétionnaire
Fastenal Co	4.2%	Industries
F5 Networks Inc	2.4%	Technologie de l'information
Goodrich Corp	11.7%	Industries
W W Grainger Inc	4.2%	Industries
Host Hotels & Resorts Inc	3.0%	Financières
Intuitive Surgical Inc	3.9%	Santé
Jabil Circuit Inc	2.5%	Technologie de l'information
J C Penney Company Inc	3.1%	Consommation Discrétionnaire
KLA-Tencor Corp	2.9%	Technologie de l'information
Lennar Corp	2.7%	Consommation Discrétionnaire
Lowe's Companies Inc	3.8%	Consommation Discrétionnaire
Macy's Inc	3.1%	Consommation Discrétionnaire
Novellus Systems Inc	2.4%	Technologie de l'information
ONEOK Inc	5.4%	Energie
O'Reilly Automotive Inc	4.7%	Consommation Discrétionnaire
PulteGroup Inc	1.9%	Consommation Discrétionnaire
Rockwell Automation Inc	2.8%	Industries
Ross Stores Inc	4.4%	Consommation Discrétionnaire
SanDisk Corp	2.5%	Technologie de l'information
TJX Companies Inc	5.2%	Consommation Discrétionnaire

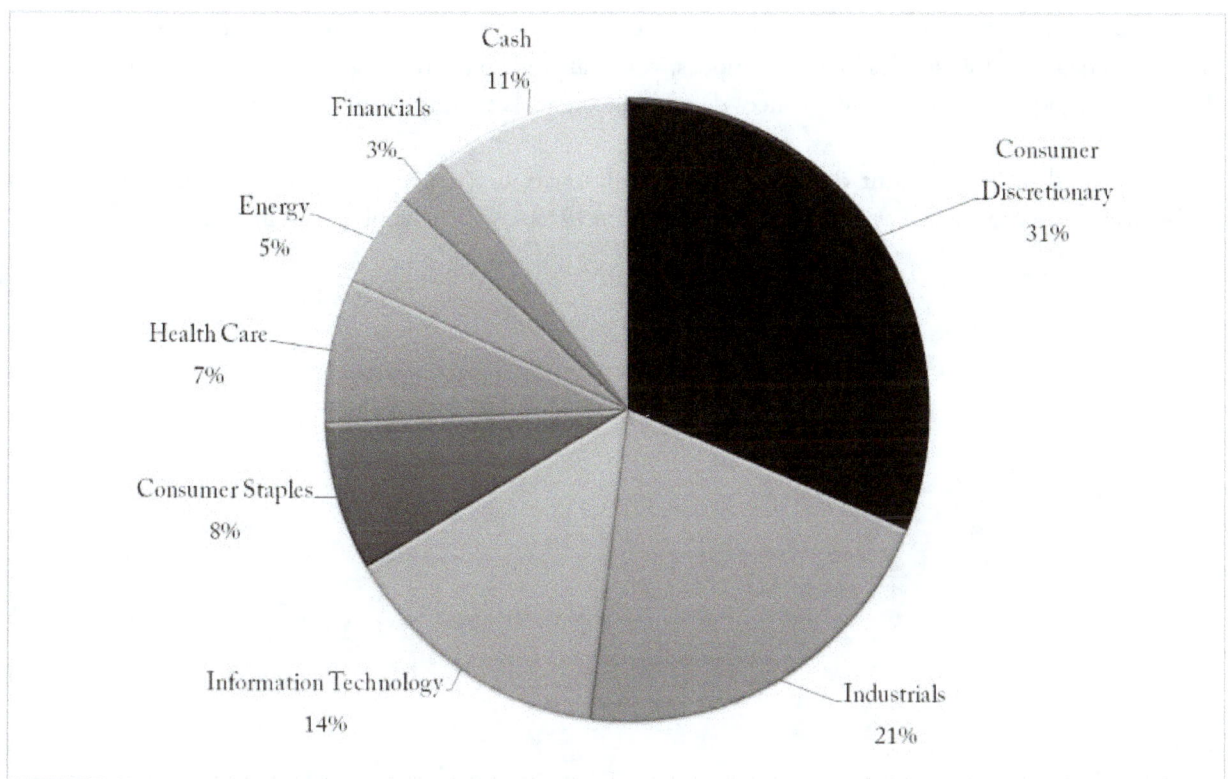

Graphe 13.57 Allocation par secteurs, 2012[16]

L'année 2012 fut une année montagnes russes, avec des périodes de joie et de peine. Au moins, c'était réconfortant de voir un rebond initial après avoir terminé l'année 2011 dans le rouge.

Les profits commencent à s'accumuler et fin mars, nous enregistrons une hausse de 17 %.

Même s'il est facile de tomber dans l'euphorie, il faut toujours se rappeler que c'est une stratégie à long terme et se préparer ainsi aux imprévus du court terme. Essayez d'éviter de tomber dans le piège de projeter 17 % par trimestre sur une année. Oui, il est très tentant de faire ce calcul. En fait, je l'ai même fait pour vous. Ça fait 87,4 %. Arrêtez de rêver ; vous ne finirez pas l'année à + 87,4 %.

Après avoir enregistré un gain de 17 %, le marché se retourne et nous repartons à la baisse. Ici encore, les actions momentum réagissent de façon prévisible, c'est-à-dire que nous ressentons davantage la chute, pour finir à - 0,5 % en mai.

Ces situations sont horriblement frustrantes. À chaque fois que ça arrive, vous aurez quelqu'un qui essayera de vous convaincre que vous devriez abandonner votre stratégie et vous orienter sur les taux de change, où vous pourriez générer des milliers de pips par jour. Simplement ignorez ces personnes. Ne demandez même pas ce qu'est un pip.

---

[16] *Consumer Staples* = Consommation de base, *Consumer Discretionary* = Consommation discrétionnaire, *Health Care* = Santé, *Materials* = Matériaux, *Financials* = Financières, *Utilities* = Services aux collectivités, *Information Technology* = Technologies de l'Information, *Industrials* = Industries, *Telecommunication Services* = Services Télécom, *Energy* = Energies

Ces creux font partie des frais de gestion de votre entreprise. Si vous arrivez à générer une performance annuelle à deux chiffres sur des longues périodes, vous battrez la plupart des gestionnaires, incluant ceux avec leurs pips magiques. Il y a de fortes chances de toute façon qu'ils aient fait exploser leurs comptes depuis.

La tendance s'améliore à partir de mai, qui marque le creux de l'année. Après un automne volatile, nous finissons l'année dans le vert avec un gain respectable de 19 %, soit 3 % de plus que l'indice.

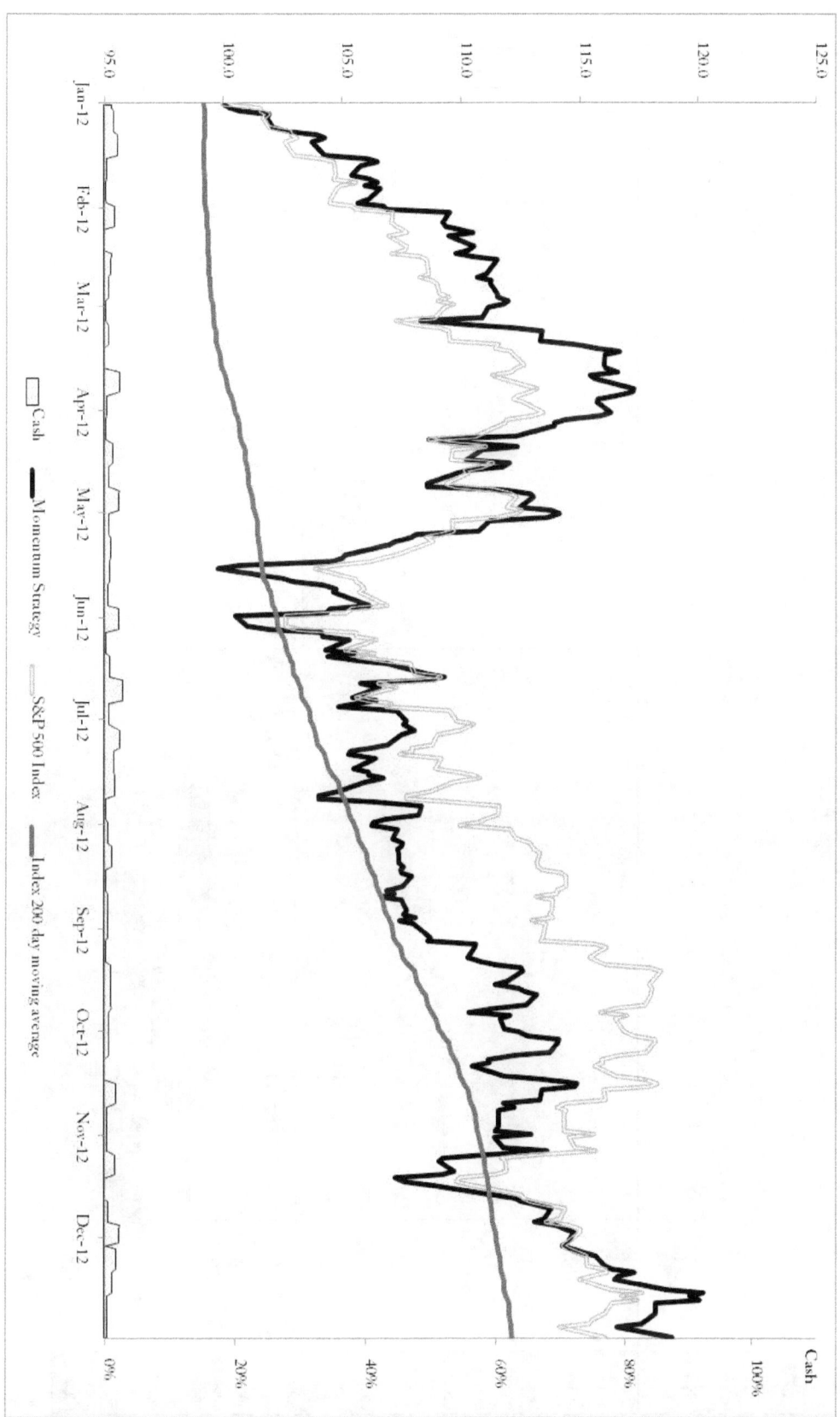

Graphe 13.58 Performance, 2012

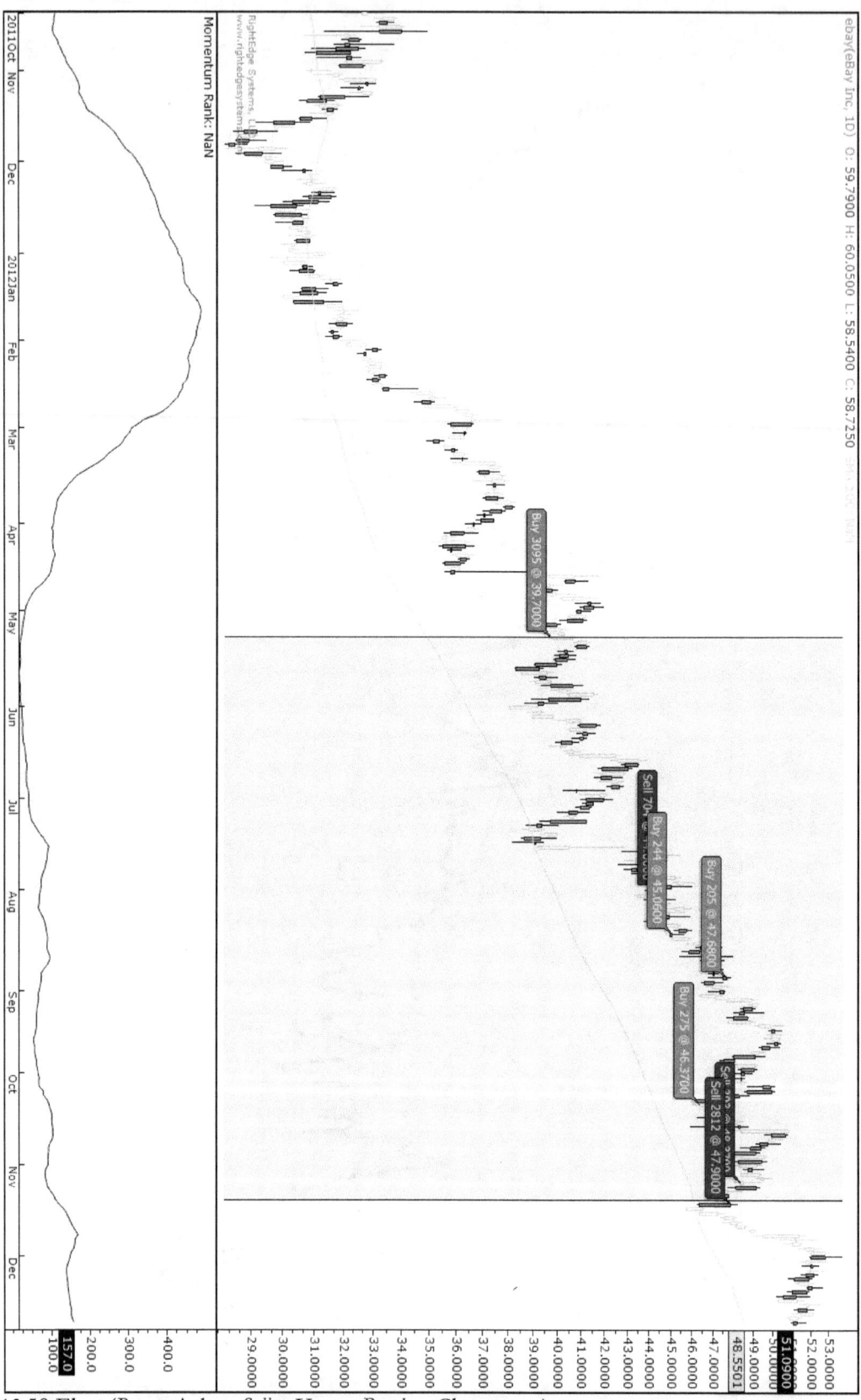

Graphe 13.59 Ebay (*Buy* = Achat, *Sell* = Vente, *Rank* = Classement)

La transaction eBay fut une des meilleurs de l'année 2012, comme illustré dans le graphe 13.59. L'action ne cessa de grimper. Vous pourriez vous demander alors pourquoi nous l'avons vendu si elle continuait sa progression ? Et bien dans un marché haussier, il y a une multitude d'actions qui grimpent. Nous sommes entrés dans un nouveau marché haussier et cela veut dire qu'il y a le choix parmi les actions. La difficulté est d'identifier les meilleures.

Tableau 13.28 Résultats 2012

	Stratégie Momentum	Indice S&P 500 Rendement Total
Rendement 2012	18.9%	16.0%
Perte Maximale 2012	-14.9%	-9.6%
Rendement Annualisé depuis1999	10.3%	2.9%
Perte Maximale depuis 1999	-24.3%	-55.3%

Alors que eBay continuer sur sa lancée elle chutait du classement des 100 premières actions. Nous la liquidions alors pour la remplacer par une autre action mieux positionnée dans le classement. Sans ce critère, nous pourrions nous retrouver avec des actions qui grimpent certes, mais pas forcement avec le meilleur potentiel.

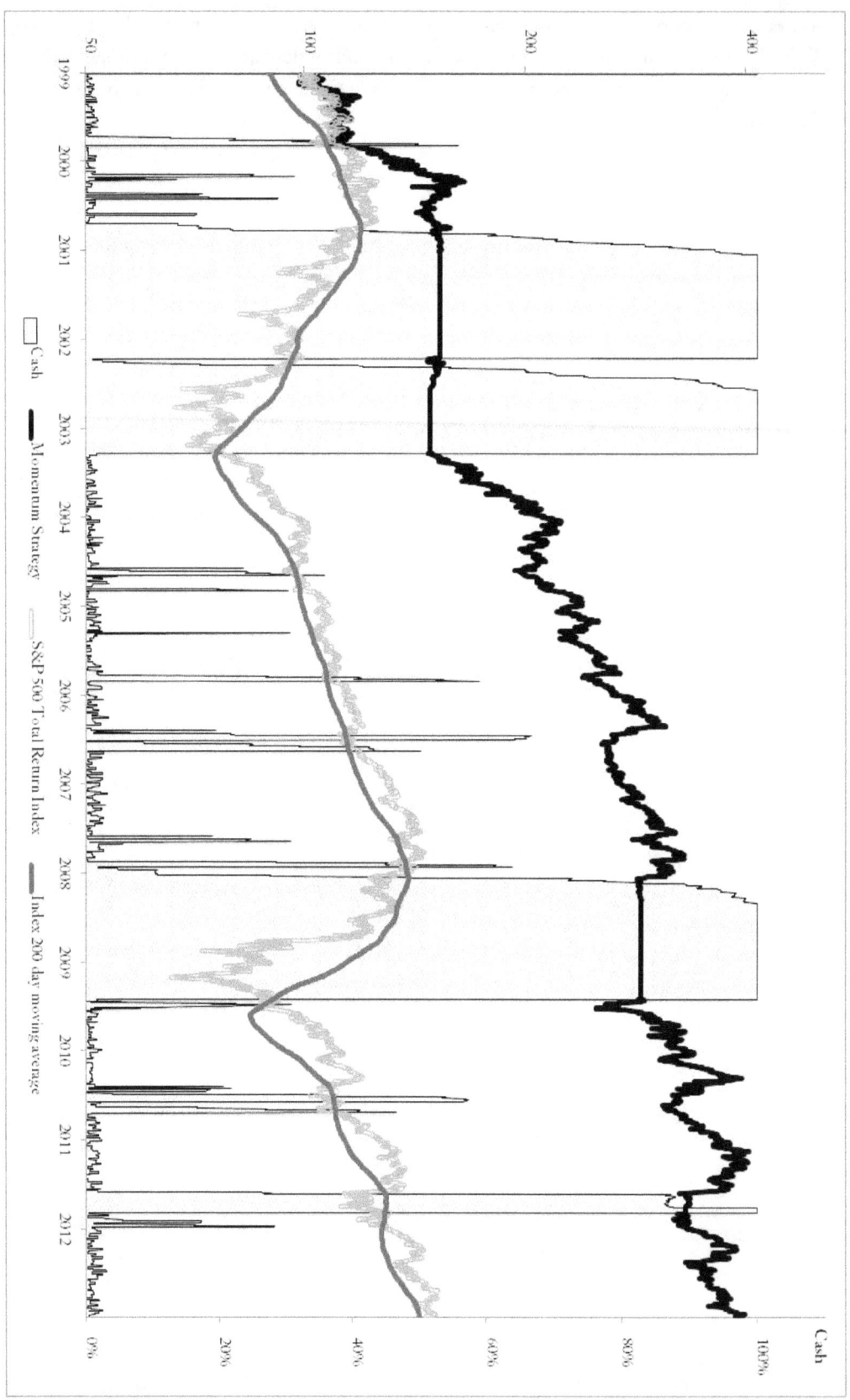

Graphe 13.60 Performance 1999-2012

13.15   2013

Début 2013, il n'y avait plus trop de doute que nous étions dans un marché haussier. La plupart des experts financiers nous expliquaient à la télévision pourquoi cette tendance haussière était sur le point de s'arrêter. La raison principale étant due au fait que ce marché était artificiellement supporté par les banques centrales et leurs politiques monétaires. Les mouvements des marchés seront toujours sujets à discussion. Pour nous cependant qui suivons une stratégie momentum, ce qui nous importe est de participer aux mouvements haussiers et d'avoir une police d'assurance lorsque les marchés se retournent à la baisse.

Nous débutons cette nouvelle année avec une allocation significative de discrétionnaire. Plus intéressant encore est le fait que nous détenons une grosse part d'actions financières. La politique d'assouplissement quantitatif qui est en cours aide en effet grandement le secteur financier.

Tableau 13.29 Portefeuille initial, 2013

Nom	Poids	Secteur
Bank of America Corp	3.7%	Financières
Peabody Energy Corp	1.9%	Energie
Citigroup Inc	3.7%	Financières
Cigna Corp	5.0%	Santé
Computer Sciences Corp	4.2%	Technologie de l'information
Gilead Sciences Inc	3.8%	Santé
GameStop Corp	3.4%	Consommation Discrétionnaire
Genworth Financial Inc	3.3%	Financières
Hudson City Bancorp Inc	4.1%	Financières
Hartford Financial Services Group Inc	4.8%	Financières
Leggett & Platt Inc	5.0%	Consommation Discrétionnaire
Lennar Corp	3.3%	Consommation Discrétionnaire
Lowe's Companies Inc	4.0%	Consommation Discrétionnaire
Moody's Corp	5.4%	Financières
Marathon Petroleum Corp	3.7%	Energie
M&T Bank Corp	6.4%	Financières
Netflix Inc	2.1%	Consommation Discrétionnaire
Newell Rubbermaid Inc	6.4%	Consommation Discrétionnaire
PulteGroup Inc	2.4%	Consommation Discrétionnaire
Tenet Healthcare Corp	3.9%	Santé
Tyson Foods Inc	5.6%	Consommation de Base
Whirlpool Corp	3.6%	Consommation Discrétionnaire
Wynn Resorts Ltd	4.3%	Consommation Discrétionnaire
Yahoo! Inc	5.5%	Technologie de l'information

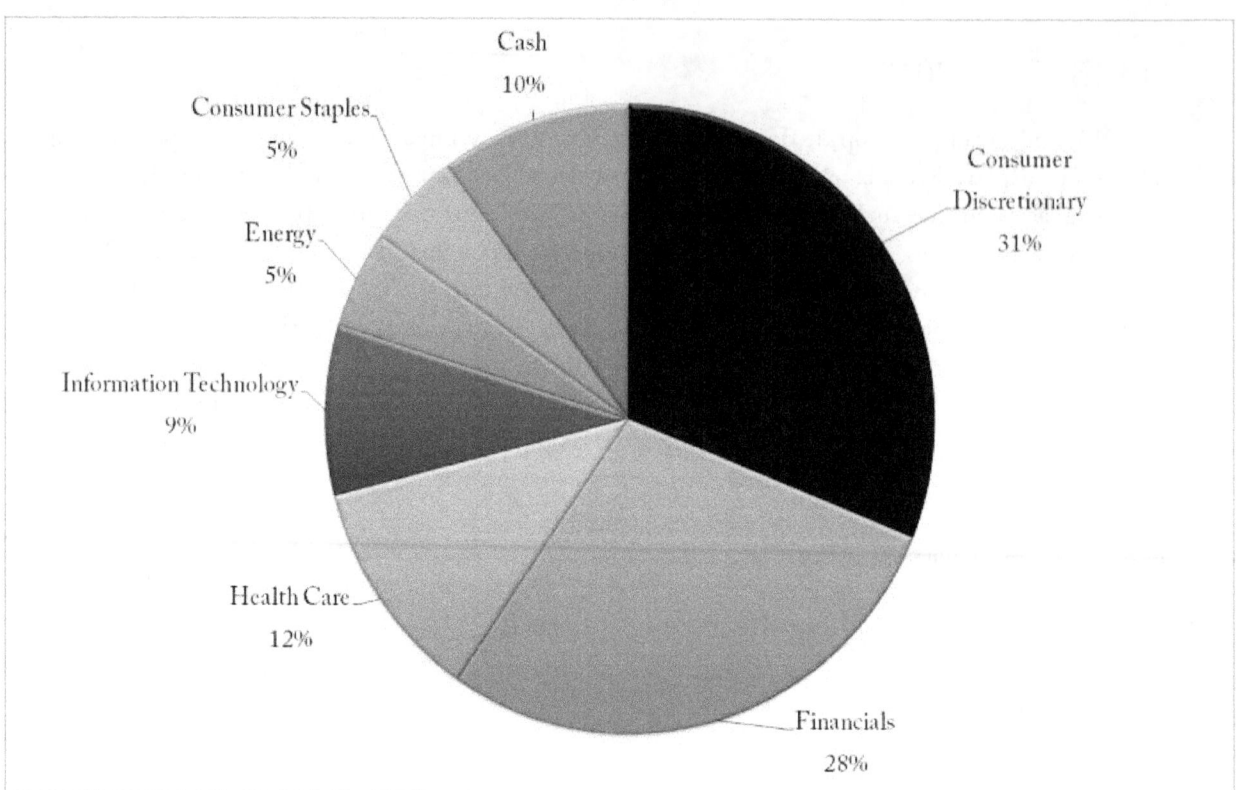

Graphe 13.61 Allocation par secteurs, 2013[17]

Même si nous avons fini l'année dernière avec un résultat honorable, ce ne fut pas sans peine. Pourrions-nous espérer une année plus calme tout en ayant une aussi bonne performance ? Et bien c'est votre jour de chance, ou plutôt devrais-je dire, votre année de chance.

Cette année commençait sur les chapeaux de roue. En février, nous enregistrons une performance à deux chiffres.

Vous seriez en droit de vous dire que ce n'est pas la première année que nous commencions sur les chapeaux de roue avant de tout céder. Vous vous demandez peut-être s'il ne serait pas une bonne idée d'encaisser nos gains aux premiers signes de faiblesse. Après tout, nous sommes déjà à 15 % en mars. Pourquoi ne pas tout vendre et partir en vacances pour le reste de l'année ?

Cette année nous apprendra en fait qu'il peut-être coûteux que de partir en vacances prématurément. Même s'il y avait quelques trous d'air, ce fut une année excellente. Les + 15 % de mars étaient suivis par un + 7 % en mai et ce n'était pas fini.

Pour la plupart de l'année, nous suivions l'indice. De suivre l'indice est quelque chose en temps normal de plutôt banal. Cette année cependant, personne ne se plaignait de reproduire l'indice.

---

[17] *Consumer Staples* = Consommation de base, *Consumer Discretionary* = Consommation discrétionnaire, *Health Care* = Santé, *Materials* = Matériaux, *Financials* = Financières, *Utilities* = Services aux collectivités, *Information Technology* = Technologies de l'Information, *Industrials* = Industries, *Telecommunication Services* = Services Télécom, *Energy* = Energies

Au fil des mois, les experts des marchés ne cessaient de prédire la fin de cette tendance haussière. La plupart de ces gourous cherchent à être reconnus pour avoir identifié le prochain tournant. Le problème est que personne ne se rappelle de vous lorsque vous avez faux. L'idée est donc de prédire multiples scénarios et d'espérer que l'un d'entre eux se révèle exact, telle une pendule arrêtée.

Essayez d'ignorer toutes ses prédictions et laissez le filtre de tendance faire son travail. Le scénario le plus probable est que cette tendance haussière continue sur sa lancée.

Cette année se conclut par un gain énorme de plus de 37 %. C'est une performance extraordinaire et ne vous attendez pas à ce qu'elle se répète souvent.

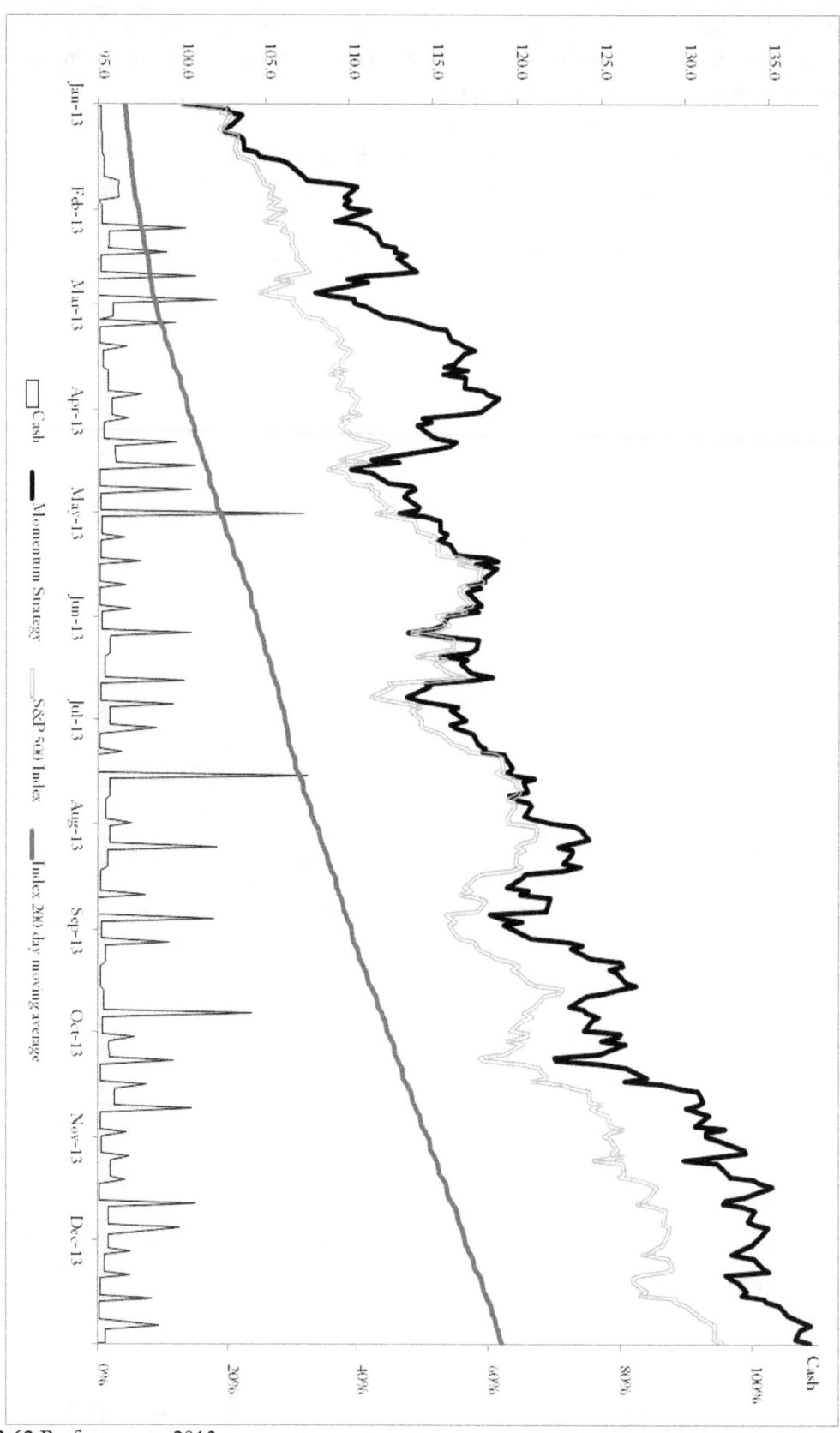

Graphe 13.62 Performance, 2013

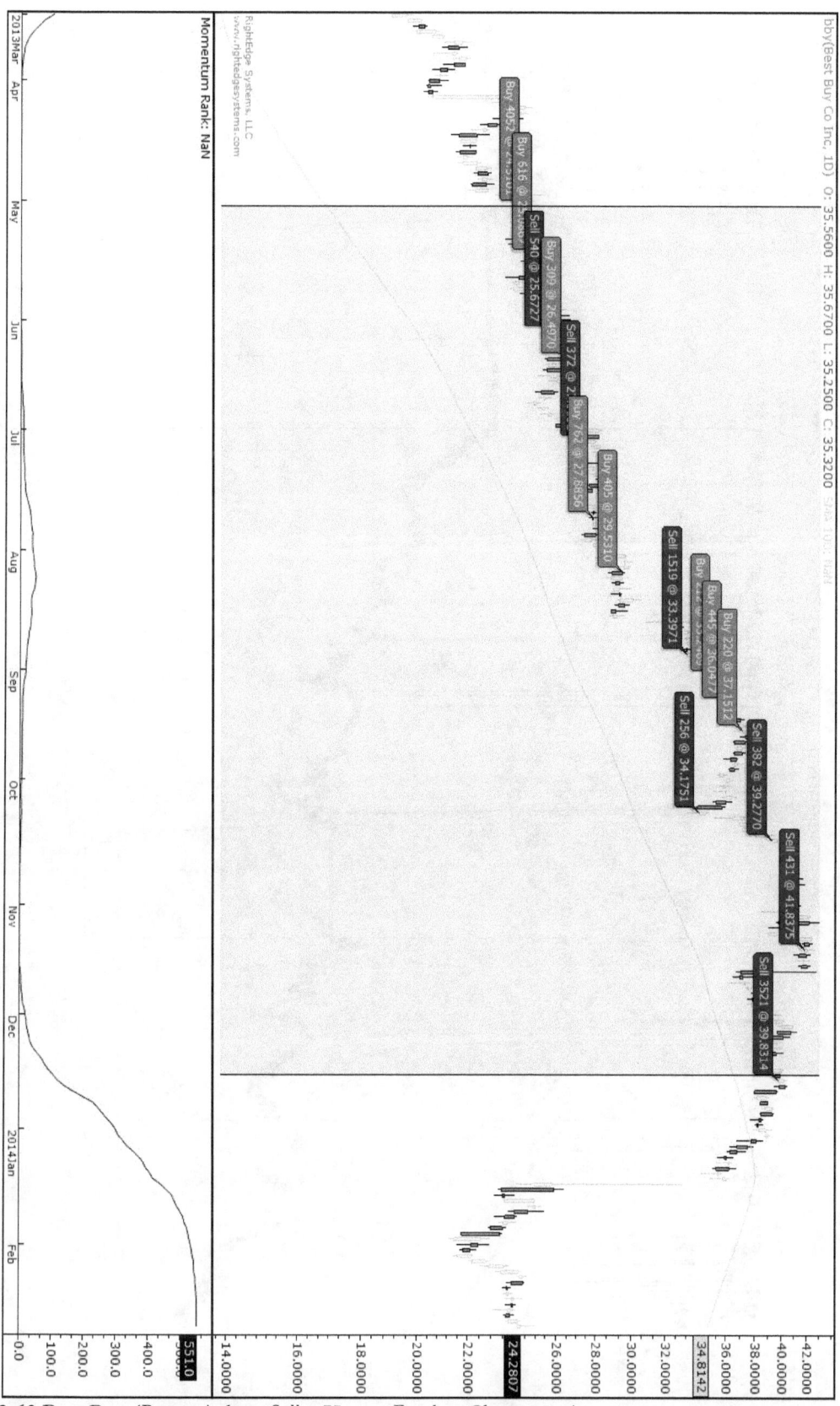

Graphe 13.63 Best Buy (*Buy* = Achat, *Sell* = Vente, *Rank* = Classement)

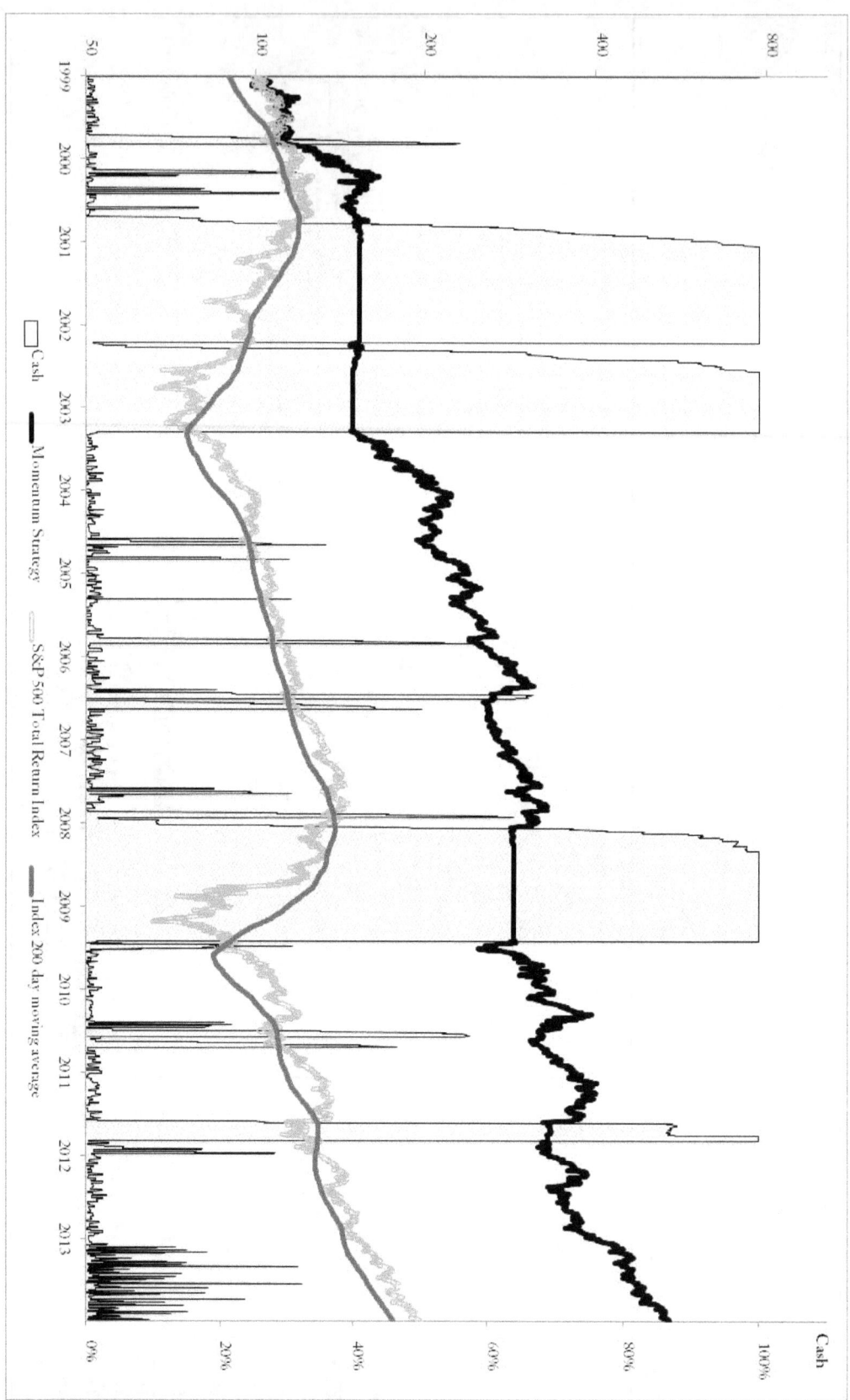

Graphe 13.64 Performance 1999-2013

Les choses sont beaucoup plus agréables dans un marché haussier. Tout monte et tout le monde est content. Le graphe 13.63 montre Best Buy qui fut une de nos meilleures positions. Nous maintenions cette action pour la plupart de l'année.

Tableau 13.30 Résultats 2013

	Stratégie Momentum	Indice S&P 500 Rendement Total
Rendement 2013	37.5%	32.4%
Perte Maximale 2013	-7.4%	-5.6%
Rendement Annualisé depuis1999	11.9%	4.7%
Perte Maximale depuis 1999	-24.3%	-55.3%

Après une telle année, un investissement initial de $100 dans notre stratégie momentum vaut maintenant plus de $500. Le rétablissement global des marchés boursiers depuis le plus bas 2008 a été prononcé, même s'il n'est pas comparable à notre stratégie momentum sur la même période.

13.16   2014

Nous devrions dorénavant avoir confiance en notre stratégie après avoir enregistré de telles performances. Même si l'année dernière fut une année faste, les résultats furent assez proches à ceux de l'indice. Il serait bon maintenant de voir une performance sur l'année non seulement supérieure mais aussi moins corrélée à l'indice.

Tableau 13.31 Portefeuille initial, 2014

Nom	Poids	Secteur
Amazon.com Inc	5.0%	Consommation Discrétionnaire
Chipotle Mexican Grill Inc	6.2%	Consommation Discrétionnaire
Cognizant Technology Solutions Corp	6.5%	Technologie de l'information
Delta Air Lines Inc	3.7%	Industries
E*TRADE Financial Corp	5.1%	Financières
Expedia Inc	4.0%	Consommation Discrétionnaire
First Solar Inc	2.3%	Technologie de l'information
Gilead Sciences Inc	3.8%	Santé
Harman International Industries Inc	4.0%	Consommation Discrétionnaire
Southwest Airlines Co	4.5%	Industries
McKesson Corp	6.2%	Santé
Micron Technology Inc	2.9%	Technologie de l'information
Northrop Grumman Corp	7.2%	Industries
Pitney Bowes Inc	3.9%	Industries
Constellation Brands Inc	7.2%	Consommation de Base
Safeway Inc	3.6%	Consommation de Base
Valero Energy Corp	4.2%	Energie
Wynn Resorts Ltd	5.0%	Consommation Discrétionnaire
United States Steel Corp	3.5%	Matériaux
Xylem Inc	5.5%	Industries
Yahoo! Inc	4.4%	Technologie de l'information

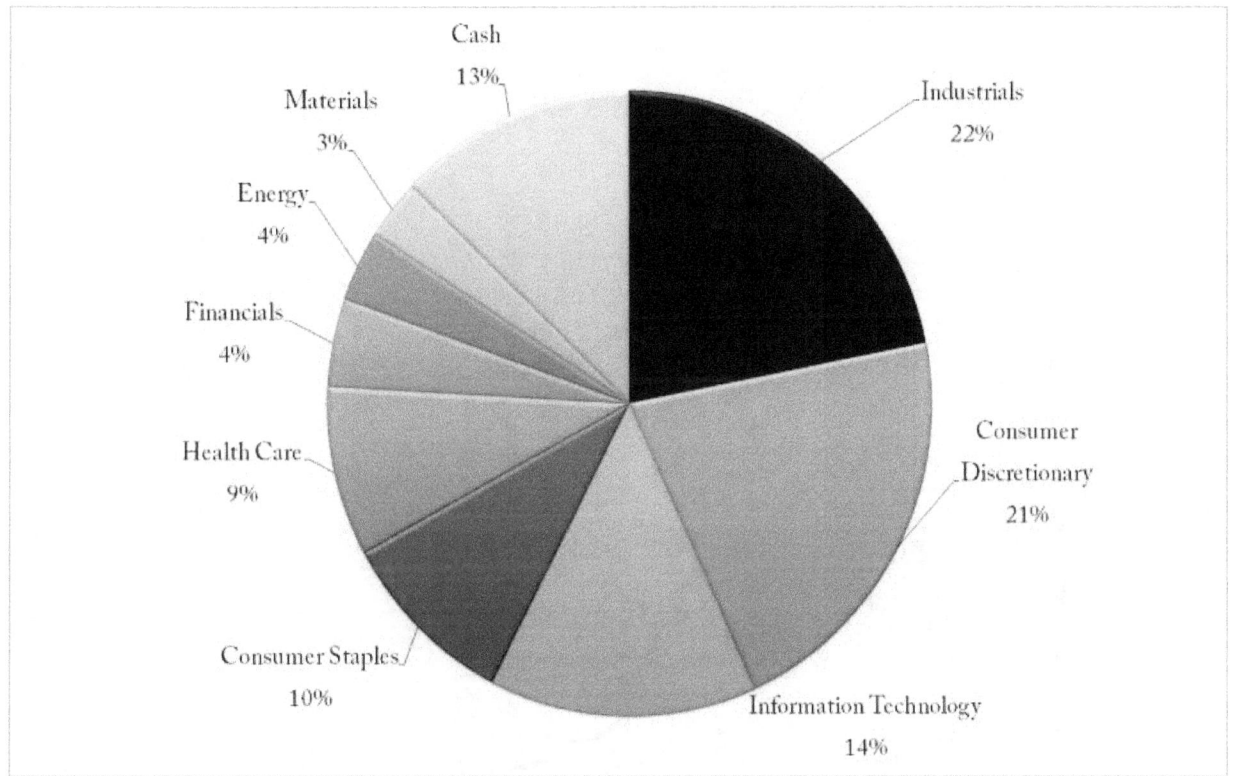

Graphe 13.65 Allocation par secteurs, 2014[18]

2014 fut une bonne année pour notre stratégie, malgré un incident de parcours qui fut vite oublié. Nous entamions l'année sur une bonne note et nous distensions l'indice de 5 % dans les tous premiers jours. Cette avance était plus que bienvenue au moment où le marché tomba de 5 % en février. Alors que l'indice était à - 5 %, nous étions de retour à la case départ à 0 %. À partir de là, nous nous retrouvions dans une tendance haussière qui dura jusqu'à la première moitié de l'année. Certes il y avait un peu de volatilité mais rien de très inquiétant.

Tableau 13.32 Résultats 2014

	Stratégie Momentum	Indice S&P 500 Rendement Total
Rendement 2014	18.4%	13.7%
Perte Maximale 2014	-10.7%	-7.3%
Rendement Annualisé depuis1999	12.3%	5.2%
Perte Maximale depuis 1999	-24.3%	-55.3%

---

[18] *Consumer Staples* = Consommation de base, *Consumer Discretionary* = Consommation discrétionnaire, *Health Care* = Santé, *Materials* = Matériaux, *Financials* = Financières, *Utilities* = Services aux collectivités, *Information Technology* = Technologies de l'Information, *Industrials* = Industries, *Telecommunication Services* = Services Télécom, *Energy* = Energies

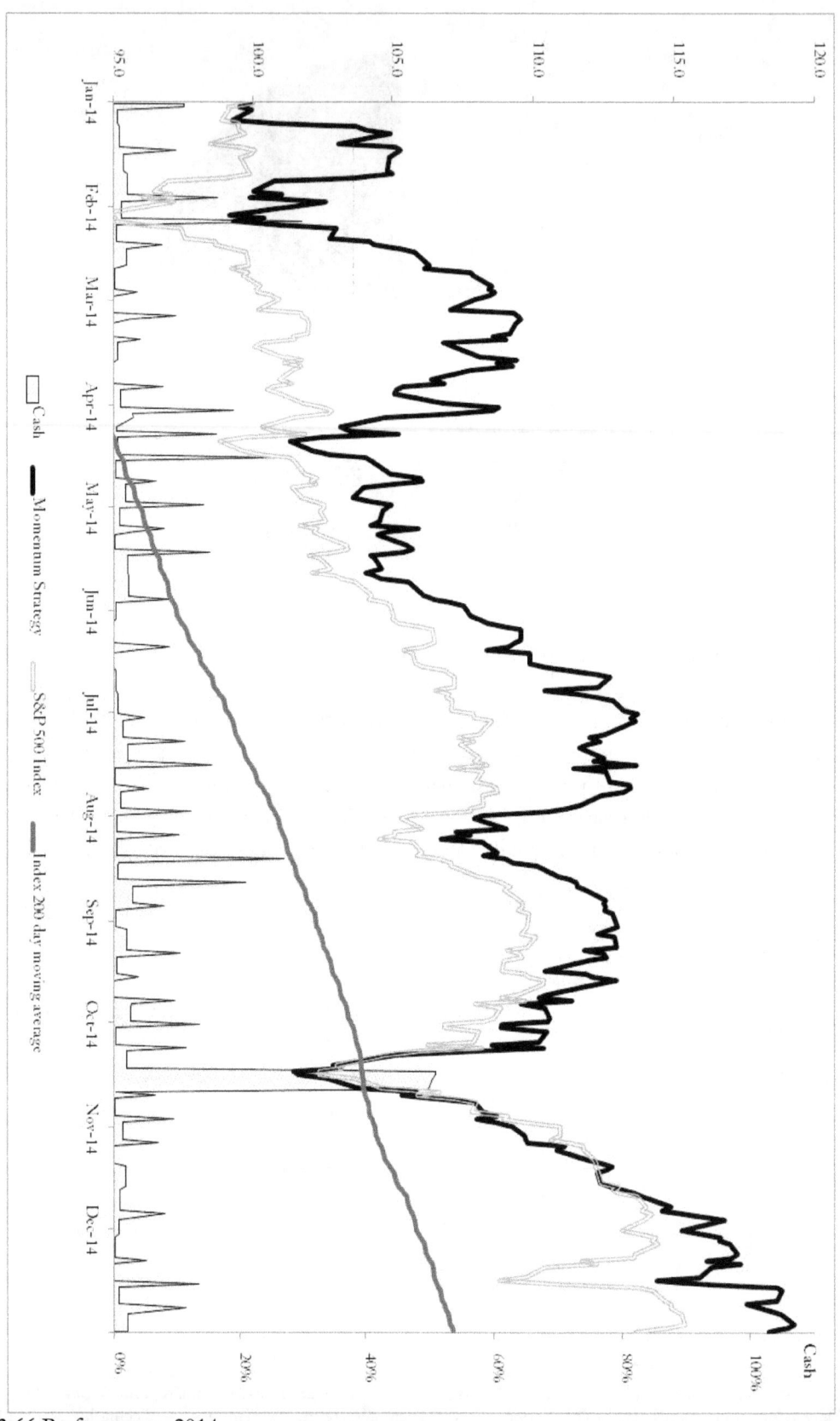

Graphe 13.66 Performance, 2014

L'incident de parcours arrivait en octobre, lorsque l'indice plongeait soudainement. Bien que cet événement fut rapidement oublié quelques mois plus tard, les médias parlaient à l'époque d'un éventuel arrêt de l'assouplissement quantitatif qui impacterait ainsi la croissance européenne.

Le marché se retourna donc brutalement et nos actions momentum chutèrent plus que le marché. Avant la fin du mois cependant, tout était oublié et l'indice effaçait ses pertes. Même si nous étions laissés derrière avec moins de positions, c'est à ce moment-là que nos actions décolèrent vraiment.

Notre portefeuille finissait alors l'année à 18 % battant ainsi le marché de 5 %.

Allergan, dans le graphe 13.67, fut une transaction intéressante. Nous l'achetions en février après qu'elle ait eu une forte poussée. Alors que fin mars nous étions sur le point de la liquider, elle progressa de 25 % en quelques jours, représentant ainsi une de nos meilleures transactions de l'année. Grâce à son classement élevé, elle resta ensuite dans le portefeuille pendant plusieurs mois malgré sa progression latérale. Nous la liquidions fin de l'été pour enregistrer un excellent profit.

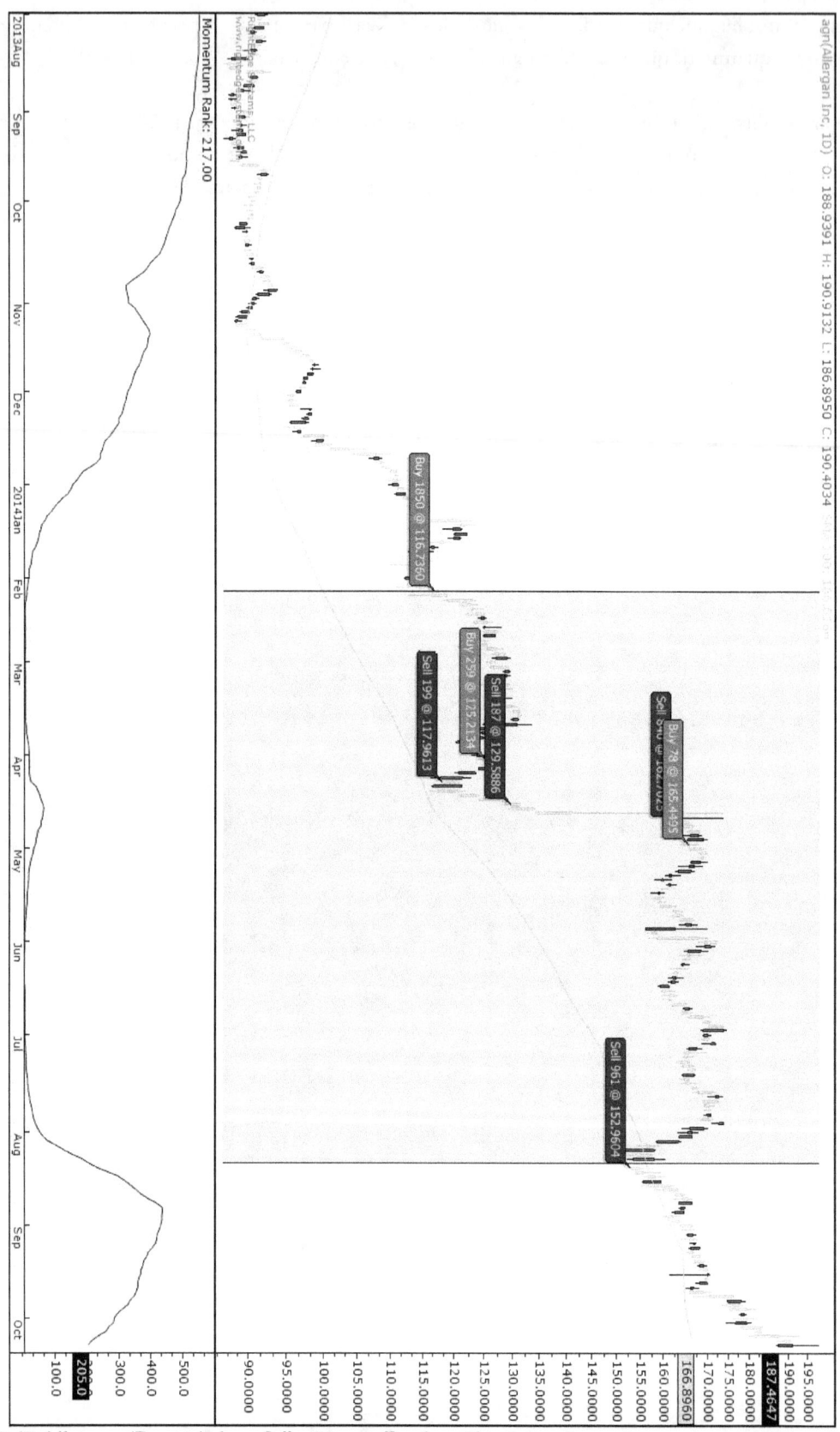

Graphe 13.67 Allergan (*Buy* = Achat, *Sell* = Vente, *Rank* = Classement)

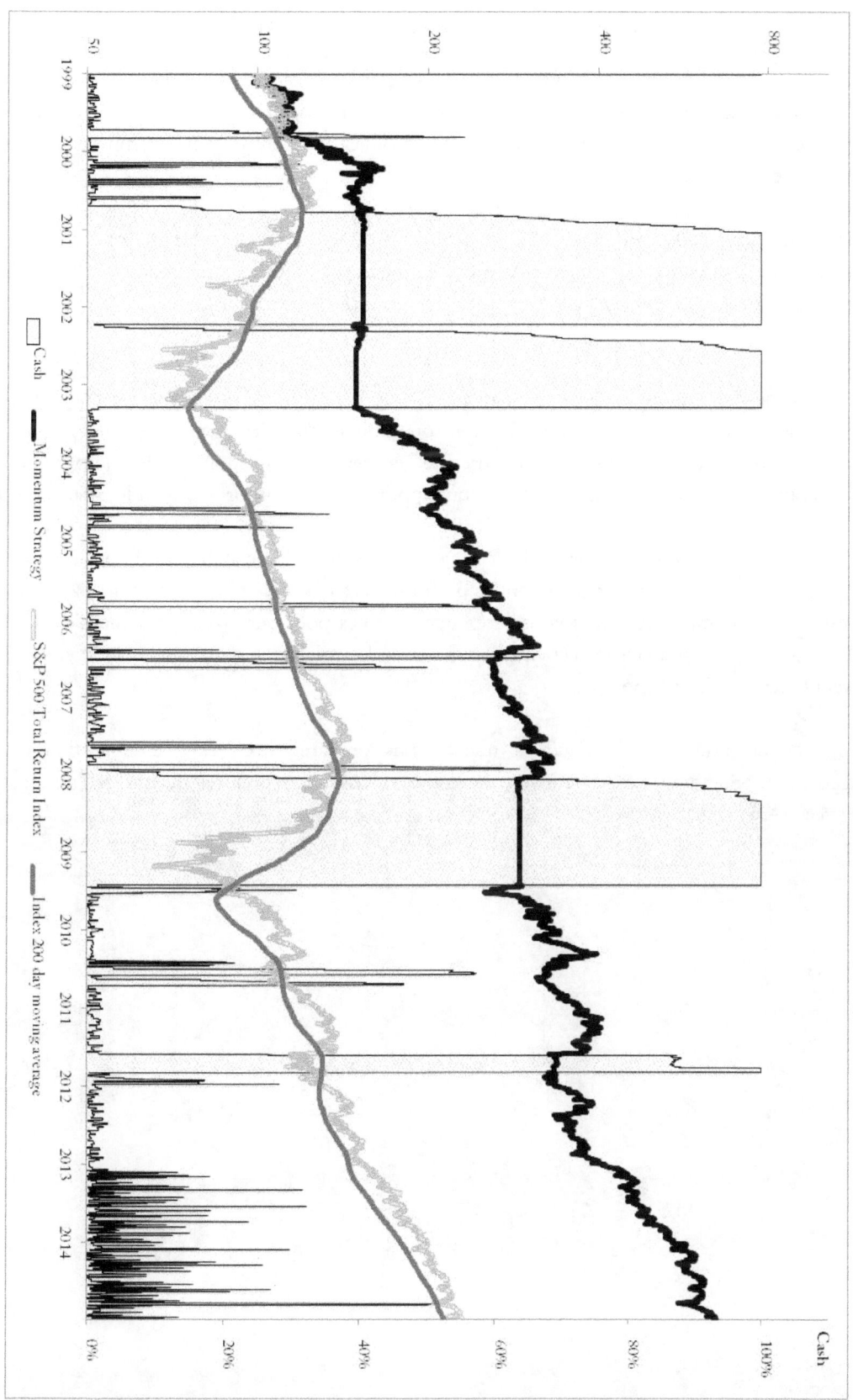

Graphe 13.68 Performance 1999-2014

13.17   Conclusion de la Revue Année par Année

Il est facile de générer une simulation prometteuse. Lorsque vous regardez un graphe de simulation ou un tableau de performances mensuelles, tout semble facile. Cependant, c'est au moment de l'exécution que les problèmes commencent. C'est lorsque vous vous retrouvez au milieu d'une tempête que les choses apparaissent différemment.

L'ironie est qu'une grande partie des gens qui utilisent des stratégies robustes à long terme cèdent rapidement au stress infligé par les fluctuations du court terme et finissent par modifier leurs modèles. Si vous lancez une stratégie à long terme sans avoir pleinement compris et accepté ses caractéristiques, il y a peu de chance que vous puissiez la suivre.

Ce que je souhaitais vous montrer dans ce chapitre est comment difficile et frustrant le court terme peut se révéler. C'est une toute autre histoire que de voir son capitale durement gagné se faire grignoter par un marché qui se retourne contre vous. D'où l'intérêt de générer ces simulations et de comprendre comment elles se sont comportées dans le passé. Ce travail vous apportera du réconfort pendant les mauvaises périodes.

Rien ne remplacera cependant l'expérience de déployer du capitale sur une stratégie. Si vous êtes chanceux, ce sera au bon moment et vous génèrerez de bonnes performances dès le début. Si vous pouvez accumuler deux bonnes années pour commencer, alors vous serez mieux armés pour faire face aux années difficiles et pour suivre diligemment votre stratégie. Si cependant vous avez la malchance de commencer avec une mauvaise année, il sera tentant de jeter l'éponge.

J'espère que ce chapitre vous aura aidé à mieux vous préparer aux aléas de la gestion de stratégie d'investissement momentum. Le seul moyen de savoir si vous êtes prêt est de passer l'ultime test, celui d'essayer avec votre argent.

14   Analyse de la Stratégie

Ce que nous avons vu jusqu'à maintenant est le bon fonctionnement d'un modèle d'investissement momentum. Les résultats au fil des années sont solides et le modèle a résisté aux épreuves du temps. Que ce soit en phase haussière ou baissière, cette stratégie a généré d'excellentes performances sur la période testée. Les règles qui constituent cette stratégie (voir chapitre 10) fonctionnent comme prévu. La question que l'on pourrait maintenant se poser est quelles sont celles qui sont critiques et celles qui le sont moins. Ce chapitre passera en revue les différentes composantes de cette stratégie et regardera si nous pouvons les modifier. Si vous arrivez à faire la part entre ce qui est important et ce qui ne l'est pas, vous comprendrez alors la logique de ses règles et comment les profits sont générés.

14.1 Le Filtre de Tendance est-il Important ?

Comme vous avez pu le remarquer dans le chapitre 13, le filtre de tendance peut générer quelques frustrations. En effet, ce filtre nous a fait souvent réduire nos positions alors que nous étions proches d'un rebond. Nous sommes alors en droit de nous poser la question si un tel filtre est nécessaire. Après tout, il n'y a eu que deux périodes en 15 ans où se filtre s'est révélé utile.

La version courte de la réponse est oui, ce filtre de tendance est nécessaire. Il est là pour s'assurer qu'on reste à la surface lorsque le bateau coule. Une chose est sûre, un jour ou l'autre, le marché replongera. Et le fait d'être en liquide pendant ces longues périodes baissières fera toute la différence sur le long terme.

Si vous n'êtes pas convaincus de la valeur ajoutée du filtre de tendance, faisons une petite expérience. Le graphe 14.1 devrait vous aider. Il représente notre modèle avec les mêmes règles mais sans le filtre de tendance. Autrement dit, nous sommes toujours investis dans le marché. Notre portefeuille est toujours rempli d'actions qui répondent à nos critères de sélection. Nous avons quand même des périodes avec moins de positions, comme par exemple, entre 2000 et 2003. Jusqu'en 2008, il n'y a pas de différence entre la stratégie avec filtre de tendance et la stratégie sans filtre de tendance. Cette dernière subit ensuite une baisse de plus de 50 %. D'un coup, nous avons perdu la moitié de notre capital.

Bien sûr, le marché lui aussi a perdu à peu près la moitié, mais peu importe. L'important est que maintenant votre portefeuille a un sérieux handicap et qu'il sera pratiquement impossible de s'en débarrasser. Même si au final la stratégie sans filtre de tendance bat l'indice, elle ne rattrapera jamais la stratégie qui utilise le filtre de tendance.

Si vous observez la courbe du haut du graphe 14.1 qui représente la stratégie avec le filtre de tendance, vous remarquerez les deux plateaux. Ils représentent les deux périodes pendant lesquelles nous n'avons généré aucun profit. Pendant ces deux périodes, pratiquement tout le monde perdait de l'argent, voire beaucoup d'argent.

Après les faits, on vous demandera pourquoi vous n'avez pas pris des positions à découvert. En règle générale, la plupart des personnes qui posent ce genre de question ne transigeaient pas pendant ces périodes baissières. En outre, les personnes qui avaient des positions à découvert ont en moyenne perdu de l'argent. Jouer les marchés à la baisse est un exercice très difficile et celles et ceux qui disent le contraire ont généralement peu d'expérience sur ce sujet.

Revenons à la question du mauvais minutage du filtre de tendance. Pourrions-nous optimiser ce filtre de tendance afin d'éviter ces faux signaux ?

Non, nous ne pouvons pas. L'optimisation est une très mauvaise idée.

Pour écrire ce livre, j'ai choisi des critères presque au hasard. En fait, j'ai choisi des critères qui pour moi étaient logiques, sans avoir recours à l'optimisation. Évidemment que j'aurais pu choisir les meilleurs critères afin de générer les meilleurs résultats et au final, vendre davantage de livres.

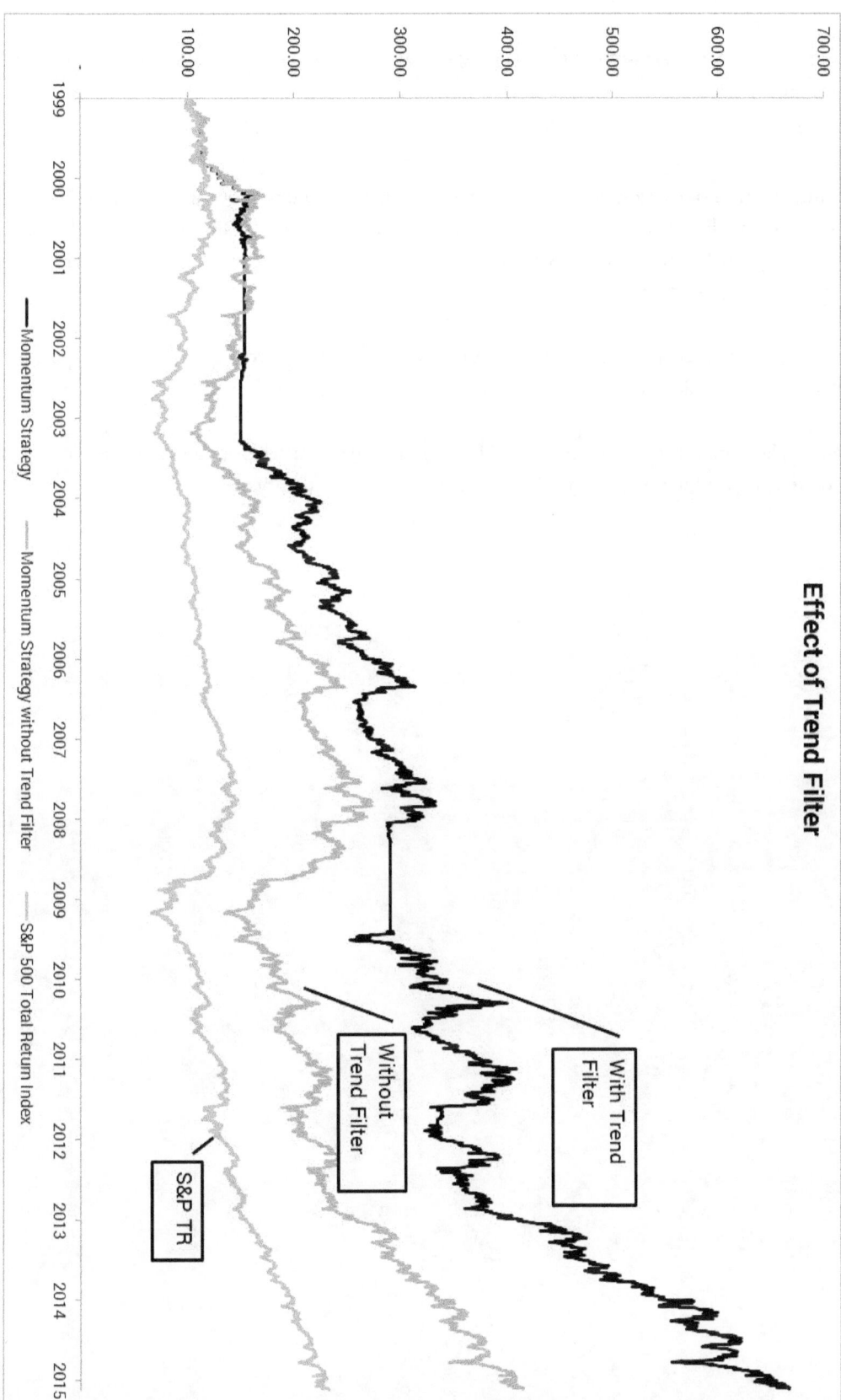

Graphe 14.1 Effet du Filtre de Tendance, avec (with) et sans (without)

Tableau 14.1 Comparaison du Filtre de Tendance

	Stratégie Momentum	Stratégie Momentum sans Filtre	Indice S&P 500 Rendement Total
Rendement Annualisé	12.4%	9.1%	5.2%
Perte Maximale	-24.3%	-50.9%	-55.3%

Si nous commençons à optimiser, nous pourrions alors conclure qu'une moyenne mobile à 237 jours ou à 178 jours donnent les meilleurs résultats. Tout ce que nous avons réussi à faire est un simple ajustement des courbes, qui n'a probablement aucune valeur dans le futur. Nous avons besoin de réfléchir en termes de concepts et non en termes de chiffres exacts.

Si nous poussons l'optimisation un cran plus haut, nous pourrions trouver que les années qui sont divisibles par 3 devraient avoir un filtre de tendance différent des années à éclipse lunaire.

Donc résistez à la tentation de l'optimisation. Mieux vaut penser en termes de concepts. Nous avons besoin d'un filtre de tendance à long terme et le chiffre exact utilisé a peu d'importance.

14.2   Le Risque de Parité est-il Important ?

Très.

Vous voulez un moyen facile de battre l'indice ? Utilisez une stratégie à risque de parité au lieu d'une stratégie à pondération de capitalisation. Terminé.

Prenons du recul et regardons encore une fois comment l'indice S&P 500 est composé. Il inclut la plupart des 500 plus grosses capitalisations boursières des États-Unis. La capitalisation boursière correspond au nombre d'actions en circulation multiplié par le prix courant d'une action. Cette valeur change toutes les secondes lorsque les marchés boursiers sont ouverts et à chaque fois qu'une transaction est effectuée. En théorie, vous pourriez acheter entièrement une compagnie en écrivant un chèque correspondant à sa capitalisation boursière.

L'indice S&P 500 utilise la valeur des compagnies ou tout simplement leur capitalisation boursière comme critère de pondération. Au final, plus une compagnie a une grosse capitalisation boursière et plus elle a une influence sur l'indice.

Ce type de pondération permet de jauger l'état du marché. C'est une meilleure méthode que celle utilisée par le Dow Jones qui repose uniquement sur le prix.

Maintenant, est-il raisonnable d'investir dans une stratégie qui favorise les plus grosses capitalisations boursières ? Quelle est la logique d'acheter 4 % de Apple et seulement 0,01 % de Diamond Offshore Drilling ? Est-ce que Apple est vraiment 400 fois meilleur ? De plus, Diamond avec ses 4 milliards de capitalisation boursière n'est pas vraiment une petite compagnie.

Plus important encore, quelles sont les chances que la plus grosse compagnie du monde double sa taille ? Voire tripler sa taille ? Lorsqu'une compagnie a une capitalisation boursière de 750 milliards de dollars, soit deux fois plus que la deuxième plus grosse compagnie, quelles sont les chances qu'elle atteigne 1.500 milliards de dollars ? Comment justifier que cette action soit 400 fois plus représenté que la plus petite action ? Peut-on trouver un meilleur moyen d'investir dans les plus grosses capitalisations boursières américaines ? Et maintenant, peut-on arrêter de poser des questions ?

Je vous présente le risque de parité. Vous vous rappelez comment nous calculons le risque de parité dans le chapitre 8 ? L'idée est de mesurer la volatilité historique et d'assigner une pondération inversement proportionnelle. C'est plus facile que ça en a l'air. En gros, les actions volatiles sont moins représentées que les actions plus stables. Cela signifie aussi que chaque position a, en théorie, le même potentiel d'impact sur le portefeuille. Car soyons d'accord sur un point ; avec une pondération de 0,01 %, Diamond Offshore Drilling a très peu d'influence dans le S&P 500.

Afin d'illustrer le risque de parité, nous allons construire et simuler l'indice S&P 500 parité de risque. Chaque action a une position inversement proportionnelle à sa volatilité. Plus elle est volatile et plus la taille de sa position sera petite.

Chaque mois, nous vérifions la volatilité de toutes les actions et nous ajustons leur pondération en conséquence. Sans ce rééquilibrage périodique, nous nous retrouverions avec un portefeuille complètement aléatoire. Comme le risque change au cours du temps il est nécessaire de rééquilibrer nos positions.

Lorsqu'une compagnie rejoint ou quitte l'indice, nous appliquons le même rééquilibrage afin de répliquer la composition historique de l'indice.

Comme vous pouvez le voir, le S&P 500 parité de risque bat haut la main le S&P 500 capitalisation boursière. C'est un phénomène bien connu qui veut que les petites compagnies ont tendance à battre les plus grosses compagnies au fil des années. Cette méthode n'empêche pas d'éviter la chute de 2008. Cette chute, comme nous l'avons vu auparavant, peut-être évitée avec l'utilisation d'un filtre de tendance.

Certains d'entre vous se demandent alors pourquoi s'ennuyer avec la sélection des actions momentum. Pourquoi ne pas simplement appliquer le filtre de tendance sur le S&P 500 Parité de risque et c'est bouclé.

Il n'y a pas de raison qu'en théorie cette méthode ne fonctionne pas. Pour la plupart d'entre nous cependant, de gérer un portefeuille de 500 actions pose problème. Même si sur le papier cette méthode semble prometteuse, elle est cependant difficile à exécuter pour la plupart des investisseurs. D'où l'idée d'utiliser une méthode momentum pour sélectionner un plus petit groupe d'actions.

Tableau 14.2 Indice à Pondération Parité de Risque

	500 actions de l'Indice, Parité de Risque	Indice S&P 500 Rendement Total
Rendement Annualisé	13.1%	5.2%
Perte Maximale	-48.4%	-55.3%

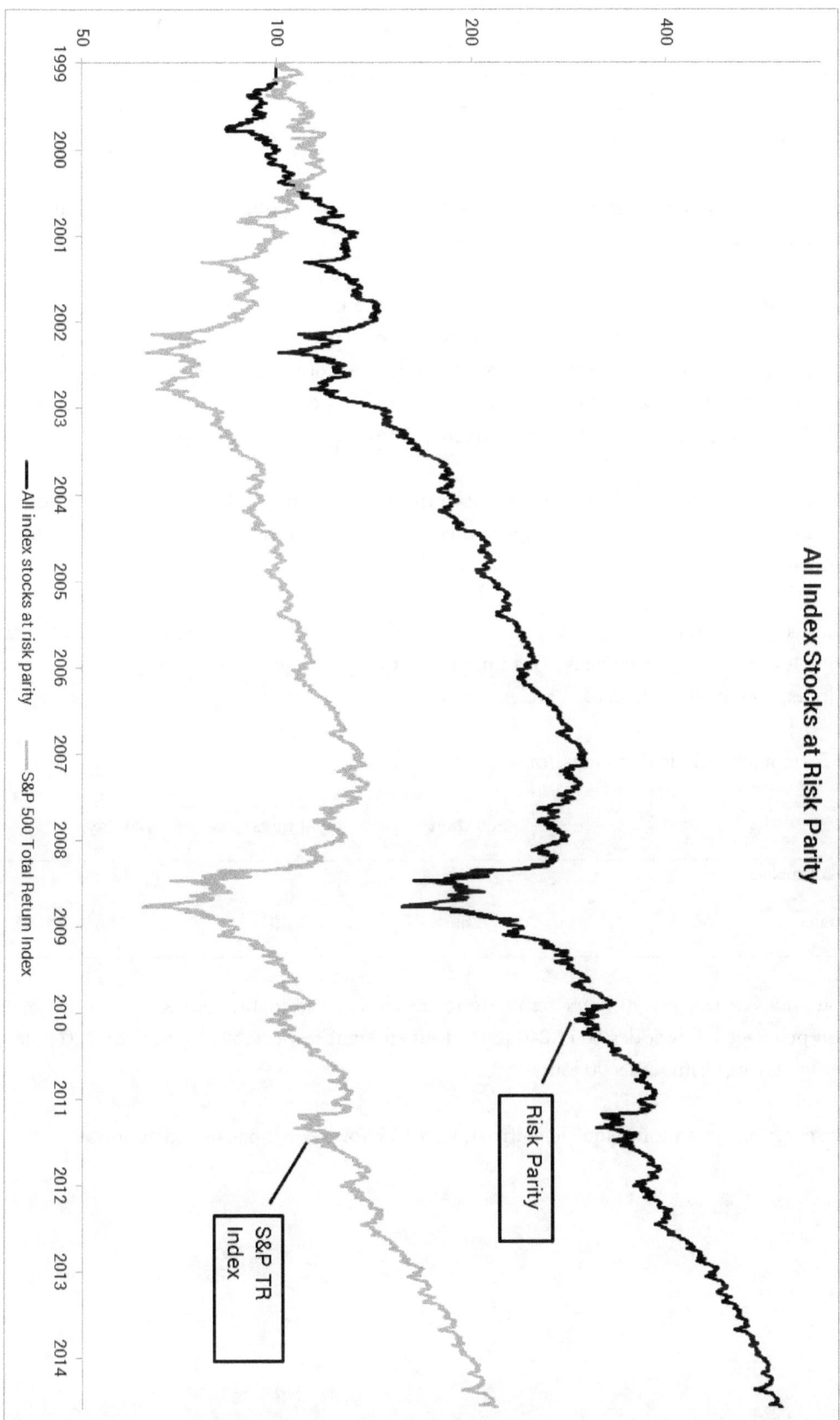

Graphe 14.2 Indices, Capitalisation Boursière et Parité de Risque

14.3   La Période Momentum est-elle Importante ?

Dans nos simulations, nous avons utilisé un classement momentum de 90 jours. Cela réfère au nombre de points utilisés pour calculer notre régression qui est ensuite utilisée pour classer les actions. La question est, pourquoi 90 jours ?

La version courte de la réponse est, parce que ça suffit. Vous pouvez utiliser moins de 90 jours ou plus de 90 jours, mais au final, ça ne changera pas grand-chose.

Encore une fois, d'essayer d'optimiser la valeur exacte est une mauvaise idée. La valeur idéale pourrait être 97 ou 74 ou 103 ou je ne sais quoi. Cet exercice futile vous permettra de trouver la meilleure valeur qui fonctionne pour le passé mais pas forcément pour le futur. C'est donc un exercice inutile qui vous donnera un faux sens de sécurité. Essayez plutôt de raisonner en termes de concepts et non en termes de chiffres magiques. 90 jours semble être un chiffre raisonnable pour notre stratégie à moyen terme.

Nous allons cependant effectuer quelques vérifications afin de limiter le facteur chance. Nous procéderons par itération pour nous assurer que le comportement de la stratégie ne dévie pas trop. Si c'était le cas, cela voudrait dire que notre stratégie n'est pas stable.

Comme nous avons commencé avec 90, jetons pêle-mêle d'autres valeurs pour voir si ça marche. Nous utilisons donc les mêmes règles et changeons uniquement la période momentum avec trois autres valeurs, 60, 120 et 240 jours, comme indiqué dans le tableau 14.3.

Tableau 14.3 Stabilité Période de Régression

	60 days	90 days	120 days	240 days
Rendement Annualisé	10.8%	12.3%	12.5%	11.6%
Perte Maximale	-28.3%	-24.0%	-24.6%	-26.3%

Comme vous pouvez le voir, 90 jours semble être un choix raisonnable. Nous voyons les rendements se détériorer un peu avec les périodes 60 et 240 jours, tout en étant respectable. La période 120 jours génère des résultats pratiquement identiques à 90 jours.

Pour conclure, cet exercice montre que le chiffre que vous choisirez n'a pas trop d'importance.

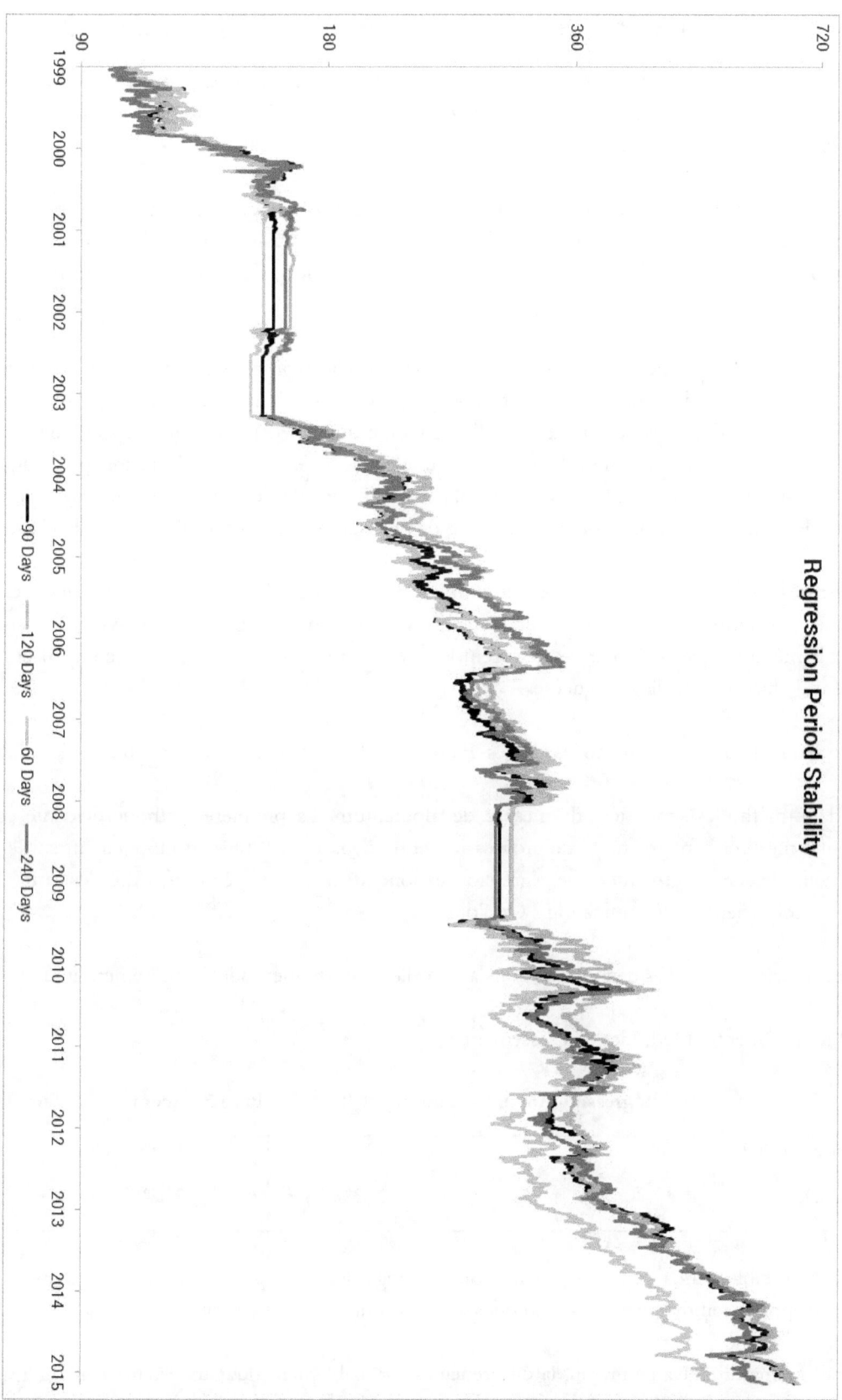

Graphe 14.3 Stabilité Période de Régression, 90, 120, 60 et 240 jours

14.4   La Méthode de Classement est-elle Importante ?

Je vous ai montré ici une méthode de classement que j'aime. Elle peut paraître complexe si vous n'êtes pas trop familier avec l'analyse statistique, mais en fait c'est assez facile. Vous avez le droit de vous demander pourquoi je décris une méthode qui semble si complexe.

Afin de vous éviter de retourner dans le chapitre 7, permettez-moi de vous rappeler notre méthode de classement utilisé qui est basée sur la régression exponentielle annualisée, multipliée par le coefficient de détermination. Ne vous laissez pas impressionner par ces grands mots, c'est plus simple qu'il n'y paraît, faites-moi confiance.

Si j'utilise la régression exponentielle annualisée c'est parce qu'elle exprime le momentum d'une manière facile à comprendre. Elle vous indique en pourcentage sa progression si elle maintenait sa trajectoire pendant une année. Elle ne vous donne cependant aucune information sur la volatilité d'une action. Idéalement nous voulons des actions avec une bonne trajectoire et une faible volatilité. C'est la raison pour laquelle nous punissons les actions volatiles en les multipliant par le coefficient de détermination R^2. Cela a pour effet de promouvoir les actions non volatiles et inversement, de pousser les actions volatiles en bas du classement.

Nous pourrions en fait simplifier mes modèles et utiliser des mesures plus simples. La différence sera minime. Si vous avez un autre moyen pour classer les actions, alors n'hésitez pas. Assurez-vous toutefois que le concept et la méthode que vous préférez couvrent les mêmes principes. Vous voulez récompenser les actions qui montent de façon graduelle et régulière.

En fait, essayons de simplifier un peu les choses. Faisons quelques modifications et simulons le résultat.

Prenons deux méthodes simplifiées de mesure de momentum. La première méthode évidente consisterait simplement à mesurer le pourcentage de progression entre deux points, plus spécifiquement sur 90 jours. La seconde méthode serait d'effectuer une régression exponentielle sur la même période, c'est-à-dire 90 jours. Que faire du coefficient de détermination ? On l'oublie.

Comparons les résultats de ces deux simulations avec celle de notre méthode de classement initiale.

Tableau 14.4 Différentes Méthodes de Classement

	Régression Annualisée mult. par R^2	Pure Pourcent	Pure Régression
Rendement Annualisé	12.4%	12.7%	12.9%
Perte Maximale	-24.3%	-26.2%	-24.1%

Les résultats du tableau 14.4 sont très proches. Si vous regardez le graphe 14.4, il n'y a pratiquement pas de différence. Il apparaîtrait même que les méthodes les plus simples sont les meilleures.

On pourrait même dire qu'à ce niveau, la différence est probablement due aux erreurs d'arrondi qui n'est ni plus ni moins que du bruit. C'est un match ex aequo.

Si c'est la même chose alors pourquoi utiliser la méthode complexe ?

Ce n'est pas une histoire de valeur finale. Il s'agit plus de la manière utilisée pour arriver à destination. Alors que les résultats sont pratiquement identiques, les méthodes plus simples vous conduiront à investir dans des situations plus dangereuses. Sur du long terme, ces méthodes se valent toutes, tant que vous les exécutez diligemment. Si pour une raison ou une autre vous ne vous sentez pas à l'aise d'acheter les actions sélectionnées par le modèle, alors vous échouerez.

La méthode que j'ai choisie pour ce livre est conçue pour trouver des situations momentum optimales et d'éviter les situations dangereuses ou inconfortables. Elle vous évitera d'investir dans des situations de prise de contrôle (OPA) tout comme d'acheter des actions qui ont bondi massivement. Elle trouvera des actions qui ont un potentiel de progression avec une volatilité réduite.

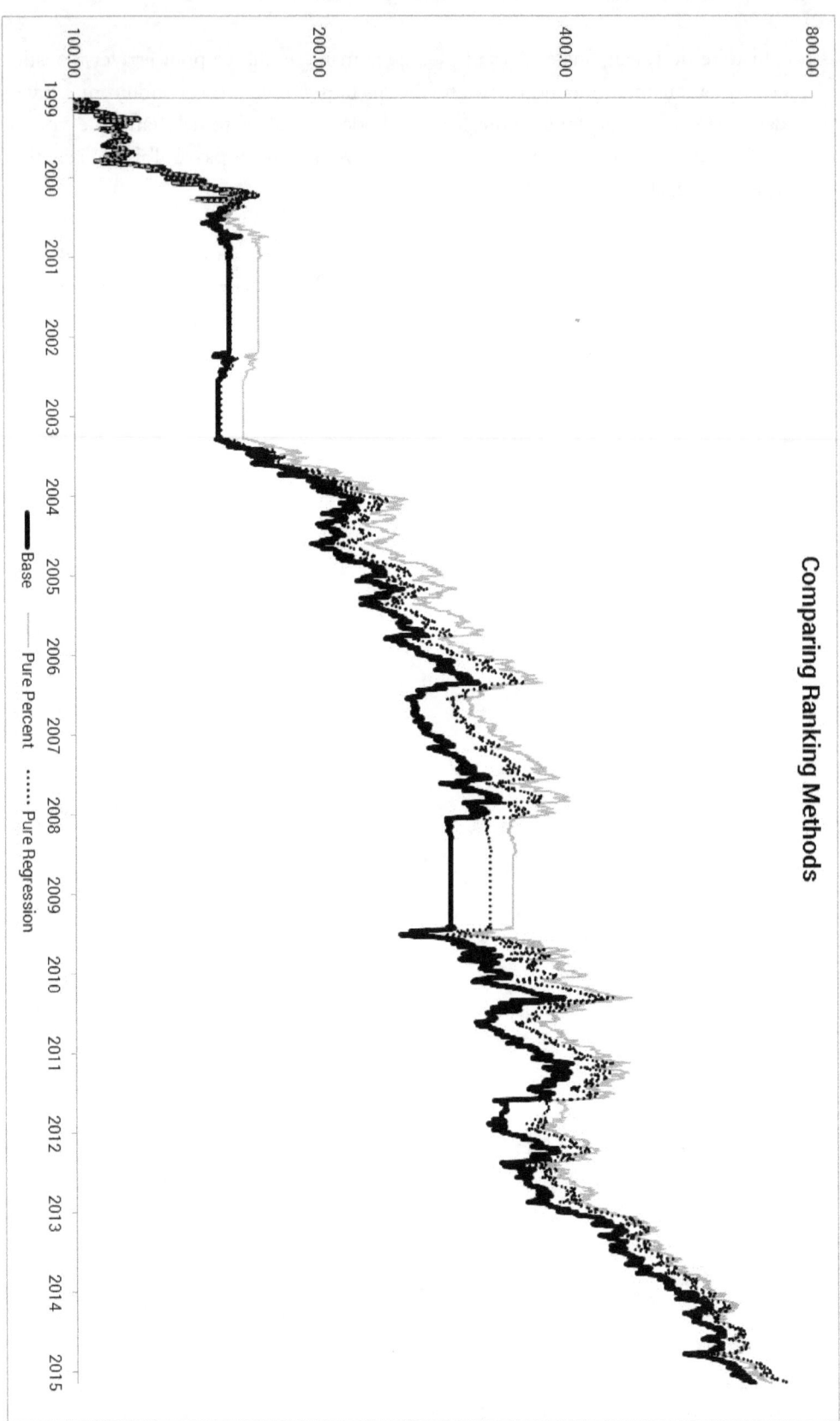

Graphe 14.4 Différentes Méthodes de Classement

14.5   La Taille de Position est-elle Importante ?

Vous vous rappelez comment on définit la taille des positions ? Vous devriez, parce que le principe est très important. Ce que nous avons fait jusqu'à maintenant était de regarder la volatilité de chaque action et d'acheter moins d'actions volatiles et plus d'actions stables. L'idée est d'avoir approximativement le même niveau de risque par action. C'est une étape très importante. Cependant, quel est le risque dollar que nous pouvons prendre par action ?

La formule du chapitre 8 utilise un facteur de risque de 0,1 % ou encore 10 points de base. Ce chiffre ne représente pas le risque total du portefeuille mais le risque par action. À capital de départ égal, plus le facteur de risque est petit et plus il y aura d'actions (numéraire moins élevé par position) dans le portefeuille. À l'inverse, plus le facteur de risque est grand et moins il y aura d'actions (numéraire plus élevé par position) dans le portefeuille.

Un portefeuille constitué de 20 à 30 actions offrira davantage de diversification qu'un portefeuille qui ne contient que 10 actions. Moins vous détiendrez d'actions dans votre portefeuille et plus vous serez exposés à un choc boursier.

D'un autre coté, plus vous détiendrez d'actions et plus difficile sera la gestion du portefeuille, sans parler du fait que sa performance se rapprochera de celle de l'indice.

Revenons maintenant au chiffre de 0,1 % que j'ai choisi et comparons le à d'autres chiffres.

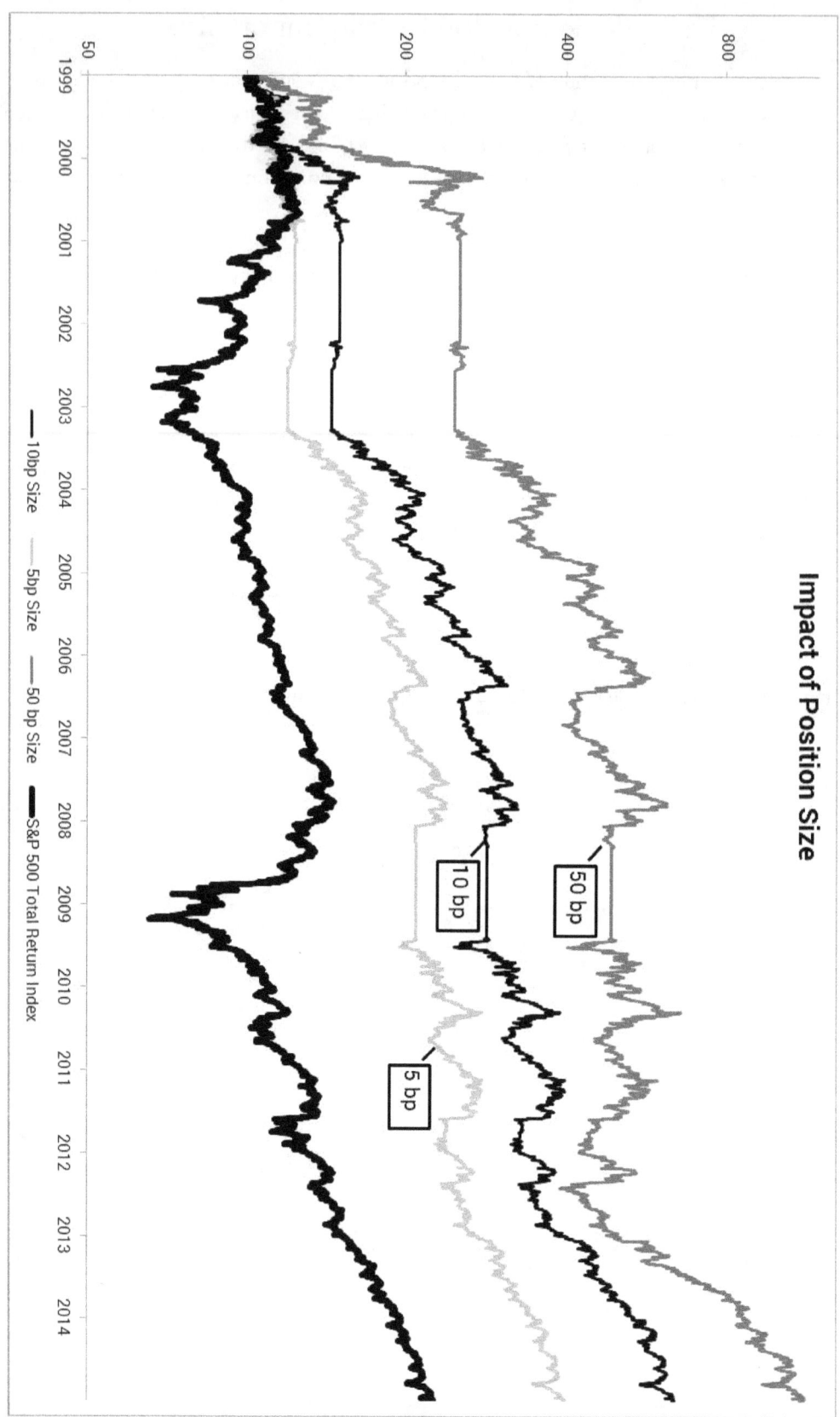

Graphe 14.5 Impacte de la Taille de Position, 0.1% (10bp), 0.05% (5bp) et 0.5% (50bp)

Le graphe 14.5 compare les résultats obtenus avec les différentes tailles de positions. La courbe tout en bas représente l'indice. Ce qui veut dire que les trois itérations battent l'indice. La courbe du haut représente la simulation avec une taille de position de 0,5 %. Les deux autres courbes représentent respectivement une taille de position de 0,1 % et de 0,05 %.

Tableau 14.5 Impacte de la Taille de Position

	Taille 10bp	Taille 5bp	Taille 50 bp	Indice S&P 500 Rendement Total
Rendement Annualisé	12.3%	9.0%	16.3%	5.2%
Perte Maximale	-23.8%	-20.4%	-40.3%	-55.3%

Une première conclusion est que plus la taille de position est élevée, meilleurs sont les résultats. Gardez à l'esprit que taille de position élevée signifie peu de positions dans le portefeuille. Peu de position signifie beaucoup plus de grosses positions, afin de garder la même exposition ou encore le même capital investi.

D'après les résultats, ne devrions-nous pas avoir un portefeuille avec très peu de (grosses) positions ? Comme par exemple 3 ou 4 actions ? Et bien je ne le recommanderais pas, même si en théorie un tel portefeuille peut générer d'excellents résultats. Il est aussi bien plus exposé à la malchance et à des chocs potentiels.

Ne perdez pas à l'esprit ce qu'on essaye d'accomplir ici. Si vous avez seulement 3 ou 4 actions voire même 8 ou 10 actions, vous augmentez les chances de vivre un choc inattendu, et ce malgré les simulations favorables. Moins votre portefeuille contient d'actions et plus vous êtes dépendants du facteur chance.

À l'inverse, pourquoi ne pas utiliser 0,05 % et ainsi gérer un portefeuille de 40 à 50 actions ? La réponse est que non seulement les résultats chutent mais aussi, il devient difficile d'un point de vue pratique de maintenir un tel portefeuille.

L'avantage des actions comparées au marché à terme par exemple est que vous pouvez transiger avec des montants bien plus petits. La taille de position par défaut de 0,1 % produit un portefeuille de 20 à 25 actions qui peut-être implémenter avec un faible capital de base. Maintenant si vous choisissez la version d'un portefeuille à 40 actions, vous pourriez vous retrouver avec des positions à une part et vous perdrez ainsi l'effet du risque de parité et du rééquilibrage.

Est-ce que 0,1 % est le chiffre parfait ? Bien sûr que non mais c'est une valeur probablement suffisante. Que vous utilisiez 0,08 % ou 0,15 % aura probablement un effet limité mais vous voulez cependant rester dans ses limites.

14.6   Le Choix de l'Indice est-il Important ?

Le choix de l'indice a son importance. Si ce livre a piqué votre curiosité alors je vous invite à faire votre propre recherche sur ce sujet.

L'écriture de ce livre a nécessité quelques simplifications et limitations, comme par exemple le choix d'un seul indice, le S&P 500.

Ce choix repose sur le fait que tout le monde connaît cet indice. La plupart des gens y sont investi, d'une manière ou d'une autre. Il représente les 500 plus larges compagnies de la première économie mondiale. Et ce choix n'a rien à voir avec le fait que le momentum fonctionne sur cet indice.

L'idée principale des stratégies de portefeuille momentum est de choisir des actions qui ont un potentiel significatif. Les grosses capitalisations boursières du S&P 500 font partie de cet indice parce qu'elles ont eu ce potentiel dans le passé et ont fini par remplir les critères nécessaires pour faire partie de l'indice. Bien que ces actions aient certainement encore du potentiel, elles en ont certainement moins qu'auparavant. Avant qu'elles ne deviennent de grosses capitalisations boursières.

L'approche momentum fonctionne sur les actions du S&P 500 non pas parce qu'elles sont de grosses capitalisations, mais plutôt en dépit du fait qu'elles soient de grosses capitalisations.

Je vous invite à explorer d'autres indices, plus spécifiquement l'indice S&P 400 capitalisations moyennes et l'indice S&P 600, petites capitalisations. Essayez aussi les indices d'autres pays. Rappelez-vous simplement que si vous utilisez un indice avec différentes monnaies, vous allez devoir gérer les taux de change.

Il y a de grandes chances que vous réalisiez que les petites et moyennes capitalisations boursières génèrent des résultats bien supérieurs à ceux que nous avons vu dans ce livre, accompagnés cependant d'une plus forte volatilité.

15   Un Bottage de Fesses Aléatoire de Wall Street

Si la seule chose qui vous importe est de battre l'indice, vous pouvez oublier tout ce que vous venez de lire. Voulez-vous savoir comment battre pratiquement tous les gestionnaires de fonds du monde ? Oui, je suis sur le point de divulguer un secret.

Tout d'abord, remettons cette notion de battre l'indice dans son contexte. Il y a des milliers de SICAV et de FCP. Toutes les banques ont leur propre panoplie de SICAV qui essayent de répliquer n'importe quel indice que vous pouvez trouver. L'idée originelle d'une SICAV est de pouvoir offrir à n'importe quel individu avec un capital limité la chance de participer aux marchés boursiers, comme par exemple acheter les actions du S&P 500 sans avoir 500 lignes dans son portefeuille.

Les SICAV et FCP n'ont pas la flexibilité de faire ce qu'ils veulent. Ils doivent du mieux que possible répliquer l'indice tout en étant soumis aux budgets stricts d'écart de suivi. Si elles arrivent à battre l'indice de 1% sur une année, alors c'est considéré comme étant un résultat excellent. Leur mission première est de battre l'indice et non de générer des profits.

Si l'indice qu'elle suit finit l'année à - 10 % alors la SICAV n'est pas supposée générer des profits. Si elle finit l'année à - 9,5 %, alors ce résultat est considéré comme mission accomplie. Toute est une histoire de performance relative.

Nous avons vu dans le chapitre 2 comment les SICAV et FCP échouent à ce qu'ils sont supposés faire.

Typiquement, de 75 % à 85 % des SICAV sous-performent sur des périodes de 3 années. Si vous regardez sur des périodes plus longues, vous verrez qu'il n'y a pratiquement plus aucune SICAV qui arrivent à égaler l'indice. Pourquoi donc n'arrivent-elles donc pas à battre le S&P 500 ? D'après Gordon Gekko, c'est parce qu'elles sont des moutons et que les moutons vont à l'abattoir. Plus précisément, c'est parce qu'elles sont esclaves du système d'écart de suivi. Elles ont besoin de répliquer du mieux que possible la constitution de l'indice. Et c'est un désastre si elle sous-performent l'indice de 2 % en une année, sans compter les frais de gestion, de transaction, de garde, etc.

Si vous voulez vraiment l'indice alors il y a une solution facile. Acheter une ETF (tracker). Si vous voulez l'exacte performance du S&P 500 moins un modeste frais, alors achetez le tracker SPY. Il réplique fidèlement l'indice avec les mêmes actions et pondérations. Le tracker est géré par un ordinateur qui modifie les positions automatiquement au prorata.

Mais voulez-vous vraiment l'indice ?

15.1   Un Système de Transaction du S&P 500

Le S&P 500, comme tous les autres indices, est juste un système de transaction qui suit des règles bien précises pour quand acheter, quand vendre et quand rééquilibrer. Le S&P 500 est un système de transaction sur du très long terme. Les compagnies sont incluses dans l'indice après avoir montré de fortes performances et aussi rempli certains critères qui permettent leur acceptation. La taille de position est basée sur leur capitalisation boursière, autrement dit, plus la compagnie est grosse et plus elle sera représentée dans l'indice.

Cela peut paraître étrange que de penser que le S&P 500 est un système de transaction, mais au final, c'est la réalité. Ceci signifie que vous pouvez donc analyser l'indice comme tout autre système de transaction.

Vu sous cet angle, l'indice n'a peu d'intérêt. C'est en fait un très mauvais système de transaction. En moyenne, ce système a généré des gains annuels entre 5 et 6 % en enregistrant cependant des pertes pouvant dépasser 50 %, nécessitant plusieurs années de récupération.

Donc même si vous pouvez acheter le tracker SPY afin de bénéficier de la même performance que l'indice, en battant en passant toutes les SICAV, ce n'est finalement un investissement pas très attrayant. Est-il possible de battre l'indice sachant que ces fonds n'y arrivent pas ?

Oh que oui.

Battre l'indice est facile. Très facile. Un générateur de chiffre aléatoire peut battre l'indice.

Je suis sérieux. Choisir des actions au hasard battra l'indice. Et haut la main.

Jetons un coup d'œil sur quelques simulations simples afin de vous montrer comment battre l'indice.

Ces simulations sont générées en laissant l'ordinateur choisir des actions du S&P 500 de façon aléatoire. Au début de chaque mois, nous liquidons l'intégralité du portefeuille et achetons 50 actions au hasard. Nous utilisons un modèle de parité de risque pour la taille des positions. En l'occurrence, nous utilisons un simple IRM (ATR) comme décrit dans le chapitre 8, afin d'avoir le même niveau de risque par action.

Comme nous utilisons une approche aléatoire, nous avons besoin de générer plusieurs simulations afin d'éliminer, ou tout du moins de limiter, le facteur chance. Après plusieurs centaines de simulations, les résultats sont plutôt consistants. Toutes les simulations battent l'indice.

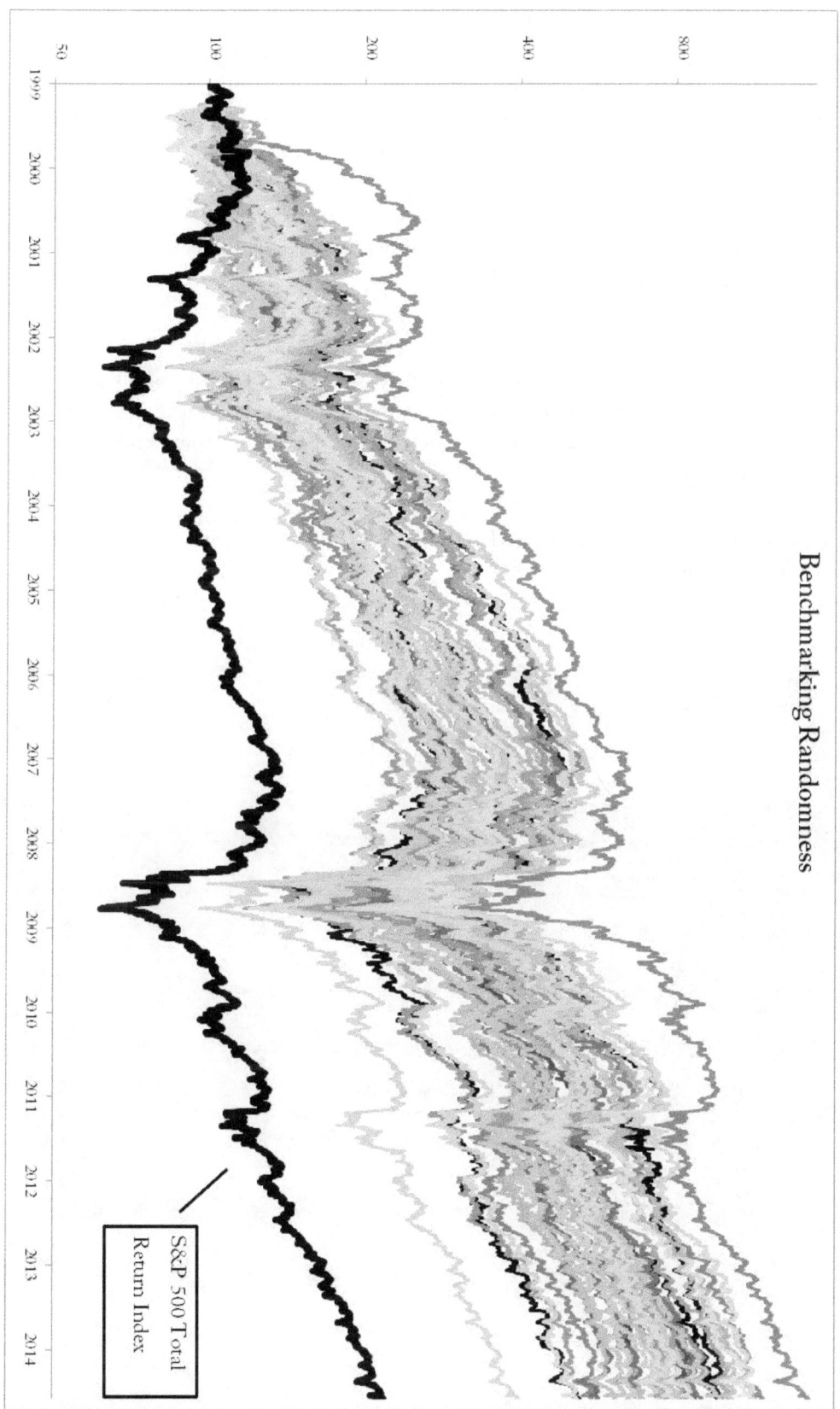

Graphe 15.1 Simulations Aléatoires

Le graphe 15.1 représente un sous-ensemble de 50 simulations comparées à l'indice, représenté par la courbe de couleur noire. Pourquoi seulement 50 ? Tout simplement parce que si j'avais représenté les 500 simulations, le graphe ressemblerait à une œuvre de Picasso sous l'emprise de drogues.

Si vous y regarder de plus près, vous remarquerez que sur une courte période, tout peut arriver. L'indice peut prendre de l'avance pendant quelques mois avant de le reperdre. Sur le long terme cependant, l'indice n'a aucune chance.

Je ne vous suggère pas ici d'acheter des actions au hasard tous les mois. Je prétends seulement que si votre but est de battre l'indice, alors considérez cette méthode.

Il est important aussi de comprendre la différence entre cette méthode aléatoire et la méthode décrite dans la majorité de ce livre. Tout d'abord, nous essayons avec cette dernière de choisir les actions qui généreront les courbes du haut dans le graphe 15.1. Nous voulons mettre de notre côté toutes les chances de générer des profits en évitant les périodes de forte volatilité. C'est un concept facile à comprendre en théorie, mais en pratique, difficile à accomplir.

La vraie question est, après avoir découvert Le Bottage de Fesses Aléatoires de Wall Street, voulez-vous vraiment acheter un produit qui suit l'indice ?

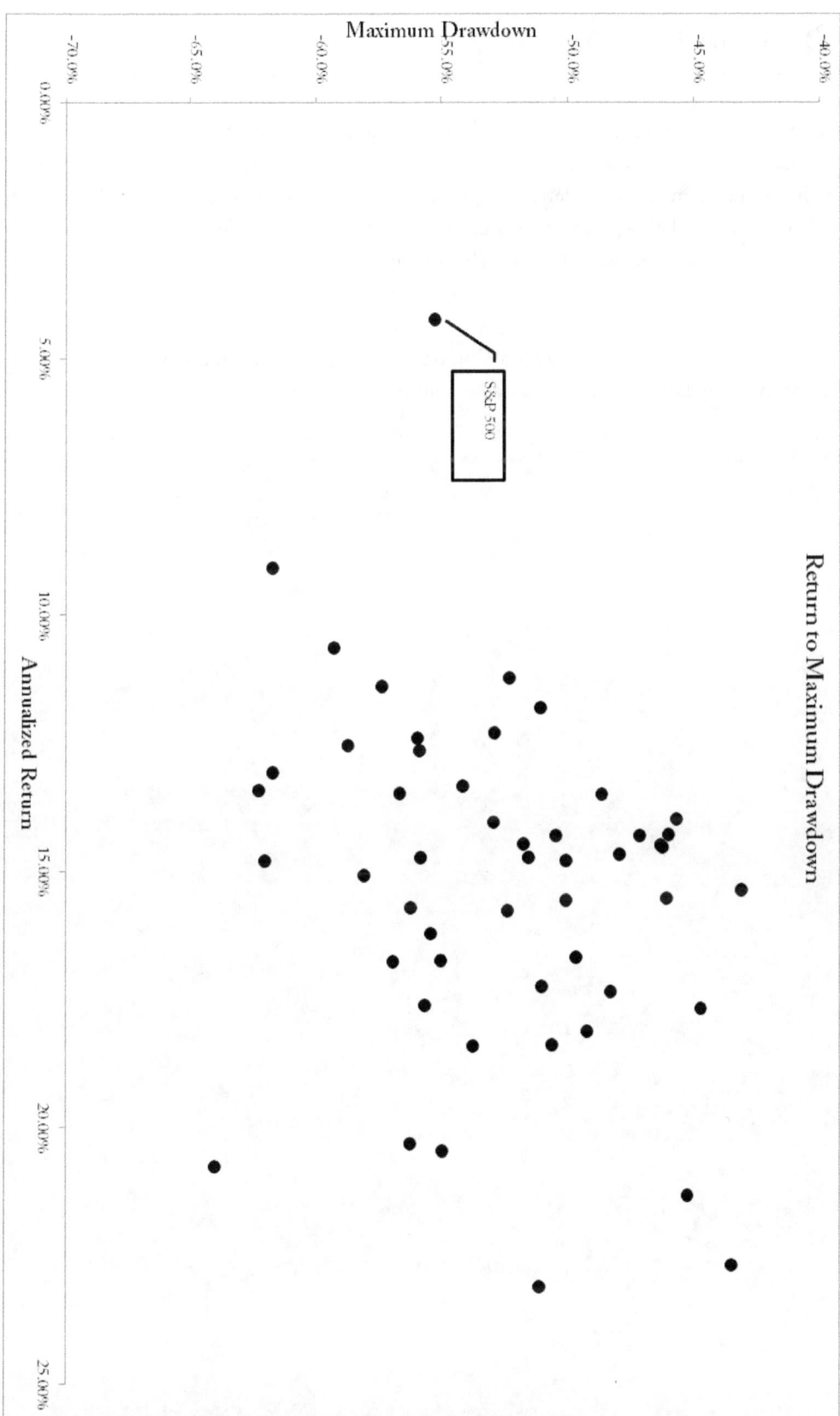

Graphe 15.2 Victoires Aléatoires - Rendements annuels et Ligne d'eau

16   Simuler la Stratégie

Aussi simple qu'une stratégie momentum peut paraître en terme de concept, elle est cependant relativement complexe à simuler. Il est très facile d'omettre des détails critiques et de commettre des erreurs. Comme la technologie change rapidement, je ne détaillerai pas ici les solutions en termes de logiciels ou de fournisseurs de données. Vous pouvez aller cependant sur mon site internet et trouver des informations qui seront un jour à ce sujet. Je vais en revanche consacrer ce chapitre plus spécifiquement à la simulation de la stratégie momentum.

Si vous êtes d'accord avec les résultats de ma simulation dans ce livre et que vous n'avez pas l'intention de générer votre propre simulation, vous pouvez alors ignorer ce chapitre.

16.1   Données

Si les données de départ sont erronées alors votre simulation sera une pure perte de temps. De mettre la main sur des données propres peut se révéler une tâche délicate.

Tout d'abord, vous devez déterminer quelles données vous voulez acquérir. Si vous décidez de choisir quelques actions que vous aimez dues à leurs performances, vous risquez de conforter votre jugement grâce aux excellents résultats de votre simulation. Vous voulez à tout prix éviter ce genre de préjugé et choisir à la place un ensemble logique de marchés.

Choisir un indice global permet d'éviter nos préjugés et nous force à inclure un ensemble d'actions, connues et inconnues. Dans mes simulations, j'ai choisi les actions de l'indice S&P 500 qui se prêtent bien à cette approche systématique.

Il est facile de trouver les actions qui composent le S&P 500, sans mentionner le fait que l'information est gratuite. Le problème cependant est que les actions comprises aujourd'hui dans l'indice n'étaient pas forcément les mêmes il y a dix ans. La composition de l'indice change en effet au cours du temps.

Pour ne pas arranger les choses, une compagnie qui vient d'être ajoutée au S&P 500 a généralement connu une progression formidable depuis les dix dernières années, générant alors des simulations un peu trop optimistes.

Vous pourriez effectivement dire que le S&P 500, ainsi que d'autres indices boursiers, sont en fait déjà des stratégies momentum.

Vous devez donc prendre en compte la composition historique de l'indice lors de votre simulation et votre code de programmation doit le refléter en conséquence.

Il faut évidemment prendre en compte les compagnies qui ont été délistées, qui ont fait banqueroute ou encore qui ont été acquises. Ça rend les choses un peu plus compliquées, n'est-ce pas ?

Viennent ensuite les dividendes. L'effet des dividendes sur le long terme est notable. Il y a deux façons de gérer les dividendes. Soit les données sont déjà ajustées par votre fournisseur de données, ou soit vous réinjectez les dividendes dans les liquidités manuellement. Les deux méthodes sont acceptables.

Si vous pensez ignorer un de ces prérequis, alors vous perdez votre temps. Vous devez absolument inclure la composition historique de l'indice, les actions qui ont été délistées et les dividendes. Ça peut être compliqué à obtenir et à inclure dans votre code mais il n'y a pas de raccourci.

Les simulations de ce livre utilisent la clôture de la journée. Vous n'avez pas besoin des données intra journalières. Si vous y avez accès cependant, vous serez capable de générer des statistiques intéressantes sur le court terme.

16.2   Simulation du Portefeuille

Il existe plusieurs plates-formes de simulations disponibles sur le marché. En règle générale, plus elles sont connues du public et moins elles sont recommandables.

La plupart de ces plates-formes grand public sont basées sur une seule stratégie et un seul instrument. Ce type d'offre estime qu'il est suffisant de transiger des actions appartement à un seul indice, en utilisant un seul type de règles. C'est un concept qui appartient au passé et qui n'a aucun intérêt pour un usage professionnel. Il est important d'utiliser un logiciel qui soit capable au moins de gérer des portefeuilles.

Lorsque vous avez trouvé un logiciel qui gère des portefeuilles, assurez-vous que la simulation se déroule jour après jour et non action après action. En l'occurrence, le logiciel doit traiter les actions simultanément et non successivement au cours du temps. Une simulation en bonne et due forme doit gérer tous les instruments au même moment. Le logiciel ne devrait pas profiter du bénéfice du recul.

16.3 Langage de Programmation

Si vous voulez devenir un trader systématique, vous devrait apprendre un langage de programmation. Ce n'est pas quelque chose que vous pouvez sous-traiter même si cet aspect du travail est souvent sous-estimé. Même si vous êtes responsable d'une équipe d'un fond alternatif, vous devez comprendre la programmation.

Il fut un temps où les docteurs et les avocats n'avaient pas besoin de savoir taper à la machine. Ils assignaient leurs secrétaires à cette tâche basique. C'est malheureusement ce que pensent beaucoup d'aspirants traders. Pouvez-vous imaginer aujourd'hui un avocat qui ne saurait pas taper ? Bien sûr son assistante s'en occupe mais n'empêche qu'il pourrait quand même taper au besoin.

La bonne nouvelle est que vous n'avez pas besoin d'avoir des connaissances approfondies en programmation. Les programmeurs ont certes un avantage sur les novices. Quelques connaissances de base en programmation devraient cependant suffire si vous voulez vous lancer dans la transaction systématique.

Il est important de choisir un langage de programmation qui offre de la flexibilité. Même si les plates-formes qui offrent des scripts sont attrayantes, je vous conseillerais d'apprendre un vrai langage de programmation tels que C#, R ou MatLab. Le problème des scripts réside dans le fait qu'ils sont limités.

16.4   Flexibilité

Très peu de plates-formes, voire même aucune, ne vous offrira tout ce dont vous aurez besoin. Plus une plate-forme est ouverte et mieux c'est car en tant que développeur, vous allez dans le futur faire face à des situations auxquelles vous n'aviez pas pensé auparavant.

Par exemple, il est très peu probable qu'il existe une plate-forme qui puisse gérer notre type de stratégie momentum. Après tout, nous faisons quelque chose de plutôt différent comparé à ce qui est d'habitude simulé. Nous avons besoin de classer les actions, de les sélectionner, de calculer la taille de chaque position basée sur leur volatilité et sur la liquidité disponible dans le portefeuille.

Peut-être serions-nous aussi intéressé d'inclure des données relatives à l'allocation par secteur ou à l'allocation du portefeuille à tout moment. Peut-être aimerions-nous aussi analyser le risque par industrie ou l'impact positif ou négatif des actions qui représentent des anomalies statistiques. Une bonne plateforme sera capable de répondre à ces demandes avec peu d'efforts, si elle est assez flexible.

16.5   Support de Multidevises

Vous avez sûrement remarqué que j'ai délibérément ignoré la discussion sur les devises jusqu'à maintenant. La stratégie décrite dans ce livre a été appliquée uniquement sur les actions américaines. Et ce n'est pas parce qu'elles fonctionnent mieux avec cette stratégie. Ce n'est même pas parce que je vendrais plus de livres en parlant d'actions des USA plutôt que de la Suisse. Enfin, ce n'est pas la raison unique. C'est tout simplement parce que la plupart des gens qui veulent répliquer cette stratégie n'ont pas forcément accès à des environnements de simulations multidevises.

De pouvoir gérer un portefeuille en une seule devise est un luxe. Si vous passez de la gestion de portefeuilles globaux à un portefeuille à une devise, vous vous sentirez en vacances. Fini les problèmes d'exposition aux devises étrangères !

Lorsque vous avez un univers d'actions qui couvre plusieurs devises, vous ferez face un à ensemble de nouveaux problèmes. Vous aurez alors à gérer des considérations pratiques et autres décisions du type couverture d'exposition, frais ajoutés dus aux écarts des taux de change et ainsi de suite. En plus des maux de tête, vos simulations deviendront bien plus difficiles à générer.

Lorsque vous simulez de telles stratégies, il est vital que votre logiciel soit au courant des dénominations des devises pour chaque action ainsi que le taux de change à tout moment. La fluctuation des devises aura un gros impact sur vos performances. Si vous pensez vous protéger de ces fluctuations, vous devrez modifier votre code en conséquence. D'où la nécessité d'avoir une plate-forme qui supporte plusieurs devises.

16.6   Structure de la Simulation

Votre simulation doit pouvoir calculer et vérifier chaque jour les choses suivantes :

Premièrement, vous devez vérifier si une action peut-être incluse ou non. Si c'est le cas, vous vérifiez que l'action fait partie de l'indice S&P 500 à la date en question. Un moyen pour faire ça est de construire un indicateur qui retourne 1 si l'action en fait partie et 0 si elle est exclue.

Ensuite, nous avons besoin de savoir si l'action a fait un bond de plus de 15 % dans les 90 derniers jours car nous ne voulons pas inclure ce type d'action dans notre portefeuille.

Bien sûr nous avons besoin de mesurer grossièrement la volatilité et pour ça, IRM (ATR) des 20 derniers jours est un bon choix.

Vient ensuite le classement qui a pour but de sélectionner les actions que nous transigerons. Nous avons donc besoin d'un indicateur qui nous indique le momentum ajusté au risque. Pour ce faire, nous calculons d'abord la pente de régression exponentielle annualisée, basée sur les 90 derniers jours, que nous multiplions ensuite par le coefficient de détermination R^2, comme expliqué dans le chapitre 7.

S'ensuit le calcul de la moyenne mobile à 200 jours de l'indice qui détermine notre filtre de tendance.

Une fois que toutes ces données sont calculées, nous pouvons commencer le déroulement de la logique qui n'est effectuée qu'une seule fois par semaine. Même si nous pouvions utiliser des données hebdomadaire, nous préférons utiliser les données journalières qui offrent davantage de granularité.

Le jour de transaction, nous commençons pas vérifier si nous devons vendre quelque chose. Si une action que nous détenons ne fait plus partie de l'indice, peu importe la raison, nous la vendons. Idem si elle ne fait plus partie des 100 premières du classement, si elle est passée en dessous sa moyenne mobile à 100 jours ou si elle a fait un bond de plus de 15 %.

La prochaine étape consiste à vérifier si aujourd'hui est un jour de rééquilibrage. Si oui, alors nous ajustons chaque position, soit en vendant ou soit en achetant des actions, comme décrit dans le chapitre 8. Il est possible de mettre en place une marge de 5 % afin de réduire l'activité de transaction et ainsi de réduire les frais.

Une fois le rééquilibrage terminé, nous vérifions s'il reste des liquidités. Si c'est le cas, alors nous pouvons commencer à acheter d'autres actions en répétant le même procédé.

C'est tout.

Est-ce que j'entends quelqu'un qui me demande le code source ? Je ne pense pas que ce soit utile. Mieux vaut comprendre la logique derrière cette stratégie et d'écrire le code vous-même. Le mien est écrit dans un langage particulier, pour un environnement particulier et il n'est probablement pas très facile à exploiter en tant que tel.

Si vous voulez vraiment vous lancer dans la simulation, le travail vous attend. Je vous encourage à le faire mais vous devrez vous charger du gros du travail.

Armé de ce livre, de données de qualité et d'un environnement de simulation approprié, vous devriez être capable de reproduire mon travail et ensuite de l'améliorer. Ce n'est pas pour tout le monde mais c'est un chapitre que je veux offrir à tous qui souhaitent mettre le pied à l'étrier.

Je vous souhaite bonne chance et j'espère voir plein d'investisseurs momentum florissants !

17   Bibliographie

Antonacci, G. (2014). *Dual Momentum Investing: An Innovative Strategy for Higher Rendements with Lower Risk.* McGraw-Hill.

Clenow, A. F. (2013). *Following the Trend: Diversified Managed Futures Trading.* Wiley.

https://us.spindices.com/resource-center/thought-leadership/spiva/. (n.d.). Retrieved from S&P Dow Jones SPIVA Scorecards: https://us.spindices.com/resource-center/thought-leadership/spiva/

Jegadeesh, N., & Titman, S. (1993). *Return to Buying Winner and Selling Losers: Implications for Stock Market Efficiency.* Blackwell Publishing.

Kaminski, K. M., & Greyserman, A. (2014). *Trend Following with Managed Futures.* Wiley.

Levy, R. A. (1967). *Relative Strength as a Criterion for Investment Selection.* Journal of Finance.

Radge, N. (2012). *Unholy Grails: A New Road to Wealth.* Radge Publishing.

Wilcox, C., & Crittenden, E. (2005). *Does Trend Following Work on Stocks.* Longboard Asset Management.

Winton Capital Management. (2015). *The Global Monkey*